高职高专连锁经营主干课规划教材

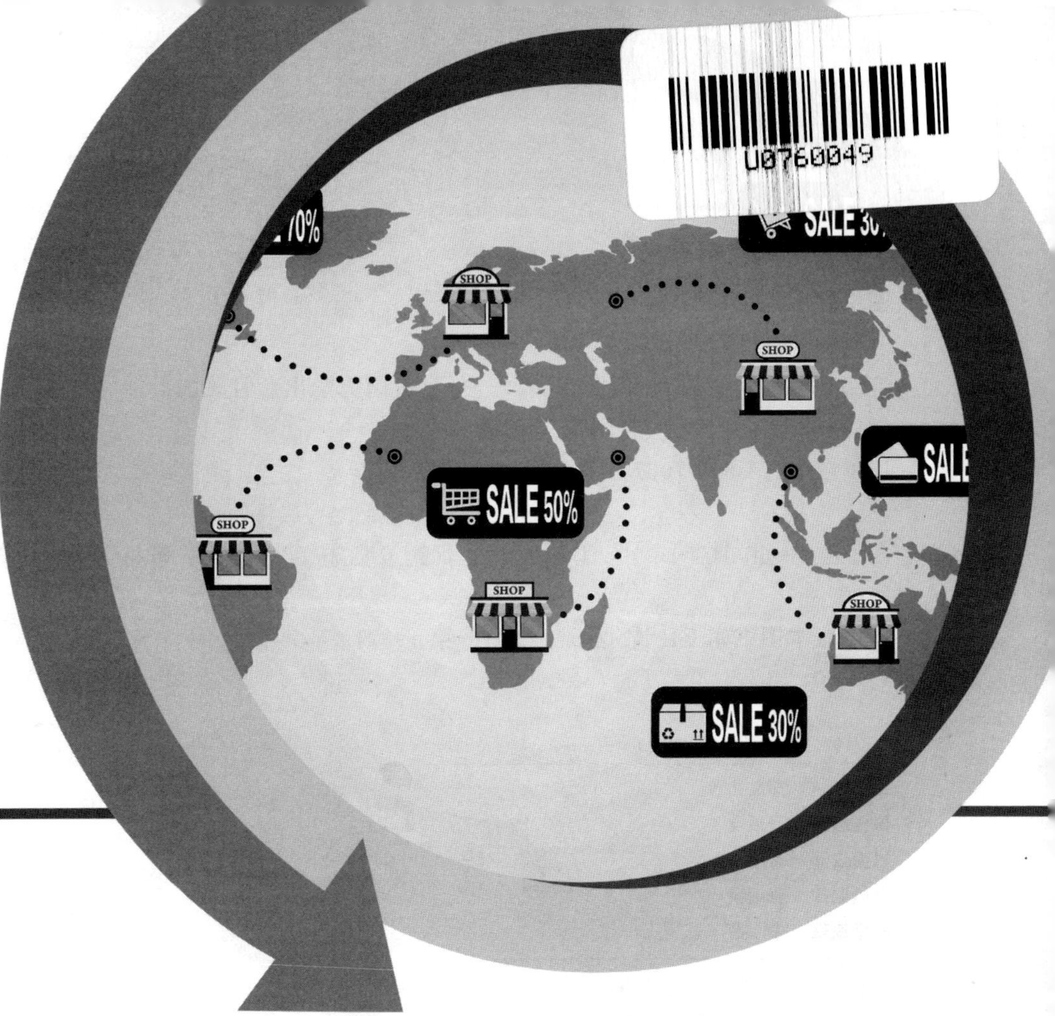

主　编　潘茜茜
副主编　蔡巧燕　钱文辉

连锁企业促销实务

厦门大学出版社　国家一级出版社
XIAMEN UNIVERSITY PRESS　全国百佳图书出版单位

图书在版编目(CIP)数据

连锁企业促销实务/潘茜茜主编. —厦门:厦门大学出版社,2018.9
(高职高专连锁经营主干课规划教材)
ISBN 978-7-5615-7067-8

Ⅰ.①连… Ⅱ.①潘… Ⅲ.①连锁企业-促销策略-高等职业教育-教材 Ⅳ.①F717.6

中国版本图书馆 CIP 数据核字(2018)第 198719 号

出 版 人	郑文礼
责任编辑	吴兴友
封面设计	蒋卓群
电脑制作	张雨秋
技术编辑	朱 楷

出版发行 厦门大学出版社
社　　址　厦门市软件园二期望海路 39 号
邮政编码　361008
总 编 办　0592-2182177　0592-2181406(传真)
营销中心　0592-2184458　0592-2181365
网　　址　http://www.xmupress.com
邮　　箱　xmup@xmupress.com
印　　刷　厦门集大印刷厂

开本　720 mm×970 mm　1/16
印张　15.25
字数　271 千字
印数　1～2 000 册
版次　2018 年 9 月第 1 版
印次　2018 年 9 月第 1 次印刷
定价　36.00 元

本书如有印装质量问题请直接寄承印厂调换

厦门大学出版社
微信二维码

厦门大学出版社
微博二维码

⊙ 总 序

总 序

伴随着经济全球化和区域经济一体化的迅速发展,连锁经营已成为商品流通业中最具活力的经营方式,在零售业、餐饮业、酒店住宿业等服务行业中得到普遍应用。据中国连锁经营协会统计,2012年我国连锁百强销售规模达到1.87万亿元,同比增长10.8%;自1997年以来,我国连锁百强已经连续15年保持两位数增长。连锁业的快速增长形成了对连锁经营管理人才的巨大需求,尤其是对中基层经营管理人才的需求。可以预见,作为世界上连锁经营体系规模最为庞大、最具发展潜力的国家,中国未来连锁行业的人才需求还将持续走高,加大连锁专业人才培养将是经济和社会发展的必然要求。

为了满足连锁企业对人才的需求,全国许多高职院校相继开设了连锁经营管理及相关专业,为社会培养了大批专业人才。例如,浙江经贸职业技术学院连锁经营管理专业,作为浙江省内首家培养连锁经营管理人才的专业,经过十多年建设,成效显著,先后被确定为浙江省高职高专重点建设专业、特色专业和优势专业;累计为社会培养了一千多名高质量毕业生,为地区经济和社会的发展提供了强有力的支持。

教材是教学开展的重要载体,是人才培养的蓝本。经过多年的探索,高职教育的定位越来越清晰。教育部颁布的《国家教育事业发展第十二个五年规划》明确指出:"高等职业教育重点培养产业转型升级和企业技术创新需要的发展型、复合型和创新型的技术技能人才",强调要"充分发挥劳动力市场对人才培养的引导作用,根据产业需求优化专业结构,促进职业教育与劳动力市场的开放衔接,推动职业院校面向市场自主办学"。这就要求高等职业教育的课程设计应以提高学生职业道德和职业技能,满足产业发展需求为目标。但目前,我国职业教育课程改革和教材开发还远远不能满足新形势下社会经济发展对高职教育的要求。

厦门大学出版社为推进高职高专院校教材建设,更好地满足社会对高职教育的需求,组织经验丰富的教师和资深行业企业专家,共同编写了这套"高职高专连锁经营主干课规划教材"。本套教材编写过程中,依据中国连锁行业校企合作工作组的岗位标准和人才成长路径研究成果,并引入了国家职业标准。本套教材在理论上,既有对行业发展先进理论的阐述,又有对国内连锁经营企业特色的总结;在实务上,紧密联系连锁多业态运营现状,突出应用型人才培养的特色,并展示出连锁企业的未来发展趋势;具有实践性强、指导明确和通俗易懂的特点。

本套教材在体例安排、内容设置、教法运用等方面,进行了一些尝试和探索,意在为高职高专教材建设尽一份绵薄之力。尽管我们投入了很大精力,但由于时间和水平有限,不足之处在所难免,期待连锁经营管理相关专业广大师生和连锁行业从业人员提出宝贵建议。

浙江经贸职业技术学院院长

2013 年 12 月

前　言

随着市场竞争的加剧,连锁作为一种非常具有生命力的企业形态,近些年来一直处于迅猛发展期,备受各个行业的关注。而促销是连锁企业应对竞争、提高销售额的有力武器。在连锁企业经营中,促销已经演变成企业经营管理的一项常规内容。不管是消费者在商家促销的吸引下购买商品,或者是商家面对竞争压力不得不举办促销活动,促销都使得纯粹的商品交易活动变得更加生动、有创意,实现消费者与企业的双赢。

由于促销活动涉及范围相当广泛,连锁企业经营人员必须以整合思维,结合有限的资源,综合多种营销手段,才能有效达到促销预期的效益。换言之,在规划促销活动时,必须同时规划促销宣传方案设计、如何激励促销相关人员、门店商品陈列、促销活动评估等事项。

《连锁企业促销实务》教材以连锁企业促销策划流程为主线,选取连锁企业促销调研、年度促销计划制定、促销活动方案策划、促销宣传方案设计以及促销活动实施与评估五个典型工作项目作为学习内容。教材紧紧围绕培养高素质技术技能人才的目标,坚持教材内容的系统性与科学性,教材编排体例的新颖性与可读性,形成了如下特色:

第一,校企联合开发,重新序化和整合教学内容。教材由高职院校资深教师与企业专家联合开发,选择以合作企业为项目载体,在遵循连锁企业促销策划基础上,以工作过程系统化的课程开发理念为指导,通过对多家企业促销策划活动深入分析,重新序化和整合教学内容,确定了典型的工作任务。

第二,采用项目化编写体例,突出对高职学生实践能力的培养。教材设计的学习目标包括知识目标和技能目标;每个项目开始之前都有项目简介,包括项目意义、项目内容、项目要求及项目成果,项目解析,项目作品示例,让学生对整个学习项目有直观的了解;在相关知识点介绍中,又附有大量案例直击、相关链接等内容,使理论与实际相结合。

《连锁企业促销实务》教材由浙江经贸职业技术学院潘茜茜任主编,具体编写分工为:潘茜茜编写项目一、项目二和项目三,浙江经贸职业技术学院蔡巧燕编写项目四,潘茜茜和华润万家Ole'业务单元钱文辉共同编写项目五。同时,华润万家Ole'业务单元、杭州联华华商集团有限公司等校企合作企业相关领导在本书框架体系确定和资料收集过程中做出了很大的贡献。

  本教材在编写过程中参考了大量的国内外文献,通过网络检索了大量文献资料,借鉴和吸收了众多专家学者的研究成果,因篇幅有限,未能对此一一注明,在此表示诚挚的感谢。

  由于编者精力和水平有限,本教材中难免存在疏漏和错误之处,敬请广大读者不吝赐教,以便及时进行修订。

编 者

2018 年 9 月

目 录

项目一　连锁企业促销调研 ··· 1
　　学习目标 ··· 1
　　项目简介 ··· 1
　　项目解析 ··· 2
　　项目作品示例 ··· 3
　任务一　连锁企业促销认知 ··· 9
　　一、促销的概念及分类 ··· 9
　　二、连锁企业促销的基本策略 ·· 13
　　三、连锁企业促销策划的特点 ·· 15
　任务二　促销调研方案设计 ·· 21
　　一、连锁企业促销调研的特点 ·· 21
　　二、连锁企业促销调研的作用 ·· 22
　　三、连锁企业促销调研的内容 ·· 24
　　四、促销调研资料收集的方法 ·· 29
　　五、促销调研方案设计的步骤 ·· 30
　任务三　促销调研组织与实施 ·· 32
　　一、组建促销调研团队 ·· 33
　　二、培训促销调研人员 ·· 33
　　三、促销调研的组织方式 ·· 34
　任务四　促销调研结果分析 ·· 35
　　一、撰写促销调研报告的步骤 ·· 35
　　二、建立齐全的促销档案 ·· 36

项目二　年度促销计划制订 ·· 39
　　学习目标 ·· 39
　　项目简介 ·· 39

　　　　项目解析 ………………………………………………………… 40
　　　　项目作品示例 …………………………………………………… 41
　　任务一　促销目标确定 ……………………………………………… 48
　　　　一、促销目标的含义 …………………………………………… 48
　　　　二、促销对象确定 ……………………………………………… 49
　　　　三、促销目标选择 ……………………………………………… 51
　　　　四、促销目标设计 ……………………………………………… 53
　　任务二　促销时间选择 ……………………………………………… 54
　　　　一、促销时机选择 ……………………………………………… 55
　　　　二、促销持续时间确定 ………………………………………… 60
　　　　三、促销时间选择的影响因素 ………………………………… 62
　　　　四、门店促销时机选择技巧 …………………………………… 64
　　任务三　促销主题设计 ……………………………………………… 68
　　　　一、促销主题设计方法 ………………………………………… 68
　　　　二、促销主题设计分类 ………………………………………… 69
　　　　三、促销主题设计要求 ………………………………………… 73
　　　　四、促销主题板块设计 ………………………………………… 76
　　任务四　促销预算编制 ……………………………………………… 80
　　　　一、促销预算的构成 …………………………………………… 81
　　　　二、促销预算的编制方法 ……………………………………… 83
　　　　三、促销预算的编制流程 ……………………………………… 86
　　　　四、促销预算的分配原则 ……………………………………… 87
　　　　五、促销费用的负担原则 ……………………………………… 88

项目三　促销活动方案策划 ……………………………………………… 90
　　学习目标 ……………………………………………………………… 90
　　项目简介 ……………………………………………………………… 90
　　项目解析 ……………………………………………………………… 91
　　项目作品示例 ………………………………………………………… 92
　　任务一　促销选品规划 ……………………………………………… 95
　　　　一、促销商品的种类 …………………………………………… 95
　　　　二、促销商品的角色定位 ……………………………………… 99
　　　　三、促销商品选择的方法 ……………………………………… 101
　　　　四、DM商品规划与要求 ……………………………………… 103

目 录

- 任务二　促销价格分析 ………………………………………………… 105
  - 一、促销商品定价原则 ……………………………………………… 106
  - 二、促销商品定价策略 ……………………………………………… 109
  - 三、促销商品定价方式 ……………………………………………… 110
- 任务三　促销工具选择 ………………………………………………… 113
  - 一、免费促销工具 …………………………………………………… 115
  - 二、优惠促销工具 …………………………………………………… 120
  - 三、活动促销工具 …………………………………………………… 127
  - 四、组合促销工具 …………………………………………………… 131
- 任务四　促销组合设计 ………………………………………………… 140
  - 一、促销组合的构成要素 …………………………………………… 140
  - 二、影响促销组合的因素 …………………………………………… 142

项目四　促销宣传方案设计 …………………………………………… 147
- 学习目标 ………………………………………………………………… 147
- 项目简介 ………………………………………………………………… 147
- 项目解析 ………………………………………………………………… 148
- 项目作品示例 …………………………………………………………… 149

- 任务一　广告宣传 ……………………………………………………… 152
  - 一、广告宣传含义及分类 …………………………………………… 153
  - 二、广告宣传的特点 ………………………………………………… 154
  - 三、大众媒介传播策划 ……………………………………………… 154
  - 四、小众媒介传播策划 ……………………………………………… 158
- 任务二　公关宣传 ……………………………………………………… 164
  - 一、公关宣传的概述 ………………………………………………… 164
  - 二、主题公关策划 …………………………………………………… 167
  - 三、节假日公关策划 ………………………………………………… 168
  - 四、事件公关策划 …………………………………………………… 169
  - 五、公关宣传的操作要点及注意事项 ……………………………… 172
- 任务三　门店氛围营造 ………………………………………………… 174
  - 一、门店氛围营造的含义及作用 …………………………………… 174
  - 二、门店氛围营造的主要内容 ……………………………………… 175
  - 三、门店促销氛围营造及展示 ……………………………………… 176
  - 四、促销氛围营造手段 ……………………………………………… 181

　　五、POP广告 …………………………………………………… 184
项目五　促销活动实施与评估 ……………………………………… 188
　　学习目标 ………………………………………………………… 188
　　项目简介 ………………………………………………………… 188
　　项目解析 ………………………………………………………… 189
　　项目作品示例 …………………………………………………… 190
任务一　促销组织与管理 …………………………………………… 194
　　一、外部促销组织 ……………………………………………… 194
　　二、内部促销组织 ……………………………………………… 196
　　三、促销组织管理模式 ………………………………………… 200
任务二　促销活动实施与控制 ……………………………………… 201
　　一、促销活动实施进度安排 …………………………………… 202
　　二、促销活动前的准备 ………………………………………… 208
　　三、促销活动的现场执行 ……………………………………… 213
　　四、促销活动的过程控制 ……………………………………… 214
任务三　促销活动评估 ……………………………………………… 215
　　一、促销活动评估的内容 ……………………………………… 215
　　二、促销效果评估的方法 ……………………………………… 222
　　三、促销效果评估的注意事项 ………………………………… 227
　　四、促销活动评估报告 ………………………………………… 230

参考文献 …………………………………………………………… 234

项目一　连锁企业促销调研

学习目标

◆ **知识目标**

通过本项目学习,你应该:

1. 了解连锁企业促销策划的特殊性及基本策略;
2. 理解连锁企业促销调研活动的重要意义;
3. 掌握连锁企业促销调研方案设计的步骤和内容;
4. 掌握连锁企业促销调研的方式和方法;
5. 了解连锁企业促销调研报告的结构和撰写技巧。

◆ **技能目标**

通过本项目学习,你应该:

1. 能独立完成连锁企业促销调研策划,撰写连锁企业促销调研方案;
2. 能撰写一份完整的促销调研报告,为连锁企业促销提供有效依据。

项目简介

1. 项目意义

促销调研是连锁企业进行促销活动的基础。为了适应市场变化,连锁企业越来越重视市场调研工作。通过调研,可以科学地、系统地、客观地收集、整理和分析连锁企业市场营销的资料、数据和信息,使得企业能够制定更加有效的促销决策;通过调研,可以发现新的需求和机会,及时地调整连锁企业门店商品品类结构去满足这些需求;通过调研,可以掌握连锁企业竞争者的态势,使得企业在竞争中知己知彼,保持清醒的头脑,立于不败之地;通过调研,还可以了解宏观层面上国家政策法律法规的变化对企业发展的影响,预测未来经济走向,抓住发展机会。不同类型的连锁企业促销目标是不一样的,同一连锁企业在不同时间的促销目标也会有所区别,它们的促销活动也会存在相当大的差异,所以企业要进行促销活动,促销调研是基础,是下一步具体工作的开始。

2. 项目内容

以连锁企业(包括连锁卖场、连锁经济型酒店、连锁餐饮等)为载体,基于校外合作企业的实际情况,开展企业促销调研,掌握连锁企业自身实力、目标消费者需求及竞争对手促销现状,总结其促销类型和特点,撰写该连锁企业促销调查报告,为企业年度促销计划制订打下扎实基础。

根据连锁企业促销调研的工作内容和工作流程,该项目划分为连锁企业促销认知、促销调研方案设计、促销调研组织与实施和促销调研结果分析 4 个任务。

3. 项目要求

学生自由组成小组,每组 4~6 人。以小组为单位,通过二手资料调查和实地调查相结合,明确项目内容,形成报告。要求在教师指导下,每个小组能够独立完成本次实训项目。

4. 项目成果

在项目学习之后,学生需要提交以下项目学习成果:

(1)连锁企业促销调研方案 1 份,内容包括:调查目的、调查内容、调查对象、调查方法、调查进度安排、调查经费预算等部分;

(2)连锁企业促销调研报告 1 份,内容包括:封面、摘要、目录、正文、附录等部分。

项目解析

连锁企业促销调研是指连锁企业系统地、客观地收集、整理和分析市场营销活动的各种资料或数据,用以帮助管理人员制定有效的决策。系统指的是对调研必须有周密的计划和安排,使调研工作有条理地开展下去;客观是指对所有信息资料,连锁企业促销调研人员必须以公正和中立的态度进行记录、整理和分析,应尽量减少偏见和错误。但是我们必须注意,调研所得的信息及根据信息分析后所得出的结论,只能作为管理人员制定决策的参考,而不能代替他们去做决策。

促销调研是企业制订促销计划的基础。企业开展促销调研可以采用两种方式,一是委托专业的市场调查公司来做,二是企业自己来做,企业可以设立市场研究部门,专门负责此项工作。连锁企业促销调研的主要流程有两方面,信息收集和资料分析。

(1)信息收集。信息收集就是对市场环境信息资料的采集,为资料分析提供数据。采集信息的真实性和有效性对资料分析的科学性产生直接的影响,而采集信息的真实性和有效性直接取决于信息收集的调研方法。最有效的信息收集方法就是深入市场,直接获取第一手资料。

(2)资料分析。资料分析是对调研信息数据的汇总和解析,并根据分析结论写出调研报告。调研报告是针对调研课题在分析基础上拟定的总结性汇报书,可以根据数据分析提出一些看法和观点。连锁企业年度促销计划和促销活动方案就是根据促销调研报告来制订的。

项目作品示例

××市各大商场春节促销活动调研方案及报告

1.调查目的:为了全面了解××市各大商场在春节期间的促销活动,综合部全体员工于1月12日至1月15日,对××市十家主要商场进行深入调查,全面了解××市各大商场在春节期间的促销活动,以指导工作。

2.调查对象:A购物中心、B国际商厦、C百货商店、D商厦、E国际商厦、F商城、G百货公司、H商城、I商场、J购物广场。

3.调查时间:2004年1月12日—1月15日

4.调查机构:某国际广场综合部

5.调查安排:由于此次调查的时间紧、任务重,因此为了确保调查的真实性和深入性,本次调查共分两个组,一组是针对南岗区各商场进行调研,负责人为张××、范××;另一组是针对道里区各商场进行调研,负责人为赵××、杜××。

6.调查内容:本次调查是描述性调查,调查主要包括三部分内容:各商场的促销形式、各商场的促销效果以及消费者对促销活动的反映。

调查的主要情况如下:

一、各商场促销情况分析

随着春节的临近,各大商场竞相举行促销活动。以下是各商场的促销情况及促销分析:

(一) A 购物中心

◆ 促销形式:抽奖、赠礼品、打折

◆ 促销主题:贺新春、购物惊喜礼、新居6折起

◆ 促销内容:活动期间,凡当日在统一收银区购满200元者即可凭购物凭证及单一收银小票获赠抽奖券一张,以此类推,多买多送。中奖者可获得"远大都市绿洲"指定户型商品房(二室一厅,价值20万)折扣卡一张,享受6折优惠(以原价6折的价格购买此房),每名中奖者只限一套(家电、钟表、珠宝、尼克服、裘皮每满1 000元起抽一次,眼镜及六楼餐饮、娱乐区、图书、影像制品恕不参加)。

购物级别数满就送!

即日在A购物中心F1～F6统一收银区购满400元者(单一收银小票须满100元方可累计),即可凭购物票据及信誉卡到"赠奖处"领取自选礼品一份,共设400元/800元/1 500元/2 300元4个等级,达到设定级别即可获赠相应礼品,买得越多送的越多,单张收银小票限赠一份,赠品以现场实物为准。

男女服装服饰5折起!

一层珠宝区6折起   一层女鞋区5折起
一层钟表区8折起   二层男装区5折起
二层男鞋区5折起   三层女装区5折起
四层女装区5折起   四层裘皮区5.8折起

◆ 促销时间、抽奖日期:即日起至1月20日

开奖日期:1月13日、18日上午10:00,1月22日下午13:00

◆ 促销分析:A购物中心促销活动看起来很吸引人,不过现在消费者的消费心理日趋成熟,对抽奖这种促销手段兴趣不大、不信赖;另外,A购物中心各楼层的实际打折幅度没有宣传中的那么大,一般都是各品牌自行打折,也有很多品牌不参加打折。总之,A购物中心的促销活动对消费者来说吸引力并不大,但尽管如此,去该购物中心的人仍然很多,这与其几年来形成的业内知名度是分不开的。

(二)B国际商厦

◆ 促销形式:抽奖、购物满一定金额参加活动赠钱币、双倍积分
◆ 促销主题:金猴新春洒旺财　松雷共祈万家福
◆ 促销内容:

"金至鸿财":凡于活动期间,至松雷两店购物,当日消费金额累积300元,即可至"发财树"拍财一次,600元两次,以此类推,即拍即送,洒落"财币"为顾客所有。

"福至万家":福福有现金,福福有惊喜!顾客于"发财树"拍财后,即可至"聚福盆"抓福一次!(奖金设有人民币5、10、20、50、100元,100美元或10 000韩元不等)

"双倍福礼":活动期间VIP贵宾购物享有双倍积分待遇。

◆ 促销时间:1月12日—1月20日
◆ 促销分析:B国际商厦将促销和节日有机结合,充分抓住消费者的消费心理。利用中国人喜欢在节日里试手气的心理,采用"聚宝盆"和"发财树"作为促销工具,放在大厅内,新颖别致,达到了吸引消费者注意力、聚集人气、促进购买的目的。据调查1月13日14:22分,聚在促销现场准备参加活动的人有68人,在促销场外围观的消费者有26人,异常热闹。

(三)C百货商店

◆ 促销形式:满额送
◆ 促销主题:空前超值　新春回馈
◆ 促销内容:买200送100、设有特价区(特价区的商品比原价低1 000元)
◆ 促销时间:1月12日—1月18日
◆ 促销分析:由于C商店针对的是高端客户,一般去C商店购物的都是老顾客,所以买200送100的促销活动很受顾客的欢迎,而且所设特价区可以大大吸引那些经济实力一般,但崇尚名牌的消费者。所以C商店促销活动相对来说,的确让顾客得到了一定的实惠,能够体现出是商家对客户的一种回馈。正如其促销主题所言"尊贵+实惠=超值"。另外,该百货商店的促销主题做得很好,"回馈"两个字充分地体现出其"以消费者为核心"的经营理念,同时也体现出该商场人性化的一面。

(四)D 商厦
◆ 促销形式:送代金券
◆ 促销主题:新春有礼
◆ 促销内容:买200送80,以捷夫珠宝打折力度最大
◆ 促销时间:1月12日—1月18日
◆ 促销分析:和 A 购物中心、B 国际商厦相比,其消费人数较少,促销活动不新颖,品牌商的促销活动氛围超过了商场的促销活动,给消费者的感觉是捷夫珠宝在进行春节回馈活动。这种情况我商场应在今后的促销活动中坚决杜绝。

(五)E 国际商厦
◆ 促销形式:抽奖、购物满一定金额参加活动赠钱币、双倍积分
◆ 促销主题:金猴新春洒旺财　松雷共祈万家福
◆ 促销内容:

"金至鸿财":凡于活动期间,至松雷两店购物,当日消费金额累积100元,即可至"发财树"拍财一次,200元两次,以此类推,即拍即送,洒落"财币"为顾客所有。拍财为商城预先设计一棵大的塑料树,树上挂着两个里面装着很多金币(就是5角硬币)的元宝,元宝漏着两个口,当拍树时就会掉下数量不等的金币,掉下金币归拍财顾客所有。

"福至万家":福福有现金,福福有惊喜!顾客于"发财树"拍财后,即可至"聚福盆"抓福一次!(奖金设有人民币5、10、20、50、100元,美元100元或韩币10 000元不等)

"双倍福礼":活动期间 VIP 贵宾购物享有双倍积分待遇。

◆ 促销时间:1月12日—1月18日
◆ 促销分析:同样的促销活动在 B 商厦和 E 商厦之间产生了差异,E 商厦降低了促销的门槛,在 B 商厦消费300元可拍财一次,而在 E 商厦只要消费100元即可拍财一次,而且据调查1月13日11:00,聚在促销现场准备参加活动的人只有3人,大大少于 B 商厦,这说明 B 商厦的日消费额远远大于 E 商厦。这也从一定程度上反映出南岗 B 区的核心商圈和 E 区的核心商圈之间的差异。

(六)F 商城
◆ 促销形式:抽奖
◆ 促销主题:金猴迎春　感恩回馈

◆ 促销内容:在商城购物满100元即可得到抽奖券一张,得到该奖券后投入2楼楼梯口的抽奖箱中,每天下午4点由顾客抽奖,抽出一等奖1名、二等奖3名、三等奖4名。一等奖为波司登羽绒服一件,二等奖为领带一条,三等奖为袜子一双。另有商家自行决定的打折活动。

◆ 促销时间:1月12日—1月18日

◆ 促销分析:F商城的促销活动参与的人数比较多,据调查1月13日12:20抽奖箱中有小票1 000余张。其实消费者对"抽奖"这种促销形式并不太感兴趣,但有很大一部分消费者是F商城的忠实消费者,反正也要买东西,所以明明对抽奖这种形式不信赖,但仍然存在侥幸心理,而且F商城的抽奖设定的门槛相对其他商家来说比较低,所以参与的人数自然也就多。不过,对于F商城来讲,即使没有促销活动,其人流量还是很大。

(七)G百货公司

◆ 促销形式:抽奖

◆ 促销主题:金猴献瑞　商家有礼

◆ 促销内容:购物满100元抽奖一次,300元两次,500元三次,1 000元四次。中奖者集体去俄罗斯6日游。抽奖日期为12月25日一次,1月25日一次。另有商家自行决定的打折活动。

◆ 促销时间:1月12日—1月18日

◆ 促销分析:G百货公司的促销活动没有什么特别之处,起不到聚集人气、增加收益的目的。当然由于是春节期间,即使没有促销活动其销量也会比从前增加。

(八)H商城

◆ 促销形式:抽奖

◆ 促销主题:祥猴献瑞满堂彩 福禄寿禧现金礼

◆ 促销内容:买50元即可有机会参与抽奖,奖品为现金,5~4 999元不等。

◆ 促销时间:1月12日—1月18日

◆ 促销分析:由于H商城客流量一直不大,所以自开业以来基本上没有停止过促销活动,但是效果仍然不明显。H商场的活动规则是:参加品牌商的打折活动,就不可以参加商场的促销活动,参加商场的促销活动就不能参加打折。但经过核算,参加打折和参加商场活动,给消费者带来得实惠是基本相同的。最近,以春节为契机,H商城举行了抽奖活动,购满50元即赠送"福"字,并送糖果,还可参加抽奖,每个抽奖的人都能有奖品,甚至是现金,所以深受消费者的欢迎。总体来说,H商城的春节促销活动"送现金"做得不错,有一定新意。

(九)I商场

无任何春节促销活动

(十)J购物广场

◆促销形式:抽奖、购物满一定金额参加活动、赠礼品、打折(5~7折)

◆促销主题:到贯通发财路上来捡钱

◆促销内容:贯通送财送福大行动

送财行动一:平步贯通发财路 从此一生钱无数

活动时间:1月15日起

活动范围:名品馆、淑女馆、白领馆、绅士馆、休闲馆

活动内容:凡当日购物凭证累计满300元,可参加"发财路"活动,当日购物凭证累计满500元者可参加"发财路"和"五猴送福活动。"

送财行动二:摇钱树上许心愿 猴年贯通送红包

活动时间:1月18日—1月28日

活动范围:一至五层、一贯鲜超市

活动内容:凡当日在贯通购物广场超市或一至五层消费满20元即可参加,逢双号即18、20、22、24、26、28日的下午16:00时进行幸运抽奖,消费满200元送贯通红包。

送福行动:购物送家报 家家好运到

活动时间:1月15日起(数量有限,赠完为止)

活动范围:一贯鲜超市

活动内容:凡当日单张购物凭证累计满300元,即可到超市服务台领取2004年全年"家报"订单一份,价值52元,可以倍数累计赠送。

◆促销分析:相对其他商家来说J购物广场的促销活动着手比较晚,其他商家的促销活动大都是在1月10日左右开始,而J购物广场在1月15日开始。而且其报纸广告先于促销活动,消费者看到报纸广告来到商场,但是促销所需要的设备还在搭建过程中,这样会影响消费者的积极性。另外从商场的人数来看,客流量较少。这与其刚刚成立有一定关系,另外与其所处的商业位置有一定关系。

二、各商场促销活动总结

综上所述,十家商场各有特色,但总体来说创新性不够,有很多雷同之处。雷同之处主要表现在促销形式上,一般都是以抽奖、打折、赠礼品、送代金券等消费者司空见惯的促销形式为主,所谓"促销"对促进销售并没有太大的作用。但不做促销又不行,因为其他的商家都在做,而且消费者已经习惯了商场在节假日期间做促销,所以,从现在各商家的促销活动来看,大部分商家仅仅是在走一个形式,作秀给竞争对手和消费者看。

当然,在春节促销活动中,也有做得比较好的商家。从新颖别致、吸引消费者、聚集人气的角度来看,B 国际商厦做得比较好;从真正给消费者带来实惠的角度来看,C 百货商店做得比较好。总之,本调查较为客观和全面地反映了××市各商场在春节期间的促销活动状况,重点调查了促销形式、促销效果和消费者情况。"知己知彼方能百战不殆",希望此次调查能为企业将来的促销活动提供一个参考依据和决策指导。

任务一　连锁企业促销认知

任务分析

随着连锁企业的发展,促销已成为连锁企业应对竞争、提高销售额的有力武器,如肯德基、麦当劳经常推出一些新的促销手段吸引顾客,他们向购买达到一定金额的顾客赠送年历、六一期间向小顾客赠送学习用品、推出手机优惠券等,这些活动有效地促进了商品的销售。在企业经营中,促销方案的策划是随着企业的促销目的及季节、节日、社会热点等的变化而变化的,促销已经演变成连锁企业经营管理的一项常规内容。连锁企业促销认知,是完成促销调研任务的基础,对于促销工作而言非常重要。

相关知识

一、促销的概念及分类

(一)促销的概念

促销是指企业利用各种方法和途径向顾客传递信息,刺激消费欲望,最终达到说服顾客购买的目的的行为,它与产品、价格、渠道一起构成市场营销策略四要素。促销实质上是一种沟通活动,即营销者发出刺激消费的各种信息,把信息传递给一个或更多的目标对象,以影响其态度和行为。

促销有广义和狭义之分。广义的促销泛指能够促进销售的一切活动,通常指广告、营业推广、人员推销、公共关系四种方式。狭义的促销主要是指短期的顾客购买激励行为,其意义与营业推广类似。本书采用的是广义的促销概念。

有人认为促销是一个花钱的生意,是一个成本中心。而实际上,人们更愿意将促销行为看作企业对未来的一种投资,而且在促销过程中和促销完成之后,企业通常会得到比以往更加丰厚的利润和更好的企业形象,会收获越来越多的忠诚顾客。所以,促销是利润中心,是企业最值得投资的一项生意。

(二)促销的分类

连锁企业促销活动的表现形式有很多,促销方案设计人员必须熟悉促销活动的分类方法,只有这样,才能设计出有针对性和差异性的促销方案。

1. 按营销方式分类

促销从市场营销学的角度来划分,分为广告、公共关系、人员推销和营业推广四种方式。

(1)广告。广告是运用各种广告媒体向消费者传递消费信息以促进销售的一种直接促销方式。广告促销的特点是企业单方面向消费者传递信息,属单向沟通。广告媒体有网络、电视、广播、报纸、杂志、招牌、看板、路牌、招贴、交通工具、灯光、橱窗、包装、店内POP、店内广播、演示、可视幕墙、DM等。

(2)公共关系。公共关系(public relations,PR)是指为了获得人们的信赖,树立企业或产品形象,或者为了实现销售,通过各种公共宣传工具所进行的活动,包括一切对企业或产品形象有利的公共宣传。如召开各种会议、提供各种优惠服务、开展公益性社会活动等。对于连锁企业来说,公共关系活动的一个重要作用就是为销售产品或推销服务创造良好的环境和条件。因此,可以说公共关系是连锁企业促销中不可或缺的手段。

案例直击

肯德基的公共关系策略

近年来,肯德基对中国的公益事业,尤其是对各地区儿童教育事业的投入已成为公司回报社会的一个核心内容。具体活动有:

(1) 为需要帮助的人们捐款。例如,肯德基自1987年进入中国以来,一直以各种不同的形式支持中国各地区儿童教育事业,包括"希望工程",资助残疾儿童、贫困儿童就餐,捐赠书籍画册等。

(2) 邀请残疾、贫困儿童免费品尝肯德基。肯德基总是把回报社会的宗旨渗透在对每一位少年儿童的关爱之中,希望通过自己温暖的手,使那些不幸的儿童也能感受到社会大家庭的爱心。

(3) 举办形式多样的公益文体活动。例如,2000年3月,中国所有的肯德基共捐款20万元,在重庆万州地区种植1 000亩肯德基希望工程林;2000年8月至2000年12月,中国百胜餐饮集团代表全中国400多家肯德基餐厅,以夏令营营服、现金等形式资助全中国300多名宋庆龄奖学金获得者;2001年1月6日,与中国少先队工作委员会和中国福利会少年宫一起合作,在全国推广"肯德基杯"红领巾DISCO欢乐健身活动;2001年7月,上海肯德基餐厅与《新民晚报》共同举办"肯德基杯"中学生足球赛。

(资料来源:http://www.bokee.net/bloggermodule/,2014-04-16)

(3) 人员推销。人员推销主要指卖场营业人员促销,是通过营业人员口头宣传说服顾客,实现商品销售的一种直接促销方式。人员推销的特点是促销人员与顾客进行双向沟通,促销效果与促销人员的推销技巧密切相关。对于现在实施开架销售的连锁卖场来说,店员一般不必主动进行人员促销,否则会影响顾客自主选购,但是店员要在适当的时候向顾客提供必要的帮助和指导,并适当地与顾客进行友好的交谈,即要求店员以服务与沟通为手段来达到促销的目的。

(4) 营业推广。营业推广也称销售促进(sales promotion,SP),是一种适宜于短期推销的促销方法,是企业为鼓励购买商品和服务而采取的除广告、公共关系和人员推销之外的所有企业营销活动的总称。这是一种直接用利益来刺激消费需求的辅助性、临时性的促销方式。包括赠送促销、折价促销、抽奖促销、现场演示等,最大的特点是见效快,但运用不当也会产生负面效应,会使顾客怀疑商品质量、价格的真实性,贬低商品的身价等。

2.按沟通方式分类

按沟通方式分类,促销可分为单向沟通式促销和双向沟通式促销。

(1) 单向沟通式促销。单向沟通式促销指促销信息以单向方式流动,如特价促销、优惠券促销、赠品促销、POP、DM等。

(2) 双向沟通式促销。在双向沟通式促销中,促销信息的传递是双向流动的,如意见征询、有奖答题、现场促销等。双向互动式促销可以立刻解答顾客的疑虑,促成立即购买行为的产生。

3.按作用效果分类

促销只是整个连锁企业营销活动过程中的一个环节,在这个过程中,促销所扮演的角色和所起的作用不尽相同,据此可将促销划分为巩固重复购买促销和产品入市促销。

(1)巩固重复购买促销。根据意大利经济学家、社会学家帕累托的80/20法则,可得出产品销售的利润核心来自20%消费者的重复购买。而维护这些品牌忠诚者重复购买率的重要方法之一,就是合适的、持续的促销活动,表现形式有消费者跟踪优惠折让、新产品或新服务优先试用、累计积分奖励等。

(2)产品入市促销。新产品入市通常要使用促销工具来解决消费者认知尝试、购买使用两个障碍,常规的促销形式有样品派送、赠购、限期优惠等。

4.按促销主题分类

从促销方案创意的角度来讲,促销可分为常规促销和非常规促销。

(1)常规促销。常规促销是最常见的一种促销方式,如优惠销售、免费使用、买赠活动。活动的形式和花样可以不断变换,能做出新意是常规促销的最高境界。常规促销通常有长期性、固定性和现场通告性等特点。固定的时间和地点是常规促销最突出的特征,一些连锁企业甚至把常规促销做成"周末促销",这类促销力度不是很大,主要是日常用品,吸引的目标顾客是家庭主妇和中老年人。常规促销一般要借助促销现场POP广告、展示牌、海报、人员讲解等方式来通告促销活动内容,而不在大众媒体上通告。

(2)非常规促销。非常规促销又称主题促销,经常是连锁企业和供应商共同参与的一种促销活动。此类促销活动一般都先由供应商来确定活动方案,包括主题、规模和形式,然后由连锁企业负责执行。非常规促销活动次数不多,规模较大,留给消费者的印象也较深,能对市场的长期销售产生深刻影响,因此,一旦供应商拿出可行的促销方案,许多连锁企业都愿意跟随。非常规促销通常具有指导性、主题性、时效性等特点,一般促销效果非常明显,在举行活动的同时销售量就会迅速上扬。连锁企业非常规促销一般包括开业促销、年庆促销、重大节假日促销和换季促销。

5.按促销的行为主体分类

(1)商家促销。这类促销活动是连锁企业开展的,对于消费者来说,所接触到的促销行为大多是这样的。在商家的促销活动中,有些是上游商家针对下游商家做的,有些是针对终端消费者做的。

(2)厂家促销。这类促销活动是厂家发起的,但是仍然通过连锁企业的销售渠道去实现。例如,在某饮料促销活动中,在瓶盖内侧注明"再来一瓶"字样,消费者可以拿着瓶盖到商家那里兑换一瓶饮料。

两种促销的区别见表1-1。

表1-1 商家促销与厂家促销的区别

	商家促销	厂家促销
促销目标	特定推广活动,短期利益	品牌商品的长期形象
地理范围	地区	全国
所提供商品的广泛性	众多品牌、系列商品	公司旗下品牌产品

相关链接

商家促销费用高 厂家叫苦难定价

随着市场竞争加剧,商家促销热衷于打价格战。由于处于买方经济时代,商家往往在较量中占据优势,将促销风险和成本转嫁给厂家,不规范的竞争令厂家对产品定价十分头疼。

如一些商家给进场销售的商品规定销售量,如果年终不能完成,往往会扣除相当高的销售款作为"处罚",平时的降价促销也要厂家"买单",虽然明知是"不平等条约",但是厂家往往硬着头皮也要签。某皮鞋厂家表示,商家"满百送"等促销活动五花八门,最近一家商场甚至要厂家"买40送50",由于大部分促销费用都转嫁给厂家,令厂家对产品定价十分头疼,因为不能仅凭成本来定价,还要考虑到各个地方商业竞争环境和促销方式等。

(资料来源:商家促销费用高 厂家叫苦难定价.扬子晚报,2002-08-29)

二、连锁企业促销的基本策略

连锁企业经营管理是由连锁企业总部的营销与管理支持系统以及门店营运管理系统所构成,因此,在整体经营策略上,不能单纯地从单一门店的角度思考,而必须以连锁企业整体运作为重心考虑,进行整合性策略规划与拟定。连锁企业总部所塑造的企业形象,对于整体经营的影响是相当重要的。企业促销活动的策略,按促销的不同运作方向,可以归结为三种,即推式策略、拉式策略和推拉结合策略。

(一)推式策略

推式策略就是生产商把产品推销给批发商,批发商再把产品推销给零售商,最后零售商把产品推销给消费者,见图1-1。在这种方式中,促销活动的信息流向和产品流向是同方向的。采用推式策略的企业,要针对不同的产品、不同的对象,采用不同的方法,其目的是说服消费者购买本企业的商品,并层层渗透,最后到达消费者手中。通常我们将人员推销、现场POP、服务促销、顾客体验、现场示范等方式认为是推式策略。

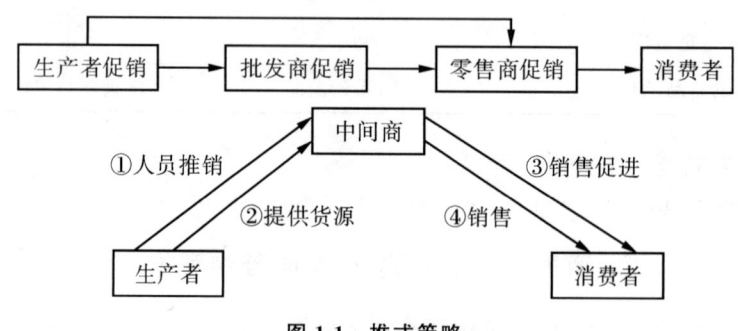

图1-1 推式策略

(二)拉式策略

拉式策略就是生产商不直接向批发商和零售商做广告,而是向广大消费者做广告,通过创意新、投入高、规模大的广告轰炸,把顾客的消费欲望刺激到足够的强度,顾客就会主动找零售商购买该生产商的产品,购买这些产品的顾客多了,零售商就会去找批发商,批发商觉得有利可图,就会去找生产企业订货,如图1-2。使用拉式策略的商品往往是名牌商品,或者市场上知名度很高的商品。

采用拉式策略,促销活动的信息流向和产品流向是反向的。其优点就是厂商能够直接得到顾客的支持,不需要去讨好中间商,在与中间商的关系中处于主动地位。一般认为广告和公共关系属于拉式策略。采用拉式策略时需要注意考察零售商是否有足够的库存能力和良好的信誉及经营能力。

(三)推拉结合策略

推式策略和拉式策略都包含了企业与消费者双方的能动作用。但前者的重心在推动,着重强调企业的能动性,表明消费需求是可以通过企业的积极促销而被激发和创造的;而后者的重心在拉引,着重强调消费者的能动性,表明

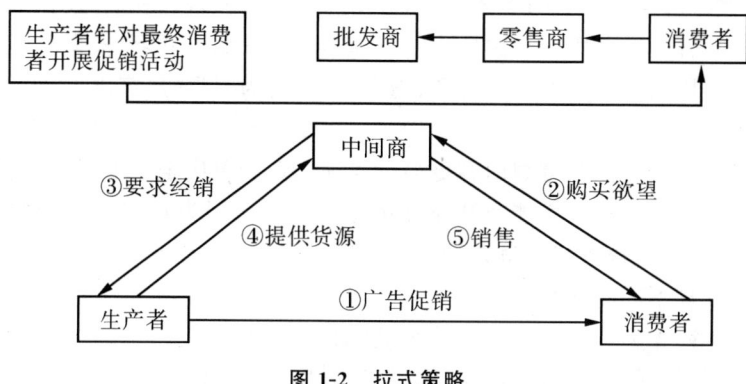

图 1-2 拉式策略

消费需求是决定生产的根本动力。连锁企业的促销活动必须顺应消费需求，符合购买意向，这样才能取得事半功倍的效果。许多企业在促销实践中都结合具体情况采取"推""拉"结合的策略，既各有侧重，又相互配合，如图 1-3。

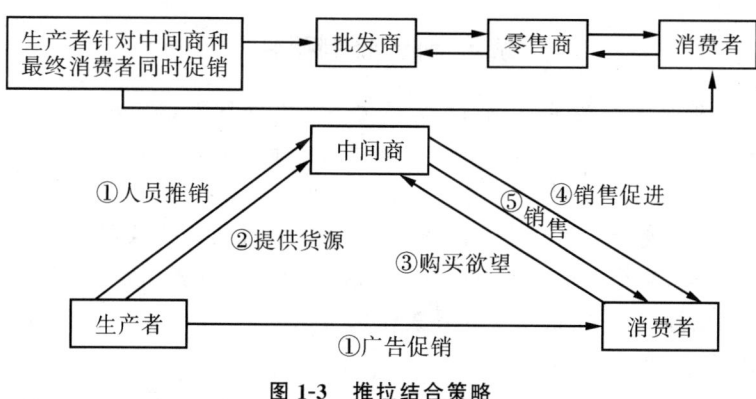

图 1-3 推拉结合策略

三、连锁企业促销策划的特点

(一)连锁企业促销策划的特殊性

连锁企业是一个由经营同类商品或服务的众多门店组成的联合体，这些分店通过采用标准化方式和集中化管理，实现联合体的规模经济效益，采用先进的商业组织形式和经营方式。连锁企业促销策划不同于普通的单店企业，具有以下特殊性。

(1)连锁企业促销策划既统一又分散。连锁企业是一个统一的整体，促销策划既要考虑连锁企业的整体利益，又要考虑单店的特殊利益需求，所以要求在统一的基础上，因店而异。单店在总部的促销策划引领下，根据单店所处的地理位置、周围消费者的心理特征、消费能力、行为习惯等，突出单店促销策划的利益诉求。

(2) 连锁企业促销策划内容更多。连锁企业和单店企业不同，不断有新的门店开业，因此就经常会涉及开业促销等问题。又因为每到一个新的地方就会面对不同的消费者和竞争者，所以会面临不同的消费者需求和不同的竞争态势，要处理不同的问题。

(3) 国际大型连锁企业促销策划面临的环境更加复杂。国际大型连锁企业在开展促销活动时，既要考虑当地经济环境、文化环境，还要考虑政治、法律环境，不同国家的各个门店面临的环境差异很大，而单店企业一般所面临的外部环境比较稳定。

案例直击

家乐福的"抵制事件"

2008年北京奥运年，4月17日奥运圣火在法国巴黎传递期间，受到"藏独"分子的严重干扰，火炬差点被夺，而且巴黎市政府门前还公然悬挂雪山狮子旗，这一系列的事件直接伤害了中国人民的感情，特别在网络上更是掀起了惊天巨浪。网友开始抵制法国品牌，其中受影响最大的是法国最大的零售连锁企业——家乐福。中国各地网友纷纷组织大规模的抵制活动，在家乐福门前举行示威行动，并在论坛上号召集体抵制家乐福，五一不去家乐福，让家乐福冷场。

在抵制活动一开始，家乐福的高层就迅速做出反应，否认支持"藏独"，并第一时间出来澄清："家乐福不愿扮演任何政治角色，只想做好自己分内的事，家乐福不仅对北京奥运会的成功举办充满信心，今后也会一如既往地支持北京奥运会，为奥运做出贡献。"与此同时，家乐福迅速将支持北京奥运会的横幅挂在各个门店的门前，并在超市的电梯、货架前，打出支持奥运会的标语，希望借此消除人们对其的负面印象。虽然家乐福迅速做出了这样的反应，但是在当时爱国热情空前高涨，人们对巴黎圣火被袭难以接受的大形势下，根本无法平息众怒，各地的抗议活动依然不断。

随后又有网友在家乐福网站发现家乐福将在五一期间采取大规模的促销活动，马上网上掀起又一轮的"讨伐"高潮，并称"家乐福的促销活动"是针对中国人的故意行为,网友更加大规模地发起抵制家乐福的活动。为避免事态的进一步扩大,家乐福的高层连忙出来辟谣,澄清家乐福的五一促销活动是之前就部署的正常假期促销活动,并非专门针对抵制活动。但毕竟在敏感的时期,辟谣的效果并不明显。随后,家乐福取消了五一期间的所有促销活动。这是家乐福进入中国市场以来最为严重的公关事件。

(资料来源:家乐福应对"抵制风潮",http://www.docin.com/)

(二)连锁企业促销策划的注意事项

连锁企业在策划促销活动时,要注意以下相关事项。

(1)明确促销目标。要想达到预期的促销效果,连锁企业促销策划必须有明确的促销目标,且目标一定是可以被衡量的。

(2)准确定位目标顾客。促销策划要从顾客的角度考虑,认真研究目标顾客的偏好、消费习惯、收入水平和生活方式,做到知己知彼,百战不殆。

(3)明确促销策划的层次范围。在制订促销策划方案时,应明确是连锁企业统一的整体策划,还是为某个区域市场或单个门店做的个别策划。弄清了促销的层次范围,对媒介的选择、费用的控制、促销手段和方式的选择等就可以做到心中有数。

(4)选择恰当的信息沟通方式。促销就是将促销信息通过各种途径传递给消费者,信息沟通方式不同,促销效果会有很大差异。所以,连锁企业应根据信息沟通成本预算和自身业态选择合适的信息沟通方式。

(5)合理组合促销产品和促销方式。连锁企业的促销策划一般不是针对某一个产品,也不是针对某一种促销方式,而通常是产品的集合和促销组合,因此应将其合理利用,综合运用多种促销方式。

(6)制定好应急预案。连锁企业促销活动因为会吸引大量的人流,容易出现各种问题,所以要提前考虑到各种意外因素,制定好应急预案。

案例直击

杭州某商场"跨年"活动被紧急叫停

根据杭州某商场之前的宣传,在2015年1月1日零点"跨年"倒计时之后,商场中庭将上演一场现实版的"喜从天降",降落数千个红包。这些红包里除了代金券外,甚至还有现金、金条等财物。这样的噱头,让原本就在商场里购物跨年的人更加"疯狂"。为了占据有利位置,晚上11点不到,人群就把中庭层层围满，中间的核心区域已完全无法进入，而外围的顾客也是越挤越多，包围圈越来越大。

虽然商场加强了安保力量，也提前给辖区派出所打去电话报备，但这种情景还是在商家意料之外，也让商家察觉到了危险性，万一抢红包过程当中有人摔倒，或是出现混乱，很容易发生踩踏事故。经过沟通，商场决定紧急叫停抢红包活动。

但是，当时距离零点倒数时间已经不远，现场也聚集了大量人群，如果当即宣布活动取消，现场也有可能出现意外。经过商议，商家安排现场主持人调节气氛，缓和等候顾客的情绪，并紧急安排礼品，安保人员开始部署疏导方案。最后，在1月1日零点30分，商场宣布出于安全考虑，抢红包活动取消，顾客可以去领取礼品代替红包。

在关键时刻，商场紧急叫停了抢红包活动，虽然扫了很多人"跨年"的兴致，但是从安全角度来看，这无疑是一个明智的决定。但我们更希望，以后在做类似促销活动策划的时候，应该更具有合理的预见性，不要等到最后一刻，才发现安全隐患的存在。

(资料来源：浙江在线—今日早报，2015-01-02，作者整理改编)

(7) 符合相关法规的规定。《零售商促销行为管理办法》已于2006年7月13日经商务部第7次部务会议审议通过，并经发改委、公安部、税务总局和工商总局同意，自2006年10月15日起施行，各地根据该办法又制定了各自的执行细则。连锁企业要充分了解这些规定和执行细则。另外，我国现行《反不正当竞争法》《广告法》及其实施细则以及《反垄断法》等都是效力更高一级的法律文件，也是促销策划人员必须遵循的基本准则。

相关链接

零售商促销行为管理办法

第一条 为了规范零售商的促销行为，保障消费者的合法权益，维护公平竞争秩序和社会公共利益，促进零售行业健康有序发展，根据有关法律法规，制定本办法。

第二条 零售商在中华人民共和国境内开展的促销活动适用本办法。

第三条 本办法所称零售商是指依法在工商行政管理部门登记注册，直接向消费者销售商品的企业及其分支机构、个体工商户。

本办法所称促销是指零售商为吸引消费者、扩大销售而开展的营销活动。

第四条　零售商开展促销活动应当遵循合法、公平、诚实信用的原则,遵守商业道德,不得开展违反社会公德的促销活动,不得扰乱市场竞争秩序和社会公共秩序,不得侵害消费者和其他经营者的合法权益。

第五条　零售商开展促销活动应当具备相应的安全设备和管理措施,确保消防安全通道的畅通。对开业、节庆、店庆等规模较大的促销活动,零售商应当制定安全应急预案,保证良好的购物秩序,防止因促销活动造成交通拥堵、秩序混乱、疾病传播、人身伤害和财产损失。

第六条　零售商促销活动的广告和其他宣传,其内容应当真实、合法、清晰、易懂,不得使用含糊、易引起误解的语言、文字、图片或影像。不得以保留最终解释权为由,损害消费者的合法权益。

第七条　零售商开展促销活动,应当在经营场所的显著位置明示促销内容,促销内容应当包括促销原因、促销方式、促销规则、促销期限、促销商品的范围,以及相关限制性条件等。

对不参加促销活动的柜台或商品,应当明示,并不得宣称全场促销;明示例外商品、有限制性条件、附加条件的促销规则时,其文字、图片应当醒目明确。

零售商开展促销活动后在明示期限内不得变更促销内容,因不可抗力而导致的变更除外。

第八条　零售商开展促销活动,其促销商品(包括有奖销售的奖品、赠品)应当依法纳税。

第九条　零售商开展促销活动应当建立健全内部价格管理档案,如实、准确、完整记录促销活动前、促销活动中的价格资料,妥善保存并依法接受监督检查。

第十条　零售商开展促销活动应当明码标价,价签价目齐全、标价内容真实明确、字迹清晰、货签对位、标识醒目。不得在标价之外加价出售商品,不得收取任何未予明示的费用。

第十一条　零售商开展促销活动,不得利用虚构原价打折或者使人误解的标价形式或价格手段欺骗、诱导消费者购买商品。

第十二条　零售商开展促销活动,不得降低促销商品(包括有奖销售的奖品、赠品)的质量和售后服务水平,不得将质量不合格的物品作为奖品、赠品。

第十三条　零售商开展有奖销售活动,应当展示奖品、赠品,不得以虚构的奖品、赠品价值额或含糊的语言文字误导消费者。

第十四条　零售商开展限时促销活动的,应当保证商品在促销时段内的充足供应。

零售商开展限量促销活动的,应当明示促销商品的具体数量。连锁企业所属多家连锁企业同时开展限量促销活动的,应当明示各连锁企业促销商品的具体数量。限量促销的,促销商品售完后应即时明示。

第十五条　零售商开展积分优惠卡促销活动的,应当事先明示获得积分的方式、积分有效时间、可以获得的购物优惠等相关内容。

消费者办理积分优惠卡后,零售商不得变更已明示的前款事项;增加消费者权益的变更除外。

第十六条　零售商不得虚构清仓、拆迁、停业、歇业、转行等事由开展促销活动。

第十七条　消费者要求提供促销商品发票或购物凭证的,零售商应当即时开具,并不得要求消费者负担额外的费用。

第十八条　零售商不得以促销为由拒绝退换货或者为消费者退换货设置障碍。

第十九条　鼓励行业协会建立商业零售企业信用档案,加强自律,引导零售商开展合法、公平、诚实信用的促销活动。

第二十条　单店营业面积在3 000平方米以上的零售商,以新店开业、节庆、店庆等名义开展促销活动,应当在促销活动结束后十五日内,将其明示的促销内容,向经营场所所在地的县级以上(含县级)商务主管部门备案。

第二十一条　各地商务、价格、税务、工商等部门依照法律法规及有关规定,在各自职责范围内对促销行为进行监督管理。对涉嫌犯罪的,由公安机关依法予以查处。

第二十二条　对违反本办法规定的行为任何单位和个人均可向上述单位举报,相关单位接到举报后,应当依法予以查处。

第二十三条　零售商违反本办法规定,法律法规有规定的,从其规定;没有规定的,责令改正,有违法所得的,可处违法所得三倍以下罚款,但最高不超过三万元;没有违法所得的,可处一万元以下罚款,并可予以公告。

第二十四条　各省、自治区、直辖市可结合本地实际,制定规范促销行为的有关规定。

第二十五条　本办法由商务部、发展改革委、公安部、税务总局、工商总局负责解释。

第二十六条　本办法自2006年10月15日起施行。

任务二 促销调研方案设计

任务分析

促销调研方案是调查工作的行动计划和纲领,对调查工作的顺利、高效开展具有重要的指导作用,它往往决定整个调查活动的成败。促销调研准备阶段主要是确定促销调研目的、要求及内容并据此制订调研方案。这阶段包括三个步骤。

(1)连锁企业促销调研问题的提出。促销调研人员根据决策者的要求或市场营销调研活动中所发现的新情况和新问题,提出连锁企业促销需要调研的课题。

(2)连锁企业促销调研初步情况分析。根据调研课题,收集有关资料做初步分析研究。许多情况下,促销调研人员对所需调研的问题尚不清楚或者对调研问题的关键和范围不能抓住要点而无法确定调研的内容,这就需要先收集一些有关资料进行分析,找出症结,为进一步调研打下基础,通常称这种调研方式为探索性调研。探索性调研收集资料的来源有:现有的资料、向专家或有关人员做调查所取得的资料。探索性调研后,待解决的问题就已经明确。

(3)设计连锁企业促销调研方案。连锁企业促销调研方案要确定调查目的、具体的调查对象、调查项目、调查过程的步骤与时间等,在这个方案中还必须明确规定调查单位的选择方法、调查资料的收集方式和处理方法等。

相关知识

一、连锁企业促销调研的特点

作为企业进行促销活动的基础,连锁企业促销调研执行着自己的特殊职能和任务,具有以下特点。

1.连锁企业促销调研具有较强的针对性

该针对性是由企业经营活动的目的性所决定的。调查工作需要一定的时间、精力以及费用,因此调查不能盲目进行,企业必须根据所要经营的产品进行调查,而不能盲目借用别人的调查结果或是直接以市场上表现出来的某个信息来进行促销。连锁企业促销调研既要针对产品,也要针对竞争对手,因为要想在竞争中取胜,就必须了解竞争者的实力和优势,从而确定企业的竞争策略是采取直接对抗还是退避迂回的方式。

2.连锁企业促销调研具有普遍性和经常性

在激烈的市场竞争中,促销调研工作不能只停留在促销活动开始以前的阶段进行,在促销活动开始之前、促销过程中、促销之后都需要进行调查,收集一切可以为企业促销使用的信息、资料,以便随时调整政策,适应市场不断变化的形势,同时,经常性的调研对开拓新市场新领域有积极的作用。

3.连锁企业促销调研具有科学性

促销调研是企业为了达到促销目的而进行的活动。为减少调研的盲目性和人、财、物的浪费,必须对所需要收集的资料和信息进行事先的规划。因此,在进行促销调研前应该制订详细科学的促销调研方案,为了能获得最准确地反映市场促销情况的企业所需要的资料和信息,而又不增加费用开支,在调查内容的确定上就要考虑那些影响程度最大的因素,并将诸多因素合理搭配,以最简洁、明了而又容易理解的方式呈现给企业。

4.连锁企业促销调研的结果具有不确定性

根据调研内容的不同可采用不同的方式,调查对象变化的心理状态有时会增加对调查结果进行分析的难度,如果说促销调查人员只是根据那些可以找到的有关销售方面的统计数字来研究问题,所得出的结果肯定会与实际相差颇大,也不能为促销提供多少有价值的资料,即使是考虑到了消费者的心理因素,但顾客身临购买现场选择商品的心理状态与被调查时有意识地回答问题时的心理状态有所不同,也会使调查结果与实际有所偏差。

5.连锁企业促销调研具有时效性

市场是开放、动态的,时间的推移、经济的发展、国家政策的调整,都会使市场发生相应的变化,一定时期的流行产品会在一时无人问津,而滞销的商品有可能在一定时期后重新成为畅销商品。促销调研是在一定时间范围内进行的。它反映的只是某一特定时期的信息和情况,在一定时期内具备有效性,但一段时间后又会出现新的情况和新问题,以前的调查结果就会滞后于形势的发展。因此,连锁企业在调查活动中,必须考虑消费者需求的变化、市场的变化,如果一味地延续过去的调查依据很可能会使企业延误大好时机,陷入困难境地。

二、连锁企业促销调研的作用

连锁企业促销调研的作用主要体现在收集并陈述事实、解释信息或活动、预测功能等三个方面。连锁企业的促销调研的作用主要取决于使用者怎么运用调研结果。

1.了解市场信息,制定市场策略

通过了解分析提供市场信息,可以避免企业在制定促销策略时发生错误,或可以帮助决策者了解当前促销策略以及促销活动的得失,以提出适当建议。只有实际了解市场情况才能有针对性地制定市场营销策略和企业经营发展策略。

在企业管理部门和有关人员要针对某些问题进行决策时,如进行广告策略、公共关系策略、营业推广策略、人员推销策略的制定时,通常要了解的情况和考虑的问题是多方面的,主要有:本连锁企业产品在哪个具体的市场上预期可销售数量是多少;如何才能扩大企业产品的销售量;如何掌握产品的销售价格;如何制定产品价格,才能保证在销售量和利润额两方面都能提升;怎样组织产品推销,销售费用又将是多少等。这些问题都只有通过具体的调查,才可以得到具体的答复,而且只有通过调查得来的具体答案才能作为企业决策的依据。否则,就会形成盲目和脱离实际的决策,而盲目则往往意味着失败和损失。

2.为企业提供发展新契机

提供正确的市场信息,可以了解市场可能的变化趋势以及消费者潜在购买动机和需求,有助于企业的管理者识别最有利可图的市场机会,为企业提供发展新契机。

市场竞争的发展变化日益激烈化,不断地发生变化,而促使市场发生变化的原因很多,有产品、价格、分销、广告、推销等市场因素和政治、经济、文化、地理条件等市场环境因素。这两类因素往往又是相互联系和相互影响的,而且不断地发生变化。连锁企业为适应这种变化,就只有通过广泛的市场调查,及时地了解各种市场因素和市场环境因素的变化,从而有针对性地采取措施,通过对市场因素,如价格、产品结构、广告等的调整,去应付市场竞争。对于企业来说,能否及时了解市场变化情况,并适时适当地采取应变措施,是企业能否取胜的关键。

3.改进企业的经营活动

连锁企业促销调研有助于了解当前相关行业的发展状况和技术经验,为改进企业的经营活动提供信息。当今世界,科技发展迅速,新发明、新创造、新技术和新产品层出不穷,日新月异。这种技术的进步自然会在商品市场上以产品的形式反映出来。通过市场调查,我们可以及时地了解市场经济动态和科技信息的资料,为企业提供最新的市场情报和技术生产情报,以便更好地学习和吸取同行业的先进经验和最新技术,改进企业的生产技术,提高人员的技术水平,提高企业的管理水平,从而提高产品的质量,加速产品的更新换代,增强产品和企业的竞争力,保障企业的生存和发展。

4.为企业市场地位和产品宣传等提供信息和支持

市场宣传推广需要了解各种信息的传播渠道和传播机制,以寻找合适的宣传推广载体和方式并制订详细的营销计划,这也需要市场调研来解决,特别是高速变化的环境下,过去的经验只能降低犯错误的概率,而到位的宣传推广需要实时的信息更新来保证。通常在市场宣传推广时还需要引用外力机构的市场信息支持,比如在消费者认同度、品牌知名度、品牌满意度、市场份额等各方面提供企业的优势信息以满足进一步的需要。

5.对市场变化趋势进行预测

通过市场调查所获得的资料,除了可供企业了解目前市场的情况之外,还可以对市场变化趋势进行预测,从而提前做出计划和安排,充分地利用市场的变化,从中谋求企业的利益。

三、连锁企业促销调研的内容

促销调研的内容是连锁企业开展商品促销调研活动最关键的部分,只有对调研的内容进行全面细致的考虑,摸清开展商品促销活动的有关情况,才能够辨认市场机会,确立企业竞争优势,建立市场竞争战略的出发点。连锁企业促销调研的内容主要包括促销环境调研、消费者调研以及竞争者调研,见图1-4。

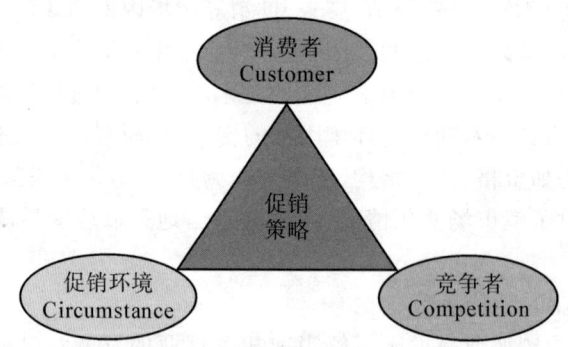

图1-4 制定促销策略的3C模型

(一)促销环境调研

1.政治环境调研

政治环境调研包括对企业产品的主要消费者所在国家或地区的政府现行政策、法令及政治形势的稳定程度等方面的调研。对于进入国际市场的企业来说,政治环境调研非常重要。

2.经济发展状况调研

主要是调查企业所面对的市场在宏观经济发展中将产生何种变化。调研的内容包括经济发展水平、经济特征等。

3.社会文化因素调研

调查一些对市场需求变动产生影响的社会文化因素,诸如文化程度、职业、民族构成、宗教信仰及民俗活动、社会道德与审美意识。

4.技术发展状况与趋势调研

其目的是了解与本企业生产有关的技术水平状况及趋势,同时还应把握社会相同产品生产企业的技术水平的提高情况。

(二)消费者调研

1.消费需求量调研

消费需求量直接决定市场的大小,主要调查的内容包括货币收入和人口数量。

2.消费结构调研

消费结构是指消费者将货币收入用于不同商品的比例,它决定了消费者消费投向,对消费结构的调查包括以下几个方面的内容:(1)人口构成,由于人口的性别、年龄、职业、文化程度、民族等的不同,其消费倾向会有很大的差异。(2)家庭规模和构成,家庭规模也就是家庭的人口数。家庭人口数多,对商品的需求量就大。(3)收入增长状况,经济增长,收入水平也随之提高。

3.消费特征调研

对于企业来说,理论上所有来购买的消费者都是顾客,但这是不准确的,因为任何一个企业都有自己的目标对象,只有符合目标对象范围的顾客才是企业真正想要得到的顾客。为了提高目标顾客的满意度和忠诚度,提高客户保持率,连锁企业应识别出利润贡献度高的客户的消费特征并采取相应的措施,以确保客户关系的可持续发展。

(1)购买什么?回答购买对象的问题。它受制于具体的消费需求,是满足欲望的实质内容。

(2)为何购买?回答购买目的的问题。它受制于消费者需要及其对需要的认识。

(3)由谁购买?回答购买组织的问题,即哪些人参与购买行为。消费者市场人多面广,每个人都是消费者,但是未必每个人都是购买决定者。

(4)何时购买?回答购买时机的问题。

(5)何地购买?回答购买地点的问题。消费者对购买地点的选择有其规律性,比如日常必需的一般生活用品习惯于就近购买,选择性较强的或贵重商品到商业街、购物中心购买,某些特殊商品到有信誉的专业店购买,某些地方特色产品或专用产品,喜欢去产地、生产厂家购买。

(6)如何购买?回答购买方式的问题。既包括购买类型,又包括付款方式。

相关链接

会员制营销的数据库管理

连锁企业会员卡应用的目的主要有三点,即:保持顾客对本店的持久记忆,维系顾客关系;实施有形的、延续性的营销战略;及时准确地收集、应用顾客信息。其中第三点又是前两点得以保障的关键。因此,会员信息的数据库管理是否规范,将直接影响到会员制营销的实施效果。

有些加盟商把会员制营销仅仅理解为商家的一种营销手段,目的趋于单一。实际上,会员制营销更重要的价值在于它能够帮助商家收集到顾客或潜在顾客的大量第一手数据,这些有关会员的详细资料是商家的宝贵财富,更是企业实施客户关系管理的数据基础。会员制营销不仅在获得准确完整的消费者详细资料方面具有绝对优势,而且可以通过各种会员专属活动、网上论坛、会员专区等实现企业与会员之间的零距离接触。因此必须进行规范、深入的数据库管理,才能最大限度地发挥会员资料的营销价值。比如:通过数据分析,可以了解消费群体的年龄分布、收入状况、职业分布等特征,从而更清晰地认识企业的目标消费群。将每个会员的偏好、历史购买情况等信息进行统计分析,可以帮助企业尽快掌握顾客的需求,从而准确把握消费动态,及时调整商品类型,以减少因商品滞销而造成的货物积压和仓储保管费用。

此外,企业还可以通过分析历史消费数据将会员进一步分类,针对不同消费重量级的顾客开展不同强度、不同内容的互动沟通。通过客户名单分析,可以进一步了解哪些会员已经超过一段期限(比如一季度或半年)没来购买商品,并以电话或短信方式与其沟通。这样一方面可以表达企业的关怀,建立好感;另一方面则可以主动追踪,提高游离老顾客的回流率。

(三)竞争者调研

1.竞争者的促销商品调研

消费者的基本需求是能买到价格合适、满足需要的商品,所选定促销商品的品项、价格是否具有吸引力决定着促销活动的成败。竞争者促销商品调研包括促销商品的品类、特点、价格、陈列,甚至包括商品来源等。

2.竞争者的促销方式调研

促销方式是指企业利用各种有效的方法和手段,使消费者了解和注意企业的产品、激发消费者的购买欲望,并促使其实现最终的购买行为,主要包括营业推广、广告促销、公共关系及人员推销。了解主要竞争对手采取的促销组合方式,这是竞争者调研的重点。

3.竞争者的促销效果调研

连锁企业开展促销活动,最终希望能用最少的钱达到最好的促销效果,所以在促销调研中,在了解竞争者促销组合方式的基础上,还需要了解竞争者的客流量情况及销售额情况,以及各种促销商品所占的销售比例。

相关链接

连锁精品店促销调研内容

所谓精品店,就是专门销售某一特定范围的商品的连锁企业。由于所销售的商品消费对象比较明确,而且商品比较精美别致,价格一般也比较贵,因此经营精品店有必要做好充分的促销调查工作。

1.精品店的特征

综合大多数精品店的情况,可以归纳出精品店的相关特征:

(1)精致小巧

精品店和其他连锁企业的不同之处在于精品店的布置非常别致,环境优雅,虽然空间比较小,但是能够为消费者提供一个完全个性化、独特的购物空间,并且以商品的品质取胜,使消费者能够在有限的空间得到最大的满足。

(2)回头率高

由于精品店能够为消费者提供个性化的消费模式,并为消费者提供更多的他们所喜欢的商品类型,因此到精品店购物的顾客大多数是老顾客,也就是回头客,而且往往到精品店的个人一次性消费额比较高。

(3)投资额少

精品店的创业者大多数是对流行趋势比较敏感的年轻人,在兴趣的驱使下投身于精品行业,他们往往和两三个志同道合的朋友共同投资,和其他的连锁企业(如百货公司、超级市场)相比较而言,投资额较少。

(4)重视促销

由于精品店的资金运转周期短,所以经营者必须在最短的时间内将商品销售出去,转换成现金,以抵消各种开支。所以,精品店经常采用各种促销方式,最常用的就是用降价促销的方式来吸引顾客。

(5)生命周期短

精品店面临的竞争对手除了同行之外,还有其他连锁企业,因此精品店面临的竞争尤为激烈。加上资金比较短缺,一旦面临无法收回商品成本的危机时,便会出现资金运转上的困难,有时甚至会倒闭。因此,精品店的生命周期一般较短,淘汰率非常高。

2.精品店的促销调研

针对精品店的上述特征,当精品店进行商品促销调研时,应该对以下问题开展调查:

(1)竞争对手

对竞争对手的调查主要包括以下内容:

①竞争对手的商品,例如商品的质量、商品的价格、商品的陈列,甚至包括商品的来源,等等。②竞争对手的促销方式,例如是降价促销,还是采取赠送促销或者会员制促销。③竞争对手的连锁企业设计和规划,例如商品和货架的搭配、颜色的搭配,等等。④竞争对手的广告形式,以及采用何种广告媒体、何种广告策划,等等。⑤竞争对手的销售额情况,以及各种促销商品所占的销售比例。⑥竞争对手的促销服务情况。⑦竞争对手的客流量情况。

(2)促销方式

对促销方式的调查主要包括以下内容:

①精品店经常使用的促销方式有哪些?一般来说,精品店经常使用的促销方式有折扣促销、POP促销、优惠券促销、宣传物促销等。②精品店所采用的不同的促销方式的效果如何?一般来说,精品店所采用的促销方式中,收效最好的是折扣促销,接下来是POP促销、宣传物促销以及优惠券促销。③适合本精品店的促销方式有哪些?根据对各精品店经营者的调查问卷分析得知,折扣促销是最适合的促销方式,接下来就是店面海报宣传。

(3)促销目的

精品店开展促销活动的目的主要有以下方面:

①刺激消费者的购买欲望,吸引消费者前来购买商品。②加快商品的销售速度,提升销售业绩。③提高精品店的市场知名度,加强在消费者心目中的印象。④提高消费者的忠诚度。

(4)促销时机

商品促销活动在什么时候举行最有利于达到经营者所希望的目的,是一项非常关键的内容。根据有关专家调查研究的成果可以知道,精品店在以下几个时机开展商品促销活动最为有利:

①商品换季的时候。这时举行商品促销活动的比例最高,达到了79%。因为精品店销售的商品具有非常强的时效性,所销售的商品都是最流行的款式,一旦商品不能在最流行的时间内销售出去,就会滞销,最后卖不出去,占用有限的资金。

②某些特殊节日。精品店可以利用消费者在节日休闲时可能产生的购买动机,采取适当的促销方式,刺激消费者的购买欲望,提高消费者购买的可能性。

③清空仓库的时候。这是精品店将快要过时的商品清除出仓库时所采取的促销活动,也是最后的促销时机。如果这时候商品还不能够销售出去,就很有可能永远积压在仓库中,再也没有机会卖出去。

四、促销调研资料收集的方法

促销调研方法是指调研资料获取的方法,一般包括二手资料调查和实地调查,实地调查又包括访谈法、观察法和实验法。

(一)二手资料调查

二手资料是指以前已经收集好的,但不一定与当前调研完全相关的信息资料。促销调研人员通过对二手资料的收集,可以使企业迅速了解相关的市场信息,把握市场机会,从而为进一步的直接市场调研奠定基础。二手资料调查包括商业和政府机构、营销研究公司和计算机数据库提供的信息,其用途广泛。很少有不包含二手资料的促销调研项目。

二手资料具有容易获得、方便使用和节省时间费用的优点,但是由于二手数据是为其他目的而收集的,因此存在着报告单位不一致、度量标准不统一、对数据分类所使用的定义不同、数据过时以及缺乏对数据可信度评估的相关信息等缺陷。

(二)访谈法

访谈法是调查人员以询问为手段,直接面对被调查者了解情况、获得资料的方法,通常采用问卷调查方式。比如连锁企业可以组织有关人员抽取合适的消费者样本进行调查,向其了解促销活动的效果。例如,调查有多少消费者记得连锁企业的促销活动,他们对该活动有何评价,是否从中得到了利益,对他们今后的购物场所的选择是否会有影响等,从而评估促销活动的效果。

（三）观察法

观察法是指研究人员根据一定的研究目的、研究提纲或观察表，用自己的感官直接观察和借助各种现代化的仪器设备，如照相机、录音机、显微摄像机等来辅助观察被研究对象，从而获得资料的一种方法。观察法具有如下优点：资料比较真实、可靠性较高；在自然状态下的观察，能获得生动的资料；具有及时性的优点，能捕捉到正在发生的现象；能搜集到一些无法言表的材料。同时观察法存在着一定的局限性：受时间的限制，某些事件的发生是有一定时间限制的，过了这段时间就不会再发生；受观察对象的限制，一般竞争对手不会让同行观察的；受观察者本身的限制，观察者只能观察外表现象和某些物质结构，不能直接观察到事物的本质和人们的思想意识；不适用于大面积调查。

促销调研项目主要是通过观察消费者对连锁企业促销活动的反应，例如，消费者在限时折价活动中的踊跃程度、优惠券的回报率、参加抽奖竞赛的人数以及赠品的偿付情况等，对促销活动的效果做相应的了解。

（四）实验法

实验法是指研究人员操纵和控制一个或多个自变量，并且观察它们对一个或者多个因变量的影响的一种研究方法。为了更好评估各项促销计划或策略的优劣，采用实验法最为合适。促销调研项目一般通过实验法了解促销效果。研究人员在有关促销活动效果的实验里调查是否广告投放得多或以特卖价格销售，产品的销售量就会增加；广告与价格之间是否存在交互作用等。

五、促销调研方案设计的步骤

市场调研方案设计是在进行实际调查之前，根据调查目的对整个调查过程进行全面规划，提出相应的调查实施计划，制定合理的工作程序。市场调研方案设计的任务是使调查有目的、有计划、有组织地进行，为指导市场调查活动提供蓝图。方案设计应遵循科学性、可行性和有效性三大原则。

（一）明确调查目的

在调研方案设计中首先应该明确调查的目的。调查目的是调查所要达到的具体目标，即为什么调查、通过调查要解决什么、调查具有什么意义等。因此，只有明确了这些问题之后，才能确定向谁调查，调查什么以及采用什么方法进行调查。调查目的的说明应简明扼要。

（二）设置调查项目

在调查目的确定的基础上，我们就可以明确具体的调查内容，即确定调查项目。调查项目的确定是非常重要的环节。首先,调查项目是调查目的的细化,应该表达清楚、切实可行,具有可操作性;其次,调查项目是设计调查问卷的提纲和范围,决定了调查问卷是否能收集到本次调研所需要的信息。

相关链接

促销方式调查问卷

为了解消费者购物心理,改进促销活动形式,面向各位消费者进行调研。烦请各位按真实想法在选项打"√",可多选。感谢您的支持。

1.您的性别?
○男　　○女

2.您的年龄?
○20～30岁　○30岁～40岁　○40岁～50岁　○50岁以上

3.您在面对同种类同档次产品时,以下哪些因素会影响您的选择?
○品牌　○促销活动　○广告　○质量　○服务　○价格　○花色

4.通常情况您通过何种渠道得知商品的促销活动?
○宣传单　○车体或室外广告　○报纸　○熟人推荐
○网络　　○车内广播　○商场内宣传标识(海报,条幅)

5.您在购买家居建材类商品时,以下不同金额内,哪种促销方式更吸引您?

(1)原价在5 000元以下
○无所谓是否促销　○买赠　○打折　○满额返　○抽奖　○满额换购

(2)原价在5 000~10 000元
○无所谓是否促销　○买赠　○打折　○满额返　○抽奖　○满额换购

(3)原价在10 000元以上
○无所谓是否促销　○买赠　○打折　○满额返　○抽奖　○满额换购

6.若有一个您不认识或不熟悉的品牌正在做促销活动,您有什么想法?
○不受促销营销影响　○有兴趣了解活动情况　○喜欢这种活动
○反感　　　　　　　○怀疑商品质量及售后

7.若有一个您认识或熟悉的品牌正在做促销活动,您有什么想法?
○不受促销营销影响　○有兴趣了解活动情况　○喜欢这种活动
○反感　　　　　　　○怀疑商品质量及售后

8.若有一个您不认识或不熟悉的品牌正在做促销活动,您希望它采用哪种促销形式？

○实实在在降价　○买一送一　○满额返　○满额减　○满额购

9.您对产品促销有何不同想法或建议我们如何改进促销模式？请畅所欲言。

_____

_____

再次感谢您的配合！

（三）确定调查对象和调查地点

我们需要根据不同的调查目的确定不同的调查对象和调查地点,采取相应的调查方法。如杭州市区大型外资超市端午节促销活动调研,其调查对象就是该地区所有大型外资超市。在选取调查对象的时候,应在注意经济性原则基础上保证样本代表性问题,确保调查对象能反映总体的基本情况。如上述例子中,我们通常是采取重点调研或典型调研,选择部分企业来代表杭州该地区所有的大型外资超市。

（四）选择调查方法

调查方法是搜集数据和信息的具体方式。市场调研方法受调查目的、调查性质、调查经费、调查时间等因素的影响。

（五）制定调查活动进度安排

调查活动进度安排是调查各项工作开始和完成的时间,以及其先后顺序。通过设计调查活动的进度表可以帮助调研者准确控制调查活动的开展,保证其如期完成。此外还要考虑各种意外情况发生的可能性,使工作期限的安排留有一定的弹性。

（六）编制调查费用预算

开展市场调研活动必然会有一定费用支出,因此在调研方案设计过程中应该编制费用预算。在预算费用时应尽量做到全面性、节约性和准确性。

任务三　促销调研组织与实施

任务分析

促销调研组织与实施阶段的主要任务是根据调研方案,组织调查人员深入实际收集资料,它主要包括两个工作步骤。

1.组织并培训调研人员。企业往往缺乏有经验的调研人员,要开展促销调研首先必须对调研人员进行一定的培训,目的是使他们对调研方案、调研技巧、调研目标及与此项调研有关的企业、行业等知识有明确的了解。

2.收集资料。促销调研收集资料一般分为全面调研(即市场普查)和非全面调研。非全面调研又包括重点调研、典型调研及抽样调研等方式。其中竞争对手调研主要采用重点调研及典型调研方式,消费者调研主要采用抽样调研方式。

相关知识

一、组建促销调研团队

为了保证促销的顺利实施,企业需要建立促销调研团队,主要负责管理、控制调查项目的实施,并及时向企业领导反馈调查进程和调查工作的有关信息。一个完整的促销调研团队包括项目主管、实施主管和调查督导,其具体职责分别如下所示。

(1)项目主管。项目主管负责协调各部门的关系,起草初步的计划,编制预算并监督资源的使用。其责任是确保促销的目标、预算和计划的执行。

(2)实施主管。实施主管责任主要包括:了解促销调研项目的目的和具体的实施要求,根据调查设计的有关内容和要求挑选调查人员,负责督导团队的管理和培训,负责调查实施中的质量控制。实施主管是项目主管和调查督导的中间桥梁,要求既要掌握市场调查的基本理论和方法,又要有比较强的组织和运作能力,还要有丰富的现场操作经验。

(3)调查督导。调查督导负责对调查人员工作过程的检查和对调查结果的审核。调查督导可分为现场督导和技术督导。现场督导主要负责对日常工作的管理,技术督导主要负责对调查员访问技巧的指导。很多情况下两者合二为一。

二、培训促销调研人员

项目实施中对调查人员的培训是项目实施成败的核心环节,是整合整个调研团队最重要的步骤,是保证数据采集质量的关键所在。对调查人员进行培训的内容应根据调查目的和受训人员的具体情况而有所不同。通常包括性格修养、市场调查业务、项目具体内容等三方面,如表1-2所示。通过培训,提高调查人员的工作技能,降低拒访率,使访问工作更加有效率。

表 1-2　培训的基本内容

培训项目	培训内容
性格修养	对调查人员在热情、坦率、谦虚、礼貌等方面进行培训
市场调查业务	市场调查原理、市场学、心理学等知识，强调调查员的责任、调查项目操作、提问技巧等技能方面的训练
项目具体内容	产品及行业、企业背景

三、促销调研的组织方式

促销调研方式指调研活动的组织方式，一般包括市场普查、重点调研、典型调研及偶遇抽样等方式。

（一）市场普查

市场普查是对调研对象的全部单位所进行的无一遗漏的逐个调查，是一种全面调研的组织方式。市场普查是一次性调研，其目的是把握在某一时点上一定范围内调研对象的基本情况，如商品库存普查。市场普查很少用于大范围的促销调研工作，只适用于某些小范围的促销调研。

（二）重点调研

重点调研是指在全体调查对象中选择一部分重点单位进行调查，以取得统计数据的一种非全面调查方法。由于重点单位在全体调查对象中只占一小部分，调查的标志量在总体中却占较大的比重，因而对这部分重点单位进行调查所取得的统计数据能够反映社会经济现象发展变化的基本趋势。

在连锁企业促销调研中，重点调研常用于对商品需求、流通渠道、经营条件、竞争对手等问题的调研。采用这种调研方式，能以较少的人力和费用开支，较快地掌握调研对象的基本情况。不过，重点调研中选取的重点单位不具有普遍的代表性，一般情况下，不宜用重点调研结果来推断总体结果。

（三）典型调研

典型调研是在全体调研对象中有意识地选择一些具有典型意义或有代表性的单位进行非全面的专门调查研究。典型调研调查单位较少，人力和费用开支较省，运用比较灵活，调研内容可以多一些。运用这种调研方式，有利于深入实际对问题做比较细致的调查分析。

连锁企业在促销调研中，采用典型调研大体有两类情况：一是为了查清企业促销活动中的问题，或者总结促销中的经验教训；二是在商品需求和商品资源调查中，从调研总体中有意识地抽选具有代表性的样本单位进行调研，以样本指标来推断总体指标。

(四)偶遇抽样

偶遇抽样也称便利抽样,是指通过选取最方便获得的人或单位而进行的抽样。它是一种随意选取样本的方法,样本的选择只考虑到接近样本或衡量便利。典型的形式是拦截式调查。优点是容易实施,调查的成本低;缺点是样本单位的确定带有偶然性,无法代表有明确定义的总体,调查结果无法根据样本信息对总体进行数量特征的推断。促销效果问卷调查一般采用偶遇抽样法。

任务四 促销调研结果分析

任务分析

连锁企业促销调研的作用能否充分发挥,和做好调研总结的两项具体工作密切相关。

1.资料的整理和分析。通过促销调研取得的资料往往相当零乱,有些只是反映问题的某个侧面,带有很大的片面性或虚假性,所以对这些资料必须做审核、分类、制表工作。审核即去伪存真,不仅要审核资料的正确与否,还要审核资料的全面性和可比性。分类是便于资料的进一步利用。制表的目的是使各种具有相关关系或因果关系的经济因素更为清晰地显示出来,便于做深入的分析研究。

2.编写促销调研报告。市场调查报告是市场调查人员对特定市场的某一方面的问题进行深入细致的调查后,通过书面的形式表达市场调查结果的书面报告,是市场调查活动的最终成果。编写原则是客观、公正、全面地反映事实,以求最大限度地减少营销活动管理者在决策前的不确定性。促销调研报告的内容有:调研对象的基本情况、对所调研问题的事实做的分析和说明、调研者的结论和建议。

相关知识

一、撰写促销调研报告的步骤

促销调研报告是整个促销调查活动的最终体现,也是衡量促销调查活动质量的最直观表现。撰写一份完整的促销调研报告首先要构思调查报告的框架,落实写作材料,最终以电子稿及纸质稿形式提交调查报告,一般还需要准备一份口头汇报PPT。因此,主要按照以下三个步骤进行:

1.准备调研报告

促销调查成果主要是通过促销调研报告来体现,落实写作材料是撰写市场调查报告的基础和中心准备工作。一份促销调研报告是否具有较高的决策参考价值,很大程度上取决于它所拥有材料的数量和质量。促销调研报告材料的选择要十分严格,特别要注意材料的真实性和数据的准确性。

2.撰写调研报告

撰写促销调研报告是体现调查质量的关键环节。促销调研报告一般分三个部分,介绍部分主要是分析企业促销环境及消费者,主体部分是分析各竞争者的促销方式,这部分是整份促销调研报告的核心,应依据调研方案设定的内容充分展开,结论部分主要是对各促销方式进行比较,提出建议,帮助决策者分析市场。

3.提交调研报告

一般而言,促销调研报告是以书面方式提交,并辅以口头报告。为了使口头报告更加生动,富有吸引力,提高报告效果,一般需要准备一份促销调研汇报PPT。

二、建立齐全的促销档案

连锁企业促销调研的最终目的就是建立齐全的促销档案,以便对市场环境进行深入了解,使整个促销活动的内容进一步深入,使策划方案具有可执行性。促销档案包括企业内部促销档案和竞争对手促销档案两大内容。

1.企业内部促销档案

建立企业内部促销档案,能全面、清晰地掌握连锁企业历史上各项促销记录、促销的得与失,为以后的促销选品、制定促销售价、准备促销品货源等提供有力的数据支持。

企业内部促销档案的内容包括全年促销安排和每档期促销的所有资料。每档期促销的资料包括:促销企划案、促销清单、印制的促销海报、店铺相关的陈列照片、各店铺的促销总结和总部各部门的促销总结等。

2.竞争对手促销档案

建立竞争对手促销档案,是为了充分了解对方的促销档期安排、促销方式、促销选品与价格力度等。掌握其规律和战术,做到知彼知己,从而更有针对性、更有效、更合理地制定我们的促销对策。

竞争对手的促销档案分两个部分:

一部分为促销时间段、促销主题、配合的促销活动和海报中的主要版块。可以在电脑上用以下表格(表1-3)来表达。

表 1-3 竞争对手促销档案示例

周次	第17周							第18周							第19周							第20周							第21周						
星期	一	二	三	四	五	六	七	一	二	三	四	五	六	七	一	二	三	四	五	六	七	一	二	三	四	五	六	七	一	二	三	四	五	六	七
日期	4.29	4.30	5.1	5.2	5.3	5.4	5.5	5.6	5.7	5.8	5.9	5.10	5.11	5.12	5.13	5.14	5.15	5.16	5.17	5.18	5.19	5.20	5.21	5.22	5.23	5.24	5.25	5.26	5.27	5.28	5.29	5.30	5.31	6.1	6.2
节日			劳动节			青年节	立夏							母亲节																				儿童节	
本企业	(10档)主题:周年庆							(11档)主题:感恩母亲超值购 （满89元,抽奖一次）														(12档)主题:欢乐童年,开心购物 （进店儿童免费送气球,送完为止）													
竞争店1	版块:婚庆、换季							版块:礼品、婚庆、换季														版块:儿童吃用玩,夏凉							(13档)主题:快乐六一,巨惠来袭 （会员满68元返10元电子券）						
	(11档)主题:明天我要嫁给你							(12档)主题:献给母亲的爱																											
竞争店2	版块:婚庆、品牌专版							版块:礼品、婚庆、换季														版块:儿童吃用玩,夏凉,饮料节													
	(10档)主题:非常5+1实夏零距离							(11档)主题:感恩母亲节														(12档)主题:欢乐六一-儿童节													
	版块:婚庆、换季							版块:礼品、婚庆、换季																											

另一部分为竞争对手每档期的促销商品名称、规格、单位、促销售价和促销角色定位。要将每一个促销品与本企业的商品代码做对应,并输入电脑,与本企业的促销信息存放在一起,便于查看与对比。

建立以上两大档案,可以更加有针对性地制订我们的年度促销计划,合理安排我们的促销开档日,合理选择促销品,更准确地制定促销售价。特别是制定惊爆商品的售价时,可以利用竞争对手促销档案,使促销的售价既惊爆又不至于因为过低而损失毛利率。避免与竞争对手同开档日或同开档周、同促销品等现象的发生。

项目二　年度促销计划制订

学习目标

◆ 知识目标

通过本项目学习,你应该:

1.了解促销目标的含义,掌握连锁企业的促销目标设计;
2.掌握连锁企业促销时机的选择及促销持续时间的确定;
3.理解连锁企业促销主题设计分类及方法;
4.了解连锁企业促销预算的构成及编制方法。

◆ 技能目标

通过本项目学习,你应该:

能撰写一份完整的连锁企业年度促销计划,包括促销目标、促销时间、促销主题以及促销预算。

项目简介

1.项目意义

连锁企业促销计划是商品采购计划的一部分,商品采购计划中当年销售额任务的1/2是由促销来完成的,所以,年度促销计划制订相当重要。连锁企业年度促销计划是为了系统规划企业整体促销活动,不仅是为了拉动销售量,更重要的是要使品牌的美誉度得到提升,从而进一步提高顾客对连锁企业品牌的忠诚度,实现品牌的可持续发展。一般由企业总部制订年度促销计划,门店根据总部制订的年度促销计划结合门店的具体情况制订各门店的促销计划。通常,连锁企业要提前一年做好下一年度的促销计划。

2.项目内容

以连锁企业(包括连锁卖场、连锁经济型酒店、连锁餐饮等)为载体,基于校外合作企业的实际情况,制订企业年度促销计划,包括促销目标、促销时间、促销主题以及促销预算,为连锁企业每个档期具体促销活动策划方案的制订提供依据。

根据连锁企业促销调研的工作内容和工作流程,该项目划分为促销目标确定、促销时间选择、促销主题设计和促销预算编制4个任务。

3.项目要求

学生自由组成小组,每组4~6人。以小组为单位,通过前期促销调研结果,明确项目内容,制订企业年度促销计划。要求在教师指导下,每个小组能够独立完成本次实训项目。

4.项目成果

在项目学习之后,学生需要提交以下项目学习成果:制订一份连锁企业年度促销计划,包括促销时间、促销目标、促销主题及促销预算。

项目解析

随着市场竞争加剧,促销已成为连锁企业应对竞争、提高销售额的有力武器,成为连锁企业经营管理的一项常规内容。商品促销活动是一种较长期的计划活动。一般情况下,连锁企业在每年十一月份,就应做好下一年度的商品促销计划,具体内容包括:年度促销活动的次数及时间安排、促销目标的确定、促销活动的主题内容以及年度促销活动预算。

制订年度促销计划对连锁企业是很有必要的。首先在顾客方面,在目前的消费市场上,顾客的购买行为大都属于冲动性购买型,常常受到节令、天气、活动主题、活动方式、促销商品等影响;其次,在连锁企业方面,连锁企业可通过促销活动,首先是提升顾客数量,活跃门店气氛;再次,在商品方面,连锁企业通过促销策划,利用商品应景,再配合现场气氛的布置来告知、提醒顾客,季节的更替或节庆的到来,刺激消费者购物。

年度促销计划的作业流程包括:(1)根据促销目标,在上年度末排列下年度重要促销日期;(2)为每个促销日期设计促销主题;(3)进行消费调查,并依据经验确定重要促销策划和一般促销策划;(4)通过头脑风暴或者

○ 项目二　年度促销计划制订

其他方式对年度促销计划进行评估；(5)对每次促销活动进行预算的估计，并累计得出年度促销预算。

在制订年度促销计划时，需要注意以下两点：(1)促销计划可以由粗到细，但一定要制订出来，不可缺少；(2)按照不同的连锁业态模式，确定不同的促销活动次数和间隔时间，比如大型综合超市可以每周或两周做一次促销，连锁企业应该要求其主力商品供应商每个月做一次促销。实际上，连锁企业的商品促销与各供应商促销活动是一种有机组合。制订促销计划时，先要求供应商做好商品促销计划，在此基础上，连锁企业再进行组合。

项目作品示例

××购物广场2015年度总体促销计划

一、促销活动定位

2015年对××企业的发展来说是至关重要的一年，如何摆脱2014年的不利局面，全面实现今年的各项经营指标，清晰、准确地打造商业新理念，是摆在所有××人面前的一个课题。营销策划部就2015年度的总体发展目标，将适时开展各类新颖独特的时效性促销活动，今年本着尊贵、高雅、引领时尚、不落俗套的指导原则，树立具有××购物特色文化内涵的宣传、促销方式，从不同的层面和角度整合现有商场资源，在配合经营销售同比提升25%（待定）的基础上，同步提升包装、宣传、促销等整合营销的档次。

首先，树立企业形象，围绕目标消费群体的需要，以及同行业间的相互竞争，开展积极有效的营销活动，逐步、有序地完善基础工作，提高美誉度、提高客流量、提高经济效益，充分发挥"××购物广场"综合优势，利用"会员"基础稳定现有顾客群；其次，配以年度、季节、节假日的各种形式的具有针对性、连续性强的商品促销与局部的品牌推广等活动，以"开展文化营销，提高商品内涵"来逐步建立新的顾客群，从而达到占有长治市中高档消费市场的目的。

二、促销活动的时机

本着贴近市场、易操作的原则,在今年活动安排上,大致分为 3 条路线:一是"月份线"(也是基本线),以各月为形态单位,将全年总体销售任务(6 800 万元)按比例进行分解,根据月间活动测算广告制作、媒体宣传的投放量和频率,全年按照销售任务的 2‰ 来提取广告宣传费的话,应投放广告宣传费 136 万元,上半年 61.2 万元(45%),下半年 74.8 万元(55%)。二是"季节线",如春、夏、秋、冬 4 个推广主题,用 4 种不同色调来贯穿一年四季卖场的形象包装,深刻体现品牌文化及服务文化,加大在这方面的投入力度,做到尽精微,致广大。三是"节日线",细分为(1)重大节日:五一、十一、圣诞、元旦、春节;(2)一般节日,纪念日如情人节、学雷锋日、妇女节、植树节、国际消费者日、母亲节、父亲节、教师节;(3)学生的寒暑假、每年的高考日等。四是"年线",以一整年为跨度单位,开展一个跨越全年的主题活动,此活动必须与社会大环境、大主题靠近,可以是投入小、收益大的公益活动,如:共建魅力长治、诚信服务、慈善捐助等,将此类活动永久做下去。

三、促销对象的细分

根据企业近半年的运作,以及企业的购物环境、品牌结构及档次,我们意识到只有把功夫用在培养我们的目标消费群上,做到范围锁定、回报提高,在分析客户层、收集信息上做文章,才有利于推动我们的工作,去年在这一环节上应该说比较欠缺。

四、年度大活动思路

(1)拿出 5 万~15 万元在 2015 年做两次具有相当规模的、社会反响巨大的公益文化活动,如捐资助残、捐助希望小学、捐助长治—太原高速公路建设、捐资绿化城市。

(2)在全年利用五一、十一,投入 5 万元举办两场高水准的服装发布会。

(3)与××优秀的旅行社合作,利用 VIP 会员积分,奖励旅游;举办 VIP 会员专场促销活动及联谊会。

五、媒体投放规划

(1)根据大量市场反馈,我们觉得有必要在市新闻频道或公共频道全年包一个剧场冠名栏目。

(2)借助媒体,创造话题进行公关行销。与××晚报合作冠名"××新视点"栏目,以关注社会、贴近百姓为主线,从服装文化的角度给报社供稿,长期稳定地占领平面媒体阵地,收放自如。

(3)时效性促销的常规投放力度应加大。

六、卖场美陈规划

(1)把所有陈旧过时的广告展示方式统一升级。

(2)卖场各楼层导示牌更新。

(3)公共标志指引牌更新材料、重新制作,采用醒目的与卖场色调相差较大的色彩,用高档材料制作。

(4)重新设立总服务台位置,并在原形象基础上更新设计。

(5)设立品牌故事(流行信息看板)。

(6)在各楼层设立"小品展台",推广新品。

(7)由策划部牵头,全年长期开展楼面商品陈列大赛,在赛前对楼层管理人员、服务员进行系统的商品陈列展示知识培训。

(8)卖场绿化方案,公共区休息椅的设立。

(9)将一层部分橱窗拆除,改成通透性玻璃幕墙,从而扩大并延伸商场内部视觉效果。

(10)卖场露白区域(柱头、柜顶、边厅门楣、中岛灯带)等装饰(修)。

七、促销宣传品制作规划

(1)制作××新招商手册、时尚推广手册。

(2)重新更换4次店内顶旗,并向"异形"方向发展。

(3)重新制作购物袋、VIP会员卡、VIP会员手册。

(4)时效性促销常规宣传品的制作。

(5)五一、十一、春节、店庆DM宣传页,顾客满意度调查问卷的设计制作。

八、促销礼品制作规划

(1)12月份设计制作一批2016年年历、春联。

(2)设计制作××手提袋、雨伞袋。

(3)××太阳伞、钥匙扣、开瓶器等小纪念品。

九、VIP会员

(1)执行新的会员卡积分章程及返利标准。

(2) 每季度举办一场会员专场促销活动,只允许会员参加。
(3) 每次 DM 均由我司统一邮递至会员单位或住所。
(4) 每逢节日以"手机短信"方式慰问会员。
(5) 继续发展与推广会员卡"连锁使用单位"。

十、2015年度促销计划
1.商品促销计划

季度	月份	主题	内 容	主推商品
一季度	1月	红红火火过大年	1.流行服饰全场3折起; 2.岁末豪礼,满300元送300元券; 3.购物满300元送吉(活鸡)送利(栗子)	全场商品
	2月	正月HAPPY哪里去?	1.购物满100元送××欢乐城20元消费券或Disco入场券或上岛咖啡20元代金券; 2."2·14"情人节购物满100元送玫瑰1枝,满200元送巧克力1盒,满300元送玫瑰1枝＋巧克力1盒;K金、镶嵌、银饰、玉器、彩妆、丝巾、头饰、仿真饰品全部优惠。 3."正月十五闹花灯"门前广场举办大型灯展及猜灯谜活动,奖品由各品牌提供(顾客亲自到柜组领取)	全场商品
	3月	春满嘉汇	1."春装俏俏俏,冬装减减减"春装全新上市,冬装彻底出清,冬季季末全场0利大行动"羊毛不再出在羊身上" 2.三八妇女节女装全场8.3折,寻找3.8(部分女装、仿真饰品、文胸、K金、镶嵌、银饰、玉器、彩妆、丝巾、头饰优惠);同推"不要冷落身边的男人哦!"男装全场8.3折 3."天天都是'3·15',健康安全在××"举行顾客满意度调查活动;推出货真价实送情谊,满100送30的活动	冬装、男女春装、化妆品、饰品

续表

季度	月份	主题	内 容	主推商品
二季度	4月	运动休闲好时光	1.购物送旅游、送盆景、送健身卡、送美容卡等 2.室内大型盆景展示 3."顾客最喜爱的品牌"评选活动	体育服饰用品、衬衫、毛衫
二季度	5月	红五月,红××	1.全场商品满300送200 2.会员累计购物满300,送精美太阳伞 3."5·10"母亲节购物满100送康乃馨一枝,二层全场8折 4.5月18日店庆日"××1岁了"全场满200送158;寻找××幸运星(凡5.18出生的顾客均可获赠礼品一份) 5.大型室外服装秀;大型室内内衣秀	全场商品
二季度	6月	金色童年	1.春装大型特卖,夏装全新上市 2.儿童玩具、服饰全场6.1折;"天才大比拼,脑内大革命,看谁记得品牌多"有奖竞答;晚报整版"填图"大赛	玩具、儿童服装、男装、男士用品
二季度		也给爸爸过个节!	1."6·21"父亲节男装全场7折 2.购物赠送健身卡	
三季度	7月	缤纷夏日,清爽世界	1.金榜题名赠祝福 2.××夏日总动员,购物抽奖送旅游 3."一元喝雪碧",这个夏天好清爽 4.夏日"激情卡拉OK广场"、"老电影回放"(每晚7:00—8:30)	夏装、泳装、凉鞋、皮具、防晒用品、太阳镜(伞)、香氛系列
三季度	8月	反季大行动	1.皮衣、棉服反季特卖 2.午后疯狂,限时抢购会 3.购物送游泳票 4.大型室内"鱼"展	全场商品
三季度	9月	秋季流行指南	1.秋装上市,男女秋装、皮鞋新品推荐 2."百对新人,百年好合"购物优惠大礼包 3."9·10"教师节,凭教师证购物优惠 4."中秋月更圆"一层中高档月饼展,购物满200送月饼一盒;"中秋全家福"购物满500送全家福一次;室内民乐演奏会	全场商品

45

续表

季度	月份	主题	内 容	主推商品
四季度	10月	金秋韵	1.国庆全场累计购物送大礼"走红运,看红叶,88大行动,全场8折再送8级大礼" 2.床品、家居饰品、工艺品推广 3.羊毛(绒)衫推荐 4.国庆大型室外交响音乐会、大型品牌展示 5.九九重阳节,关爱老人献爱心,购物送"体检"	全场商品
	11月	流金的冬	1.冬装上市,秋装季末特卖 2.羽绒服、御寒服、保暖衣推广 3.送健康、送年轻、送时尚(各品牌购物送礼) 4.神采飞扬,男士精品柜柜有礼	全场商品
	12月	激情圣诞,××狂欢	1."12·24"圣诞节,圣诞激情1+1=3,超值+真品,实惠送给你;满100元、200元、300元、500元、800元以上,分别按照销售额30%送礼 2.庆圣诞大型焰火晚会	全场商品

2.文化促销计划

卖场四季布置、店内秀、店外秀、真情服务、共享空间布置、小品展台设计、橱窗陈列设计、公益活动、公关活动等。

3.折价促销计划

随季节的转换,以商品促销的名义折让,全年走势如下:

时间	季节	折让度
1月	冬装中市	7.5~8.5折
	春节前后	5折起
3月	春装上市	正常价格
	中市	6.5~8.5折
	下市	5折起
6月	夏装上市	正常价格
	中市	6.5~7.5折
	下市	4折起

续表

时间	季节	折让度
9月	秋装上市	正常价格
	中市	7~8.5折
	下市	6折起
10月	冬装上市	正常价格

注：本市属于北方典型气候，春秋短，冬夏长，综合考虑顾客认知度、季节长短、产品成本，故按此走势制定。

在逐步掌握促销技巧，稳定市场占有率的基础上，与各供货商营销计划相互配合，共同借力造势，争取促销折让及宣传费用共同分摊，直至营销活动收支平衡。

4.宣传费用计划

以商品促销按大型商场促销全年4次，小型局部推广活动全年10次左右，计划如下：

商品促销	宣传费用	备注
五一（全场大型）	10万	包括卖场布置
店庆（全场大型）	15万	包括卖场布置
十一（全场大型）	10万	包括卖场布置
圣诞、元旦、春节	15万	包括卖场布置
各类局部推广的小型促销活动	86万	包括卖场布置
合计	136万	

在2015年××购物广场将以"名品、名店、名优服务"为经营理念，发挥自身在中高档消费市场的优势，要耐住暂时的"寂寞"，明确目标定位，留有"取舍"空间，要做"稳"做"细"，做出"特色"，这样一定会树立良好的企业形象，稳定客源，提升销售额，从而提高顾客对"××购物广场"的认知度及美誉度。

任务一　促销目标确定

任务分析

好的开始等于成功了一半。连锁企业制订年度促销计划需要解决的第一个任务就是确定促销目标。只有促销目标明确，才能使促销活动有的放矢，为活动结束后的效果评估提供标准。促销目标设计要根据企业要求及市场分析资料。明确促销目标时，要进行促销调研，交代背景，说明原因，即对与此促销目标有关的情况进行描述，如当前市场、消费者和竞争者状况，企业目前情况及本次促销动机等。促销目标要根据连锁企业的要求及市场状况确定，可以确立单个目标，也可以确立多个目标。需要注意的是，连锁企业促销目标的制定要适当，不能过高或者过低，确定主题促销活动合适的目标有利于激发连锁企业促销人员的积极性。

相关知识

一、促销目标的含义

所谓促销目标，是指采用不同的销售手段来达到的销售目的。连锁企业每一次促销活动都必须有正当的理由，即有明确的促销目的。企业是想实现铺货率目标、扩大销售量，还是新品上市、季节性调整，或者是消化库存，应对竞争等。理由充分、目的明确，是做好促销的前提，不然会给消费者留下"低价甩卖"是因企业产品销售不畅的印象，因为在许多消费者心目中都存在"便宜没好货"的观念。如果一次促销活动没有正当的理由，不仅不能得到应有的效果，而且会影响产品形象及公司形象。连锁企业常用的方法是将节假日、纪念日、新品上市等作为促销活动的理由，如"迎新年""周年店庆""新品上市"。

连锁企业在不同时期会有不同的促销目标，促销目标一定要明确。例如，在一定时期内，某企业的促销目标是在某一市场激发消费者的需求，扩大企业的市场份额，而另一企业促销目标则是加深消费者对企业的印象，树立企业形象，为其今后占领市场、提高市场竞争地位奠定基础。显然，这两个企业的促销目标不同，因此，促销组合决策也不一样。前者属于短期促销目标，为了近期利益，宜采用广告促销和营业推广相结合的方式。后者属于长期促销目标，应该首先选择公关促销方式，再辅之以必要的人员推销和广告促销。

在制订连锁企业促销计划时,首先要明确具体的促销目标,这样才能有的放矢,事半功倍。在决策中,连锁企业还须注意,企业促销目标的选择必须服从企业营销总体目标,不能为了单纯的促销而促销。

相关链接

促销的局限性

促销作为集中销售推广手段,本身具有局限性,连锁企业在开展促销活动时要注意以下问题:

(1)运用促销很难建立品牌忠诚度

促销通常能够达成对某一产品或品牌的直接试用,但这往往是一次短期激励,与此相伴随的往往有某种暂时性利益承诺。运用促销方法,在短期可能形成购买激励,但这种激励一旦停止,顾客就有可能转移到其他品牌。

(2)运用促销无法挽回销售衰退趋势

销售衰退往往出现在产品生命周期的较后一个阶段,许多公司在这一时期为了保持市场,大多喜欢采用促销手段,其实运用促销只能实现其短暂收益以延缓产品退出市场,并不能拯救处于衰退期的产品。

(3)运用促销对不被接受的产品无济于事

这类产品在市场上没有什么实用价值,其不被市场接受是由于产品本身的原因。对这类产品,无论是采用多么高明的促销也无济于事。

二、促销对象确定

连锁企业促销活动的目标与促销对象的确定紧密结合。连锁企业促销对象的确定要结合商圈考虑,一般将商圈范围内的顾客作为企业促销的重点对象,其次要考虑吸引商圈范围外的顾客。

找准促销活动目标顾客后,就得对目标顾客群体进行分析,了解他们的购买习惯、购买动机、购物偏好及行为等,把握顾客群体的消费态度,摸准顾客心理,才能有效地设计促销活动的重点。比如某超市主题促销活动的出发点就是在某社区内提高自身的知名度,那其促销对象就是社区内居民。具体的主题促销目标应综合考虑商品的特点、消费者的购买习惯、竞争者的策略以及其他因素,按照实际需求而定。除了上述几项内容外,策划促销活动时还应考虑促销活动针对的是目标市场的每个人还是某一特定群体,促销活动控制范围有多大,哪些人是促销的主要目标,哪些人是促销的次要目标等问题。促销目标群体选择是否恰当,会直接影响到促销的最终效果。

确定促销对象时,可选用的方法具体包括:

(1)确认可能的对象范围。连锁企业在经营中要做好客户信息收集与管理工作,要了解哪些人是门店的常客,哪些人在购物受益后会再光顾,哪些人是潜在顾客,这部分人就是促销活动对象的范围。只有认准促销活动对象,才能采取最有效的促销手段,与他们进行促销沟通,并在沟通过程中传达最适合他们的促销信息。

(2)明确促销对象。连锁企业在促销开始时就要明确促销对象是潜在购买者还是正在使用者,是老人还是儿童,是男性还是女性,是高收入者还是低收入者。明确促销对象是促销的基础,它决定了企业传播信息时应该说什么(信息内容)、怎么说(信息结构和形式)、什么时间说(信息发布时间)、通过什么说(传播媒体)和由谁说(信息来源)。例如麦当劳在创业之初就提出其促销对象是家庭顾客。家庭顾客这一群体,是单个消费者的几倍,吸引家庭顾客比让年轻人泡在餐厅里更有效益。家庭顾客的光顾,要归功于家庭中的那些孩子,为了争取到这些小顾客,麦当劳为配合食品的销售会赠送一些小礼品,服务员也被要求对小顾客格外热情周到。事实证明,这一举措非常有效。

相关链接

顾客信息的收集方法

(1)采用会员制收集顾客资料。连锁企业可以利用免费或者收取会员费的方式令顾客成为会员,这样,顾客的信息就会进入企业数据库,每当企业推出新产品,或者有相关的促销信息,就可以直接将信息发送给消费者。消费者每次消费出示会员卡,POS机自动对每次交易进行记录,并进行累加等计算,还可以统计顾客每次购买的购物清单,品种和数量一目了然。促销人员可以通过操作数据库,收集顾客的相关购买信息并加以分析整理。

(2)非会员制下的POS机顾客资料收集。连锁企业还可以利用POS系统收集顾客信息:一是对商品的畅销程度进行分类,每种商品的销量数据排序很清晰;二是对促销活动节点前后时间的销售数据统计非常精确;三是知道目前消费倾向的变化,有利于企业确定用哪些商品促销可以吸引更多顾客。通过对POS系统改造,还可以知道消费者的性别、年龄段等信息。

(3)通过市场调查收集顾客资料。第一,问卷调查。问卷调查是相当普遍且经常使用的一种方法。通过消费者问卷调查来了解消费者的购物倾向及购物习惯。第二,与顾客面谈。面谈访问是收集顾客信息最基本的方法之一,企业能够当场和顾客交流意见和看法,能直接了解顾客的情况。对有技巧的面谈者来说,面谈时得到的资料可能比问卷调查的资料更加可靠。第三,观察法。观察法是指观察被调查者的行为活动以获得真实、客观的消费信息的方法。

(4)通过大众媒体及公关活动收集顾客资料。企业可以利用报纸、网络等媒体,发布促销信息,要求顾客填表,承诺给回复的顾客一定的回报。也可以在展销会和公关活动中收集顾客资料,还可以组建俱乐部一类的组织来获取客户资料。

三、促销目标选择

促销在连锁企业经营管理中是一种常态,贯穿于连锁企业的整体销售过程,其本质是沟通信息,赢得信任,激发需求,促进购买和消费,其最终目的是扩大销售,具有非常重要的积极意义。连锁企业促销的目标是改进企业长期及短期经营效果,如图2-1所示。

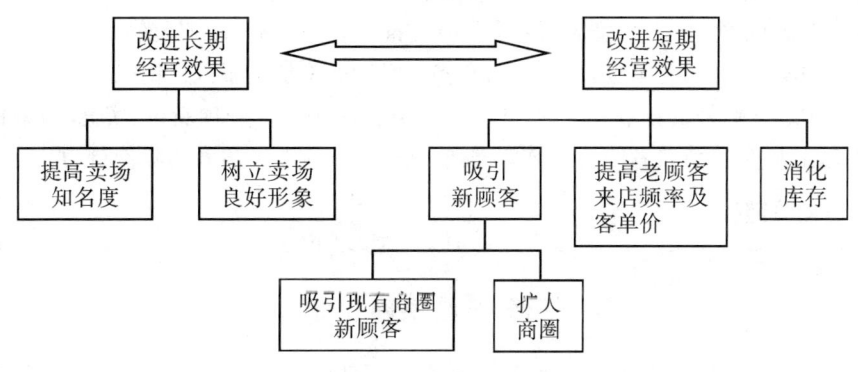

图2-1 连锁企业促销目标

1.提升营业额。营业额取决于来客数、客单价,因此,提升营业额应包括增加来客数、提高客单价。消费者在决定是否进入门店或是否购买商品时,决策模式相当复杂,有单纯理性型、单纯感性型、理性感性混合型,促销活动大多能够实现稳定既有顾客的目的,同时,促销还可刺激游离顾客的购买欲望,促成其购买行为。同时,促销可以鼓励顾客大量购买,也可以增加其他品类商品的销售,提升顾客的人均消费额。促销可以促使消费者多购买一些商品或单价较高的商品,以提高客单价。例如,连锁企业可以用某一商品的低价格吸引顾客到店,顾客可能会顺便购买其他正常价格的商品,从而打开商品销售的大门,而非局限于让顾客购买促销的商品。

2.改善并提升企业形象。目前,连锁企业经营的商品呈现同质化现象。所以,在激烈的市场竞争中,连锁企业可以通过促销活动反映其经营特色,突出主题、特色商品和特色服务。如连锁门店可以利用漂亮的橱窗设计、合理的货架陈列布局、极尽巧妙而又无处不在的POP广告等手段将连锁企业的购物氛围营造到极致,不仅使购物环境优美,而且突出门店给消费者带来的特殊利益,从而改善并提升企业形象。

3.促进商品周转,加速滞销品销售,减少库存积压。商品是连锁企业的命脉,良好的商品回转会带来良性循环,使顾客对企业留下好印象,也会为企业做口碑相传的免费广告。但是由于季节变换及市场需求的变动,连锁企业经常面临库存积压问题,积压的存货一方面占用大量资金,造成资金周转不灵,另一方面长期存有某种货物可能会导致该货物超过保质期。这时,可以通过促销来减少库存,及时回收资金,加速资金周转。

4.有利于商圈开发,帮助企业取得竞争优势。连锁企业经营有商圈地域性,为巩固老顾客,开发新顾客,对于商圈立地必须辅以促销策略的运用,以建立顾客忠诚度,对抗竞争店,活跃卖场气氛。在连锁企业的经营中,由于卖场数目的不断增加,竞争也日趋激烈,众多的经营者都加入了以促销来争取顾客的行列中。促销是由竞争引起的,同时也是竞争的手段。一项新奇、实惠、有效的促销活动,会使消费者的购买欲望增强,从而有效应对竞争者的降价行为。

相关链接

依据市场分析结果确立促销目的

◇ 销量增长慢、市场占有率低就需要以增加产品的购买人数和单个消费者的购买频次或单次购买量为目的,迅速拉升销量、提高市场占有率;

◇ 产品周转速率缓慢、库存积压就需要通过促销尽快处理库存;

◇ 市场由淡季进入旺季需要通过促销抢占先机、占压渠道资金与库存、抢先吸引消费者眼球、强化产品及促销利益告知;

◇ 市场处于旺季中,需要通过促销刺激消费者的购买欲望、尽可能大地提升销量;

◇ 市场由旺季进入淡季,也需要通过促销尽量延长旺季,减少渠道库存、

同时加强品牌的宣传,为下一次旺季的到来做好准备;

◇ 新产品上市,需要通过促销吸引消费者注意并尝试购买,同时协助拉动渠道铺货;

◇ 产品的成长期需要通过促销扩大消费群,加速拓展市场份额;

◇ 产品的成熟期需要通过促销巩固市场份额、挤压竞争对手、建立消费者忠诚度;

◇ 产品的衰退期需要通过促销加速产品的流转、确保产品顺利退出市场;

◇ 产品包装更换时,需要通过促销加速老包装产品的消化,保证新包装成品顺利上市;

◇ 竞争对手在市场上有所动作,开始影响我们的市场份额时,我们可以通过促销来打击竞品,进行防御与反攻;

◇ 企业自身出现危机事件时,可以通过促销配合公关活动巩固渠道与消费者信心,防止或减缓销量的下滑;

◇ 行业内其他企业出现危机时,可以通过促销配合公关活动,树立企业正面形象,转移竞争对手消费者的购买习惯,抢夺市场份额;

◇ 企业在获取某些荣誉后,可以以祝贺为主题的促销活动来展示企业实力、增强消费者的消费信心。

四、促销目标设计

连锁企业促销目标设计应符合 SMART 原则。

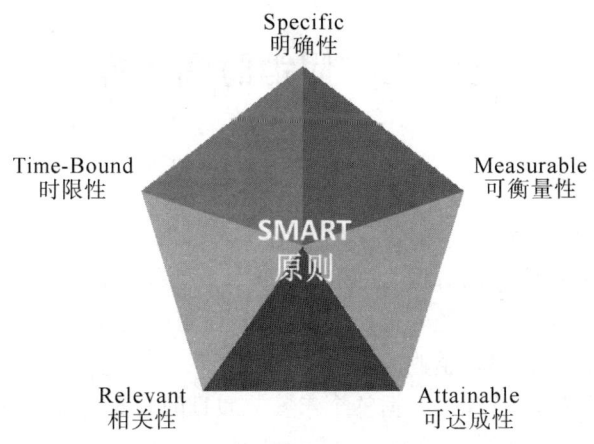

图 2-2 目标设计 SMART 原则

（1）Specific（明确性）。连锁企业促销目标设定要明确、具体，要清楚地描述所要达成的标准，不能过于宽泛，也不能过于主观。比如经常有连锁企业把提升门店业绩作为促销目标，这样的目标就过于宽泛。

（2）Measurable（可衡量性）。可衡量性就是指促销目标应该有一组明确的数据，而且这组数据要作为定期追踪和衡量是否达成目标的依据，做到能量化的要量化，不能量化的要质化。比如把提升门店业绩作为促销目标，就应该具体说明业绩要达到的数额，而促销人员要做到面对顾客面带微笑，这个就不符合目标的可衡量性，如果换成面对顾客面带微笑，露出8颗牙，这个就是质化。

（3）Attainable（可达成性）。促销目标要依据连锁企业实际情况来制定，不能太高也不能太低。促销目标定得太高，容易导致气馁，当目标无法达成时，也会使得员工士气低落；若目标定得太低，就会失去激励的意义。所以目标设定的可达成性实际包括两个方面，第一，目标要在目前的状况下能够得以实现，第二，目标必须有挑战性。

（4）Relevant（相关性）。连锁企业年度促销计划促销目标是企业营销总目标的细化，因此在设计促销目标时，必须支持且能强化营销总目标，而且多目标之间要具有关联性。

（5）Time-Bound（时限性）。促销目标的时限性就是指目标是有时间限制的，没有时间限制的目标没有办法考核。另外，有时限还可以及时掌握促销项目的进展变化。

任务二　促销时间选择

任务分析

连锁企业促销时间选择，解决的是何时开展促销的问题。对时机的把握非常重要，只有在恰当的时机，才能收到预期的效果，否则只会让促销大打折扣，甚至影响正常销售。随着市场竞争加剧，促销已成为连锁企业经营管理的一项常规内容，贯穿连锁企业的整个年度营销活动。连锁企业年度促销计划中促销时间的选择，首先要根据整个年度节假日的分布情况进行罗列，然后根据业态特点选择合适的促销时机，最后根据重要性程度，确定最终的促销时机。连锁企业促销活动的持续时间要根据企业的人力、物力和财力，以及消费者的反应来进行调整,不宜过长或过短。

相关知识

一、促销时机选择

时间选得好,促销活动就能达到赢利、吸引更多顾客、宣传企业文化等目的。一般连锁企业选择全年促销计划时机考虑以下三个因素。

1.门店主题促销时机选择

(1)节假日的促销

"有节过节,无节造节"的营销理念推动了连锁企业的节假日促销。对连锁企业而言,每一个节假日的来临都意味着一个商机的到来。据统计,在一年中不到三分之一的节假日时间里,连锁企业创造了近二分之一的营业额。据相关统计,大部分连锁企业在一年中不到三分之一的节假日时间里,创造了二分之一的营业额。企业双休日的营业额是平时的1~3倍,而在春节、五一、中秋、十一、元旦等重大节假日更是销售额倍增。

中国人的节日越来越多,使得促销活动的力度越来越大,加之外国的节日也融入了国人的日常生活,可谓"节连不断",连锁企业要善于规划,掌握商机,才能获得促销的最大效果。一年之中,节假日基本可分为五类:

第一,传统农历节日:正月初一春节、正月十五元宵节、二月初二龙抬头、五月初五端午节、七月初七七夕节、八月十五中秋节、九月初九重阳节、腊月初八腊八节、腊月二十四小年、腊月三十除夕等。

第二,阳历节假日:元旦、三八妇女节、五一劳动节、五四青年节、六一儿童节、七一建党节、八一建军节、十一国庆节等。

第三,国外节日:西方情人节、母亲节、父亲节、万圣节、感恩节、圣诞节等。

第四,民俗时令节日:清明、立春、夏至、冬至、立冬等。

第五,特定人群的节日:9月10日教师节、5月12日护士节、11月8日记者节等。

面对众多节假日应该怎么选择?第一,传统重大节日和有公共假期的节日是必选的,如春节、劳动节、端午节、中秋节、国庆节;第二,与时代相符的节日要选,如情人节、母亲节、圣诞节等;第三,特定人群有影响力的要选,如教师节、儿童节。要根据连锁企业地域不同、促销任务不同,选择一个或几个节假日进行大型促销,其他节假日可推出规模较小的优惠活动,也可做组合式促销。

相关链接

用 73 天做完全年 80％的生意

"核心销售日"就是客流量比较大，销售比较集中，最能产生销售业绩的某一天或者几天。这些时间可能是旺季中的某一天，也可能不是旺季！那女装连锁店的"核心销售日"是哪些呢？

52 个星期日

一年有 52 个星期日，大家都知道，按双休日计算，有 104 天。由于我国东西差异、南北差异、城乡差异、消费习惯等原因，每个地区的女装门店在一个星期的时间里，总有一天的销售业绩是最高的。这一天可能是星期五，也可能是星期六，当然也可能是星期天。在中西部地区，由于国有企事业单位相对较多，民企相对较少，故双休日的客流量可能平均分配在周末两天中。而在东部沿海地区，由于民营企业较多，且每周休息时间大多是在星期日（大部分民企一个星期只放假一天），故星期日的客流量相对于平时就要大一些了。

11 个法定节假日

11 个法定假日分别是：元旦 1 天，春节 3 天，清明节 1 天，端午节 1 天，五一劳动节 1 天，中秋节 1 天，国庆 3 天。元旦、春节、五一、国庆这些传统的法定节假日销售自不待言，肯定是"核心销售日"了。只是有些地方的消费习惯不一样，不一定就是假日那几天。比如春节，在许多省份的三线、四线城市，外来务工、创业人员等纷纷返乡，所在地的春节前会形成一个消费高潮，反而到了春节的初一、初二，门店客流量会很低。

10 个特定日

10 个特定日中，也有法定假日，只不过是针对特殊人群的。按时间顺序分别是：2 月 14 日（西方情人节）、3 月 8 日（国际劳动妇女节）、4 月 30 日（5 月 1 日前一天）、母亲节（5 月的第 2 个星期）、七月初七（中国情人节）、9 月 10 日（教师节）、9 月 30 日（国庆节前一天）、12 月 24 日（平安夜）、12 月 25 日（圣诞节）、12 月 31 日（新年最后一天）。

这 10 个特定日中，5 个特定日与女人有直接关联。其中，2 月 14 日情人节、七月初七中国情人节两个特定日，基本上是男女性别理论上各占一半，除了其他礼物外，这一天男性为女性买衣服作为礼物的比较多；9 月 10 日教师节，教育部门的女性占大多数；3 月 8 日国际劳动妇女节和母亲节是大部分女性的节日。剩余的 5 个特定日中，除平安夜与圣诞节外，其他 3 个特定日也是消费高潮。一个是五一前夕，一个是国庆前夕，一个是新年前夕，这 3 天，全国各大商场已经在节日前的一两天开始了节日促销大战。有些女性消费者为了兼顾购物和节日期间外出旅游等,提前进行消费。实践证明,这三天的销售量特别突出。因此,应作为"核心销售日"对待。

<h3 style="text-align:center">80/20 法则与 73 天</h3>

80/20 法则具体到女装连锁企业,就是怎样以最少的资金和努力来获得最大的利益和价值。一年有 365 天,按照 80/20 法则,365 天的 20％,正好是 73 天。毫无疑问,73 天相对于全年是少数,但对一个女装店铺的全年销售额来讲却起着决定性的作用。

浙江一家女装企业老板要求,每个周末和节假日公司办公室人员必须到杭州市区内的各个直营店铺助销,不得请假(可换休)。老板也在市区内各店铺巡视助阵,如果某店销售目标达到了设定目标或在销售竞赛中拿到冠军,老板就请大家吃夜宵进行鼓励,老板员工皆大欢喜。由于老板重视销售并抓住重要的销售时间不放松,结果该品牌在浙江省的销量连续多年在全国省级经销商中都是第一名,单店业绩也是多次位列全国第一名。

(资料来源:孙强,http://blog.sina.com.cn/clothesmarketing,2010-11-12)

(2)店庆、开业的促销

店庆、开业促销是连锁企业必选的促销时机。一般来说,促销力度应该是全年促销中最大的,因为一般的节假日促销各商家竞争激烈,势必分流客户的关注,而周年庆促销是企业独家,可以完全把客户的关注引入企业,卖场氛围营造同样比其他企业抢眼。周年庆是连锁企业宣传、招揽顾客的最好时机,是与连锁企业关系最密切的促销活动。

很多连锁企业选择在 11 月份开展周年庆促销活动,这个月份没有其他大型促销活动,货源生产和促销策划推广的工作时间充分,也避开了与其他企业促销的正面冲击,再者,11 月份接近年底,这个时间是连锁企业消化库存,提升销量的重要时间。也有连锁企业选择五一、十一开展开业促销,开业促销与节假日活动合在一起,争取造成更大的轰动,形成较大的促销影响力。

相关链接

连锁企业如何选择周年庆的时间

众所周知,连锁企业门店第一年的开业时间叫开业促销,第二年的开业时间就是两周年店庆促销,这就是周年庆促销的概念。但是一般大型连锁企业的店庆促销并非选择门店开业时间,而是选择一个有利于营销推广的时间进行全国范围的大规模统一性促销。这个周年庆时机选择,要考虑到三大重点因素:

第一,选择的时间应该能保证货源。其实,很多企业经常会有畅销品脱销的现象,货源供不上,影响销售总业绩。

第二,保证工作人员有足够的时间应对促销活动。配合促销的市场工作,包括促销策划、促销物料的设计印刷、促销活动的媒体推广,这个时间安排尽量与其他年度重大工作间隔开,否则工作人员的时间与精力不够。

第三,考虑市场因素,平时假日促销,所有的商家都在促销,无形中使得促销的效果打了折扣,大家都在优惠看谁家更优惠,有限的客户是来回比较。周年庆促销企业可以自己定时间,建议与其他促销的时间段拉开,这样一家在市场做促销,其他企业没有优惠,企业将抢得更多市场销售机会。

(3) 特殊时机的促销

特殊促销时机不是每年都会有,可能偶尔出现或在某年出现,例如世界杯、亚运会、世博会、奥运会等。特殊时机的促销活动策划首先要考虑以下问题:这个活动是否与企业需要建立的企业形象相关?活动是否有助于企业与目标顾客群建立联系?顾客对企业的参与是否认可?等等。连锁企业促销活动策划人员要根据消费者的关注程度来确定促销的规模和形式。

案例直击

家乐福2014法国食品节开幕

2014年是中法建交五十周年,作为献礼,"家乐福2014法国食品节"拉开序幕。4月24日,法国驻华大使白林和家乐福中国区总裁兼首席执行官唐嘉年在家乐福北京双井店见证了食品节的盛况。

在店内的进口食品区,"法国之光"系列产品琳琅满目。"法国之光"是家乐福的高端自有品牌,于1996年推出,由家乐福独家销售,每一个产品都坚守法式传统食谱,让消费者可以体验到法国不同产区的特色食材。除了"法国之光"的产品之外,Alliance 7系列产品也是本次法国食品节的重头戏。Alliance 7是法国的一个工会组织,代表一些法国的糖果、饼干和巧克力公司。

家乐福抓住中法建交五十周年的时机,组织多项促销活动,宣传法国文化及生活方式,对促进中法两国经贸、文化等多方面交流做出贡献,树立了良好的企业形象。

(资料来源:中国经济网,2014-04-25,经整理改编)

2.产品季节周期下的促销时机
(1)季节性产品的促销时机
季节性销售明显的产品,都存在淡旺季之分,每一年都在重复着淡旺季这种规律,促销也要遵循这种规律,重复运作。连锁企业在旺季开始前期,需要对市场进行一定的告知性促销,以预热市场,目的是使商品能够顺畅地流入市场,得到市场的前期效果,为产品旺销季节到来奠定基础,甚至达到提前启动旺季的效果。在产品旺季正式开始时,促销活动进入关键时期,是近距离的短兵相接,基本都围绕着产品的直接销售。连锁企业必须把握好这个时机,保证自己主打产品的销量。旺季结束之后,销量开始下降,为了延长旺季时间,连锁企业应立即进行促销,尽可能地消化库存,收回当年边际利润,以保证来年有更好的竞争实力。随着市场进入淡季,门店还有必要开展促销活动,目的不是扩大销售,而是希望获得顾客来年更大的支持。

(2)非季节性产品的促销时机
对非季节性产品,选择适当的时机开展促销活动十分必要。非季节性产品的促销时机,应当以常规节假日、突发性事件和竞品针对性促销为选择依据,重点也还是为了产品销量。

3.产品生命周期下的促销时机
(1)上市期产品的促销时机
新产品上市第一阶段促销的重点是促进尝试性购买,如果不重视这一阶段促销时机,可能新产品卖出量很难跨过上市门槛,即新品上市惨败。促销时机可以定在新产品上市这个月后,即铺货率能做到50%左右的时间开展。

(2)成长期产品的促销时机
并非所有的产品都能在成功上市后,进入迅速成长期,一些不能进一步成长的产品,会大量滞留在连锁企业中,占据连锁企业大量的资源。这是因为企业不能很好地把握该阶段的促销时机,将消费者的尝试性购买化为重复性购买。此时门店应该在一周之内对顾客做调查和观望,看是否出现购买迟疑,深挖其原因并注意询问竞品动向,反映总部,及时做出相应的促销措施。

(3)成熟期产品的促销时机
依据成熟期的旺销特点,延续巩固既有的重度消费群,同时,利用促销的附带利益,吸引随机性消费、边缘性消费,以弥补非重度消费群流失带来的损失,以保证产品能在较高的卖出量平台上稳定运行。

(4)衰退期产品的促销时机

在产品的衰退期,连锁企业如果急速将商品下架,不仅不能为企业赚取结果的边际利润,更重要的是大量库存难以被有效消化,将带来货品积压的损失。建议采用"软退出"的手法,对衰退期产品开展一轮旨在消化库存、回收边际利润的促销活动。

二、促销持续时间确定

促销活动的持续时间是一个非常重要的问题,任何促销方式,在实行时都必须规定一定的期限,不宜过长或过短。如果促销活动持续时间过短,就产生不了应有的效果;而持续时间过长,也会使企业投入巨大的人力、物力和财力,而促销所得不一定能够弥补其支出,而且促销持续时间过长,可能会影响消费者对促销活动的热情,失去吸引力。

一般持续时间在1个月以上的促销活动称为长期促销活动,其目的是希望塑造连锁企业的差异优势,增强顾客对企业的向心力,以确保顾客长期来店购物。另一类是短期促销活动,通常持续3~7天,其目的是希望在有限的时间内通过特定的主题活动来提高来客数及客单价,以达成预期的营业目标。长期性促销活动应持之以恒,从开始到结束应始终如一以树立稳定的良好形象;而短期性促销活动则不宜将时间拉得太长,否则会使顾客缺乏新鲜感而影响促销效果。

相关链接

促销持续时间确定应注意的问题

节日性主题促销的时间与节日性质有很大关系,一般而言,春节、中秋节是中国传统节假日,其主题促销期限一般较长,春节可持续三周以上,一般春节期间可以做两个促销档期,而中秋节则是从节日前半个月开始准备。一些规模比较小的主题促销则一般一周即可。

连锁企业门店的开业促销和店庆促销也是根据门店的规模与实力来选择促销期限的。开业促销活动是为了将顾客的消费购买力提升到最高,同时也必须注意到开业的次日会有客流量的滑坡。通常的策划和建议是简化第一天的活动,加强第二天、第三天、第四天的活动,将营业额保持到一个较高的水平。

促销是希望在有限的时间内,通过特定主题活动来提高来客数及客单价,以达到预期目标。连锁企业促销活动持续的时间以多长为宜,应该综合考虑商品的特点、消费者的购买习惯、促销目标、竞争者的策略及其他因素,按照实际需求而定。大型连锁超市常规促销时间安排一般以 7~14 天为宜,DM 上档日一般选择周三或周四,以更好地提升淡日销售额。如果是规模较大的节庆活动,促销时间可以稍长些,但一般不要超过 1 个月。比如杭州某一大型超市基本促销策略是一周一小促,两周一大促。

案例直击

××超市2012年度促销计划表

月份	期次	促销时间	开始星期	持续时间	节日	促销主题
1月	1	1.4—1.10	三	7		2012低价风暴
	2	1.11—1.22	三	12	1.16 小年 1.22 除夕	年货大街
	3	1.23—1.31	一	9	1.23 春节	年货大街
2月	4	2.1—2.14	三	14	2.6 元宵 2.14 情人节	甜甜蜜蜜过元宵
	5	2.15—2.28	三	14		第2件半价
3月	6	2.29—3.13	三	14	3.12 植树节	春天美丽与美白
	7	3.14—3.27	二	14		买就送,让您尽享便宜
4月	8	3.28—4.10	三	14		荆州店周年庆本店欢乐同庆
	9	4.11—4.24	三	14		均一价
	10	4.25—5.8	三	14	5.1 劳动节 5.4 青年节	5.1 家电特卖会
5月	11	5.9—5.22	三	14	5.13 母亲节	快乐母亲节,贴心又省钱
	12	5.23—6.5	三	14	6.1 儿童节	年中庆 百支印花,超强回馈

续表

月份	期次	促销时间	开始星期	持续时间	节日	促销主题
6月	13	6.6—6.19	三	14	6.17父亲节	夏之初体验
	14	6.20—7.3	三	14	6.23端午节	万水千山粽是情
7月	15	7.4—7.17	三	14		欢乐周年庆,缤纷三响炮
	16	7.18—7.31	三	14		为奥运喝彩,均一价
8月	17	8.1—8.14	三	14		玩转暑假赢大奖
	18	8.15—8.28	三	14		开学乐
9月	19	8.29—9.11	三	14	9.10教师节	3C数码展
	20	9.12—9.25	三	14		如意中秋
10月	21	9.26——10.9	三	14	9.30中秋 10.1国庆	国庆家电展
	22	10.10—10.23	三	14	10.23重阳节	15周年公司庆
	23	10.24—11.6	三	14		15周年公司庆
11月	24	11.7—11.20	三	14		润肌时刻,美丽盛典
	25	11.21—12.4	三	14	11.22感恩节	冬季保暖,低价来袭
12月	26	12.5—12.18	三	14		西安店周年庆,本店欢乐同庆
	27	12.19—1.3	三	16	12.21冬至 12.25圣诞 1.1元旦	贺武汉地铁2号线开通,购物袋满额送

三、促销时间选择的影响因素

不同的季节、气候、温度,顾客的消费习惯和需求都会有很大的差异,一个良好的促销计划应与季节、月份、日期、天气、温度、行事等相互配合。

1.季节

促销活动应根据季节不同来选择促销品项。在四季不太分明的地区,将一年分为2季,暖季为5—10月,以清凉性商品为促销重点,寒季为11月至下一年4月,可以多考虑一些保暖性的商品。四季分明的地区,按照季节变换做促销活动,同时要考虑季节性的色调配合。

2.月份

商品销售有淡、旺季之分,一般而言,3、4、5、11月份是经营淡季,如何在淡季做好促销工作是非常重要的。为使淡季不淡必须有创新的促销点子,不能一味地依靠特价来促销。如果不能激发消费者的需求动机,最便宜的东西也不一定能卖出去。有一点必须要引起重视,月份里有没有黄金周和促销的淡旺季有着比较大的关系。国内有大小黄金周之分,十一国庆节和春节人们可以享受7天假期,属于大黄金周,清明节、五一劳动节、端午、中秋和元旦则属于小黄金周。黄金周影响到了人们的出行计划和生活方式,也影响到了人们的购物方式,黄金周对于连锁企业而言也是黄金收割季节,尤其对于连锁的餐饮、酒店、商场、超市等更是如此,最重要的促销策划往往也是围绕着这些黄金周进行的。

3.日期

一般而言,由于发薪、购买习惯等因素,月初的购买力比月底强;而周六、周日的购买力又比平日强,所以促销活动的实施也应与日期配合。连锁企业促销策划考虑到消费者资金宽裕和时间充沛两个因素,效果会更好。

4.节令

节令是促销计划中重要的考虑因素。连锁企业对中国传统节日的策划要深入挖掘其文化内涵,与促销主题建立紧密联系,使年轻一代回归到传统文化的氛围中,达到占有市场的目的,这也是连锁企业在眼花缭乱的节假日促销中应当重视的地方之一。总之,对连锁企业来说,有节日要重点策划,没有节日就创造节日来促销。

5.天气

天气会影响人潮,而人潮就是钱潮,可以说连锁卖场是看天吃饭的行业,一旦遇到不好的天气,来客就少,生意往往会减少10%~20%。因此,天气不好时,如何向顾客提供价格合理、质量良好的商品及舒适的购物环境(如免费的雨伞、伞套、伞架、外送服务、防滑垫、干爽的卖场),也是促销计划中应考虑的因素。

6.温度

消费者的消费需求和温度紧密相关。气温一高,饮料、冰品类商品的销售量就会立即提高;气温低时,火锅、冷冻食品类的销售量会明显上升。掌握温度高低变化及其趋势,推出适合的促销商品及活动,就能收到较好的促销效果,如某企业在酷热天气举办喝啤酒比赛。

7.事件

事件是指各种社会性的活动或事件,如重大政策法令出台、学校旅行、放假、考试、运动会、停电、停水、停煤气,对这些活动或事件最好能事前掌握,以便安排促销活动。如多数企业会利用"3·15"消费者权益保护日做文章。再如,2008年8月1日是《反垄断法》实施的第一天,有不少汽车4S店打着迎接《反垄断法》的幌子降价促销。

四、门店促销时机选择技巧

连锁企业有若干个门店,门店应根据总部制订的全年促销计划,结合门店的具体情况选择促销时机。促销时机可以从三个方面来把握,即日促销时机、周促销时机和月促销时机。

(一)日促销时机

一天之中的促销,一般分为临时促销和时段促销(又称分班促销)。由于每天的情况都在发生变化,促销时机随时都可能出现,因此必须根据实际情况,在最短的时间内采取相关的促销措施,及时捕捉商机,拉动销售。

如果需要每天在相同时段进行相同商品的促销,则有必要把这种商品列入"日例行促销商品"之中。比如某餐饮连锁店白天要进行中午快餐促销,而晚上要进行烧烤或消夜促销。

(二)周促销时机

一周之中的促销时机要根据客流或业态特点进行选择。比如"5+2"型的连锁企业,就要针对工作日5天和双休日2天的不同特点,进行有针对性的促销。如果每个周末都要进行相同商品的促销,则有必要将这种商品列入"周例行促销商品"之中。

(三)月促销时机

一个月之中的促销时机的选择,要看月度单店营运计划完成的进度。例如,上半月业绩未能完成,那么在下半月就有必要启动阶段性促销;如果预计下半月雨季到来,那么上半月则要抢先进行促销。根据不同行业的特点,月度促销时机的选择也会有所不同。

案例直击

A百货2013年度促销计划促销时间选择

一、企业背景介绍

A百货位于云南省西双版纳州景洪市,是景洪市最大的一家零售百货商场,占地约24 000平方米,是集购物、餐饮、娱乐、文化、艺术交流于一体的购物中心。A百货致力于"时尚,与众不同"的购物体验,注重商场品牌推广与企业文化经营,在互补零售业态的同时,实现拓展新的零售市场。

二、根据节假日分布,罗列全部促销时机

重要的节假日是促销的最好时机,所以企业促销时间选择的第一步是罗列全年的节假日、店庆等时间。

1.常规节假日

通过对2013年节假日的整理发现,全年每个月都可以做4期周末促销,除此以外,1月份有元旦,2月份有春节、情人节、元宵节,3月份有妇女节,4月份有愚人节,5月份有劳动节和母亲节,6月份有儿童节、端午节、父亲节,7月份有建党节,8月份有七夕节、建军节,9月份有教师节、中秋节,10月份有国庆节、万圣节,11月份有感恩节,12月份有圣诞节。

2.民族特色节日

A百货所处的西双版纳傣族自治州,是云南省下辖的一个少数民族自治州,以少数民族风情而闻名于世,所以也拥有较多民族特色节日,每年的泼水节被誉为"东方狂欢节"。

(1)泼水节:西双版纳泼水节是傣族的新年,是傣族一年一度的传统节日,是西双版纳最隆重的传统节日之一,也是云南少数民族中影响面最大,参加人数最多的节日。在2013年4月13日至15日这三天再加上劳动节,共放假调休9天。

(2)州庆:西双版纳于1953年1月23日成立傣族自治区,1956年改为傣族自治州,所以1月23日为州庆日,这是西双版纳人民的重大节日,2013年共放假调休7天。

(3)哈尼族嘎汤帕节:这是哈尼族人民盛大的传统节日。1987年,西双版纳傣族自治州将嘎汤帕节正式定为哈尼族的年节,在1月2日至4日这三天。因为哈尼族是西双版纳州除傣族外的第二大少数民族,所以嘎汤帕节也是我们重点考虑的节假日。

3.店庆

A百货于2008年12月1日开业,所以每年的12月1日是商场店庆日。

根据以上2013年节假日及店庆分布,罗列出A百货全年促销活动计划时间,如图2-3所示:

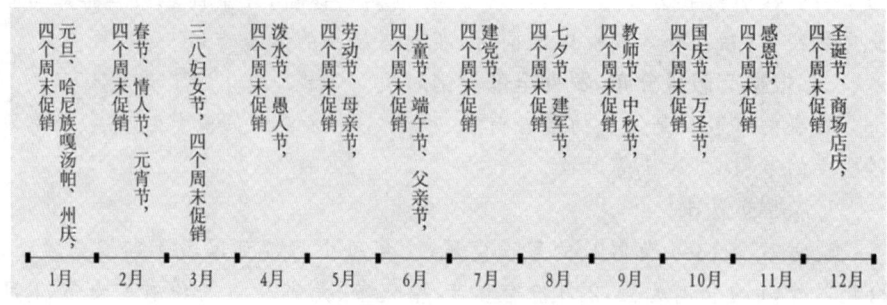

图 2-3　A百货全年促销活动计划时间

从目前的全年促销活动计划来看，一共有24个节日主题促销和48次周末促销，但是我们发现，虽然节庆促销点全面，但各促销期间隔太短，促销频率过于密集，消费者对促销信息的认知周期相对就会缩短，会使单个促销信息到达率产生混乱，影响促销效果，而且持续密集促销活动容易造成消费亢奋后的平淡，不利于累积消费兴奋点，影响整体促销计划的效果。

三、根据业态特点，选择合适促销时机

经过对整个年度促销计划的分析，我们觉得选择性的节庆主题促销与约定时间的促销机会，更适用于百货卖场，不仅能使促销信息有足够的时间到达，更能养成消费习惯及最终影响消费者购买决定的形成。我们认为，主次分明、相辅相成的促销活动更能激起消费群体的购买欲望。

通过对所有节假日及店庆的筛选，我们最终选择元旦、哈尼族嘎汤帕节、州庆、春节、妇女节、泼水节、劳动节、儿童节、中秋节、国庆节、圣诞节以及商场店庆作为我们2013年商场重点促销时间。具体如图2-4所示：

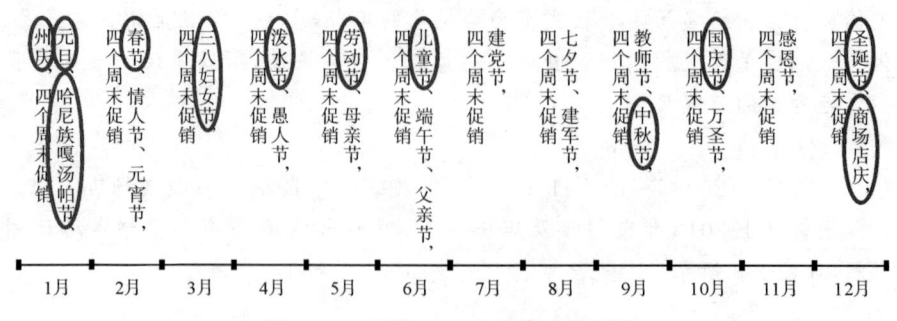

图 2-4　A百货2013年重点促销时间

四、根据重要性程度,确定最终促销时机

促销时机选择的第三步就是根据重要性程度,优化促销时机,最大化地增大促销活动的效果与影响。经过整合,我们把全年促销活动计划划分为主力促销、二级促销和固定促销三个层级。

主力促销的开展是年度整体促销计划中的重点,通过这些主题节庆的支点,整合出富有意义与创造性的促销活动策划,引导A百货卖场市场形象的提升,并以正确的基点指导卖场的视觉形象营销。二级促销定位在作为主力促销活动的补充,从节庆日上看,二级促销的节点相应的促销爆发点小于主力促销,可以在降低促销费用的同时,为前后各主力促销活动形成缓冲带,在促销活动不断链的情况下,使全年促销活动可以有序健康地开展。把全年48个周末促销归集为"固定促销",是为了避免与主力促销和二级促销形成冲突,同时减少频繁及大量的"小促销"对整个年度促销计划的干扰与平衡,固定促销活动可界定为全年既定的促销方式,可运用为换季性促销、积压性促销、折扣性促销,同时,约定性的促销行为,可形成消费者长期默认的促销信息,免去商家一大部分宣传费用。

通过上图,我们发现,7、8、11月份没有大型的节庆,为了均衡全年的促销力度,我们把7、8月份主力促销活动定为"暑期促销活动档",把12月份的"商场店庆"主力促销挪到11月份,借助店庆机会点,形成年度最强势的促销影响活动。另外,1、3、12月份虽然二级促销有空白,但有周末促销支持,并且1月和12月主力促销相对集中,所以对于促销效果来讲不会有很大的影响。具体年度促销活动计划如图2-5所示:

	1月	2月	3月	4月	5月	6月	7月	8月	9月	10月	11月	12月
主力促销	元旦 哈尼族嘎汤帕州庆	春节	三八妇女节	泼水节	劳动节	儿童节	暑期促销活动	暑期促销活动	中秋节	国庆节	←	圣诞节 商场店庆
二级促销		情人节 元宵节		愚人节	母亲节	父亲节	建党节	建军节 七夕节	教师节	万圣节	感恩节	
固定促销	周末促销	周末促销	周末促销	周末促销	周末促销	周末促销	周末促销	周末促销	周末促销	周末促销	周末促销	周末促销

图 2-5 A 百货年度促销活动计划

最终，我们2013年度促销确定为主力促销14次（第二步选择的重点节假日），二级促销12次（剩余节假日），并将周末促销延续为固定促销。

任务三　促销主题设计

任务分析

促销主题是年度促销计划制订的核心，贯穿于整个促销策划之中。因为师出无名的促销活动是缺乏说服力和吸引力的。好的促销主题可以给消费者一个购买理由，有效规避价格战带来的品牌损害，所以主题一定要与促销需求相吻合，以简洁、新颖、亲和力强的语言来表达。在不偏离品牌形象的基础上做到易传播、易识别、时代感强、冲击力强，而不是司空见惯的"买一送一""震撼热卖""特价酬宾"。

连锁企业要把促销主题的设计作为促销计划的核心，它是促销成败的关键。一个富有创意的促销主题往往会产生震撼的效果，能带来销售额的提高和品牌形象的提升。应当从目标顾客的角度出发挖掘最富有煽动性的促销活动主题，以此主题为整个推广活动的核心，整合各种促销要素，在终端与顾客形成互动的氛围，才能最大限度拉近顾客与产品、企业的心理距离，吸引一批稳定的忠诚消费群体，推动销售业绩的持续增长。

相关知识

一、促销主题设计方法

1. 理性诉求

理性诉求就是促销活动主题设计要提供有关产品质量、经济性、效用、性能、便利性、品质一致性、服务信赖性等方面的理性信息。如乐百氏纯净水广告语"乐百氏纯净水，二十七层净化"明确地告知了受众合乎他们产品理想点的产品利益，这是一种非常典型的理性诉求方式。

2. 情感诉求

情感诉求就是促销主题能激发听观众的某种情感从而诱导与促成他们购买，如害怕、内疚、忧虑、好胜、自尊心、追求流行和快乐、野心、与众不同。如雕牌洗衣粉的广告，"我能帮妈妈洗衣服了"则是在越来越激烈的广告竞争中，选择了走情感路线,以情动人,将雕牌洗衣粉至真至爱的深情牢牢地植根于消费者心中。

3.道义诉求

道义诉求就是促销主题告诉消费者什么是正确适宜的态度、价值观、行为准则等,常用于公益广告。"迎奥运、讲文明、树新风"公益广告告诉我们文明在我们身边,每个人应该从身边小事做起。

二、促销主题设计分类

按促销主题来划分,促销活动可分为以下四种。

(一)以商品为主题的促销活动

顾名思义,这类促销活动围绕商品展开,比如很多连锁企业开展的自创商品节、厂商周促销活动。

1.非食品类商品节促销:包括家电节、图书节、母婴节、内衣节、口腔节、清洁用品节、消杀用品节、冬季护肤节、暖冬服饰节、夏凉商品节、保暖用品节、电视节、女士商品节、文体用品节、文具用品节等。

2.食品类商品节促销:包括啤酒节、红酒节、世界食品节(美国、东南亚、法国等)、旅游商品节、无糖食品节等。

案例直击

高端超市 Ole′举行法国食品节

2012年8月14日,华润万家旗下高端精品超市 Ole′与法国食品协会携手举办的法国食品节于成都万象城店隆重开幕,活动持续至8月26日,本次法国食品节主题为"秋·邂逅法式情调 A Taste of France",将在重庆、成都等地城市 Ole′店同时举行。

在法国食品节期间,超过百款法国地区特色食品将在本次食品节集中展示,广大消费者有机会接触并品尝到包括法国葡萄酒、奶制品、矿泉水、饮料、糖果、巧克力、果酱、饼干、调味品、鹅肝、蜂蜜等各类食品。消费者可以体味到法国优质食品的独特内涵,同时,也为消费者带来丰富的法国旅游资讯、法国葡萄酒试饮和知识讲座、法国美食烹饪演示,并且在法国食品节期间有购物满额抽奖等促销活动。Ole′这次法国食品节吸引了大量的消费者,门店销售额也有了很大的提升,取得了非常好的效果。

(资料来源:赢商网,2012-08-15,编者整理改编)

3.生鲜类商品节促销:主要以生鲜商品为促销对象展开的促销活动,包括火锅节、西瓜节、"三伏"节、葡萄节、台湾水果节等。

案例直击

××超市西瓜节活动策划

紧接荔枝节余热,继续掀起销售热潮,抢占7月份夏季主打水果西瓜销售制高点,强化××超市生鲜商品平价丰富概念。以瓜为媒,开展西瓜大展销。

西瓜香瓜哈密瓜,天天开心大瓜园

7月1日至10日,××超市各门店将设立大气派的"开心大瓜园",场内汇聚各地品牌,采取多种形式多样西瓜供顾客选择。开心大瓜园均设在卖场水果区、各门店前广场热点区域,烘托西瓜节日主题,刺激顾客购买欲望。活动现场设有冰柜一台,冻制整个西瓜或开刀瓜,现切现卖用。门店还准备了西瓜的营养、美容、挑选办法等小知识。展开现场知识营销,帮顾客挑选西瓜。届时,瓜园内营业员身披红底黄字的"××超市首届西瓜节"的绶带,欢迎顾客的光临。现场的开心大瓜园靠柱牵绿色粗大藤蔓、瓜叶等,从而让顾客产生回归自然、绿色消费、怡然自得、新鲜新奇的感觉,透过文化气息达到赏景和购物的双重效应。甜甜西瓜人人夸,消暑我选××超市;天天特惠,瓜瓜有礼。西瓜品类包括市面上的所有上市品种,无籽西瓜、黑美人西瓜、白皮西瓜、脆肉西瓜、台湾珍珠瓜等。其他品类还有哈密瓜、白香瓜、进口白瓜、进口黄瓜、金丝瓜、网纹瓜、木瓜等,每天还推出多个品种的惊爆超低大降价西瓜。

购物吃西瓜,赛吃拿奖品

购满二十我请客,片片西瓜总是情——请您吃西瓜啦!凡购物满20元的顾客,可凭电脑小票到西瓜园专设的开瓜台获赠切好的一片新鲜西瓜。更为精彩的要数各门店每天推出的"吃西瓜比赛",凡凭当日购物小票即可报名,工作人员将顾客分成4个小组,每组5名,选手按主持人宣读顺序参赛。每组选手分有2斤西瓜,在最短时间吃完即获胜。每小组的前2名选手进入决赛,由4个小组前2名再进行决赛决出一、二、三名并颁奖。

好大的西瓜啊!一个特大西瓜切面造型,手工卡通风格,摆放在瓜园上方,整个造型能够给人过目不忘的感觉,成为整个西瓜节的一个重要性标志,气氛布置让××超市西瓜节在顾客心目中留下长久印象。

(资料来源:http://blog.sina.com.cn/u/5065520943,2014-07)

连锁企业要做商品节促销,该商品的品种必须比平时要丰富,而且要辅以该商品相关的专业知识及相关文化宣传活动,增添商品节的文化内涵,形成差异化竞争,使得消费者不仅能购买品种多样的商品,而且还能够深入了解该促销商品的相关信息。

(二)以季节为主题的促销活动

这类促销活动通常与季节性消费联系在一起,比如夏季空调、电扇,冬季保暖用品等。另外,服饰的季节性促销很明显,大型百货公司每年都会有几次大型的换季促销活动。

(三)结合特定节假日的促销活动

例行性促销通常是为了配合法定节日、民俗节日及地方习俗、行事等而举办的促销活动。一般而言连锁超市每月均会举办2~3次例行性活动,以吸引新顾客光临并提高老顾客的购买品项及金额,促销期间的业绩可比非促销期间提高2~3成。比如母亲节,某连锁商场开展"快乐母亲,健康妈妈"主题促销活动,取得了非常好的效果。

相关链接

连锁餐饮业节假日促销主题设计

每逢节假日,各商家都会搞促销,意图占据巨大的节假日市场。同样,连锁餐饮业也不例外。据统计,一般餐厅在一年中不到三分之一的节假日里往往会创造全年二分之一的营业额。餐厅在双休日的营业额一般是平时的1~3倍,而在春节、五一、中秋、十一、元旦等重大节日生意更是红火。

对于不同的节假日,餐厅的促销也要有所区别,尽量做到针对特定消费者,这样效益就会大大提高。

1.中国传统节假日

随着国家的一系列政策出台,中国的传统节假日已日益增多,较为大型的节假日有春节、国庆节、清明节、端午节、中秋节、元宵节等。商家可以抓住重大节假日,开展与重大节假日有关的经典餐饮促销活动。

通常,餐饮业可通过相应的餐厅设置,宣传有关传统节假日的文化典故,组织策划有关节假日的专题促销活动,并推出各种主题菜点,深化消费者对我国传统文化的认识。这样,消费者不仅得到餐饮欲望的满足,还会感受到餐厅的文化品位和文化氛围,由此对餐厅留下深刻的印象。

2.西方传统节假日

如今的年轻人热衷于过节,不仅过中国的节日,西方的节假日也不会轻易放过。例如遇上圣诞节、复活节、情人节、母亲节、父亲节、万圣节、感恩节时,他们都会相聚在一起欢度节日。

针对西方节假日搞促销,餐厅一定要抓住文化特色主题,介绍西方文化内容,才能吸引消费者。尤其是过圣诞节,这更是最热的餐饮消费点,餐厅应当通过独特的主题色彩、环境布置、活动安排强化本餐厅与众不同的餐饮卖点。

上海有一家餐厅,在圣诞节与元旦期间,都会推出丰富多彩的特殊促销活动,不论是二人共度一个柔情蜜意的甜美圣诞,还是亲朋友人欢聚一堂同庆佳节,该餐厅都能使消费者的圣诞节过得多姿多彩。在圣诞促销活动中餐厅还特备风味别致的"圣诞年糕",每份仅收费1元。如今,这家餐厅在上海的人气非常高,经常都是座无虚席。

3.国际性的节假日

五一劳动节、六一儿童节、三八妇女节,这些都是国际性的节假日。在这些节假日中,餐厅要根据不同人群的需要,开展相应的促销活动。例如六一儿童节,可以推出形形色色以儿童为服务对象的主题套餐;在劳动节的时候,可以推出针对广大劳动者的餐饮菜品;三八妇女节时,可以准备一些有助于女性美容、补血的特价健康菜品。

4.季节性节假日

对于季节性节假日,餐厅的促销活动应当借题发挥,突出节日的气氛。餐厅可以在不同的季节中进行多种促销。这种促销可根据消费者在不同季节中的就餐习惯和在不同季节上市的新鲜原材料来策划促销的菜品。

即使没有节假日,餐厅也应当根据季节做出适当的促销。例如在酷热的夏天推出特价清凉菜、清淡菜,在严寒的冬天推出特价砂锅系列菜、火锅系列菜以及味浓的麻辣菜等。

5.职业类节假日

职业类节假日是指教师节、秘书节、记者节、护士节等,这些节假日往往是为某些特殊职业的从业人员而设,餐厅可以在这样的节日中,通过开展主题餐饮活动联络与这部分消费者的感情。

6.特殊时段

特殊时段主要包括高考期间、年终期间、暑假期间。在这些时段内,餐厅可以推出高考餐饮促销活动、各类宴会、暑期儿童套餐等,以此吸引不同阶层消费者的注意。

在节日进行餐饮促销,需要注重餐厅氛围营造,烘托出节日气氛,并且,连锁餐饮业要结合各地区民族节日组织促销活动,使活动多姿多彩,使消费者感到新鲜和欢愉,这样的促销才能达到不断提高餐厅利润的目的。

(资料来源:中华餐饮网,2013-11-04)

(四)结合企业特点的促销活动

1.开业促销活动:开业促销活动是促销活动中最重要的一种,因为它只有一次,而且与潜在顾客是第一次接触,顾客对超市的商品、价格、服务、气氛等印象,将会影响其日后是否再度光临超市的意愿。所以经营者对开业促销活动都十分重视,希望能通过促销活动给顾客留下一个好的印象。通常开业当日的业绩可达平日业绩的5倍左右。

2.年庆促销活动:年庆促销活动的重要性仅次于开业促销,因为每年只有一次。对此供应商一般都会给予较优惠的条件,以配合超市的促销活动。其促销业绩可达平日业绩的1.5~2倍。

案例直击

金华银泰店庆促销力度空前

秋冬换季之时也是商家掘金的好时机。金华银泰11月份周年店庆推出"满100减60,再8折"活动。这次店庆促销有四大特色:其一,促销力度大,是金华银泰历年活动最大的一次。"满100减60,再打8折",整个折扣下来相当于3.2折,足以吊起消费者的购买欲。其二,参与活动的商品范围更广,流行服饰、各类鞋类,新款款款参与,商品参与度是100%。其三,金华银泰天地店是全国22家银泰店促销力度最大的一家,其力度首次与杭州持平,甚至有很多品牌的促销力度超过杭州。其四,金华银泰4家店协同合作,各自推出不同的店庆活动。这样的大力度促销无疑是供应商让利,回馈消费者。同时,也有利于扩大客户群,拓宽企业市场。

3.竞争性促销活动:竞争性促销活动往往发生在竞争店数量密集的地区。当竞争店采取特价促销活动或年庆促销活动时通常会推出竞争性促销活动以免营业额衰退。

三、促销主题设计要求

一个良好的促销主题往往会产生较震撼的效果,所以应针对整个促销内容拟订具有吸引力的促销主题。促销主题的选择应把握两个字：一是"新"，即促销内容、促销方式、促销口号要富有新意，这样才能吸引人；二是"实"，即简单明确，顾客能实实在在地得到更多的利益。具体主题设计要求如下：

1．明确的利益、情感诉求点

促销活动主题要与产品品牌诉求和定位相一致，促销活动主题是打动消费者的关键，一定要贴近目标消费者利益，促销主题是消费者关注的重点。如swatch手表的"腕上风景线"，与其引领时尚、物美价廉、款式众多、数量有限、色彩鲜艳、造型精美的品牌定位相一致。

2．简洁明了，吸引眼球

促销主题一定要直接明了、吸引眼球，要让顾客产生强烈的购买欲望。如"强货来袭""冰爽饮料到底价""您买我就赠""买立减""夏季清凉降到底"。某连锁企业已连续三年成功组织了"百件商品半价卖"的促销活动。消费者看到这样的主题后都竞相宣传，说"××超市的商品都半价卖了"。结果促销第一天销售额环比提升了3倍、毛利额提升了2倍。像"欢度圣诞迎元旦""踏青郊游乐"这样的主题就比较含蓄，无法让顾客产生购买的欲望，促销效果会打折扣。

相关链接

促销主题要求及范例

要求	范　　例
广泛关注的社会意义	三八节主题：关注妇女群体，三八免费妇检 母亲节主题：献给母亲的爱 六一节主题：关注孩子的情商
传达的信息清楚明白	某医药连锁商场（超市）重阳节的促销主题：老吾老以及人之老，副标题：高血压防治知识咨询义诊
通俗顺口，容易明白和记忆	某商场六一主题：××送健康，买也赠换也赠 副标题：用××产品同类产品空盒子可以换取××产品的赠品一盒，买一盒××，就等于向贫困山区儿童捐献了一元钱

3．有创意，突出新颖性

促销活动主题设计要有创意，不可简单模仿其他企业的促销活动，最好能做到这个主题是同行没有做过的，从而让消费者觉得新鲜，愿意参与。

案例直击

温州百货淡季促销"拼"微博

在处于淡季的7月,温州的百货商场之间除了拼业绩,还要"斗"粉丝量。温州市区百货商场已将微博营销作为网络推广的重要组成部分。

温州市区百货商场的微博已不再是简单的转发有礼和促销信息。以温州银泰为例,@银泰温州世贸店的微博已包含:新品上市、促销宣传、活动报名、花絮报道、转发有礼、猜猜看、下午茶时间、节日系列、今夏热卖、现场直播等板块。开太百货针对"微博粉丝节"推出了丰富的小礼品来吸引消费者。比如6月16日至19日,7月12日至15日,这8天时间,开太百货在其新浪官方微博上,除了每天常规的转发微博送礼品外,还推出"转发微博就可6折购买储值卡"活动。用微博发布一些时尚资讯很合适,实效性也很强,还可以现场直播。银泰年中庆期间的现场直播,让消费者最直观地感受到购物氛围。微博最重要的是服务粉丝,加强和粉丝的互动,活动过程中通过转发和评论,给品牌宣传带来良好效果。

(资料来源:温州商报,2011-07-07,经作者整理改编)

案例直击

深圳东门茂业68小时促销 销售破2亿

只要能优惠,血拼不怕累。如今的营销除了"秒杀",还有"持久战",只要有钱赚,三天三夜不睡觉也值。

2011年11月1日凌晨4时,以茂业百货68小时连续营业为首的深圳"东门商战"偃旗息鼓。过去两日,伴随着人山人海的客流,东门各大商家也迎来大丰收。据统计,截至10月30日晚8时,商场营业额已超2亿元大关,创下历史新高。"东门商战"前2日预售期间营业额即突破8 000万元,同比增长50%以上,截至30日晚8时,本轮"东门商战"不到4天营业时间的销售额已经超过2亿元,其中商战首日16个小时的营业时间营业额超6 000万元,10月30日截至晚上8时,20个小时的营业额也超过了6 000万元。

(资料来源:广州日报,2011-11-02,经作者整理改编)

4. 与社会热点问题相联系,引人注目

促销主题还要充分利用品牌事件、社会新闻焦点、企业热点,诸如世博会、奥运会,要有一定的新闻价值,要有创新,在一定程度上能够引起社会舆论的关注。如蒙牛借助"神舟五号"升天推出"中国航天员专用牛奶""强壮中国人"的促销主题,借势使销售量提高。

四、促销主题板块设计

促销主题板块设计主要是围绕消费者消费特点来组织商品群。如中秋节的促销,可以有月饼、团购、礼品和聚餐等主题板块。国庆节的促销,可安排婚庆、旅游、换季等主题板块。遇到民俗节气时,如立春、龙抬头、立秋、腊八,也可以安排相应的主题板块以提醒顾客,增加宣传内容和促销活动对顾客的吸引力。如表2-1所示。

表2-1 促销主题板块设计

时间	天数	促销级别	主题	节日、节气	消费特点提示	主要板块和活动安排
8月6日—8月19日	14	★	清凉清爽酷劲十足	8月7日立秋,8月13日末伏	"立秋贴秋膘""末伏烙饼摊鸡蛋"。立秋后天气依然炎热,吃喝的消夏商品仍为主流,但对穿用的夏凉商品的需求减弱。夏凉商品进入甩卖阶段。随着中高考录取结果的公布,部分学生开始做上学和返校准备	①"贴秋膘""烙饼摊鸡蛋";②会员;③开学必备;④夏凉商品降到底;⑤清凉降温;⑥消杀灭害
8月20日—9月2日	14	★★	开学早准备	8月26日七夕情人节	9月1日是从小学直至大学的学生入学时间,是全年学习文具、学生用品销售的最高峰。8月26日七夕情人节,巧克力/红酒/情侣用品/红色系列等相关商品是重点	①浪漫七夕;②会员;③文具用品展;④学生住校相关用品;⑤夏凉商品清仓甩
11月5日—11月18日	14	★★	麻辣诱惑火锅宴	11月7日立冬	此期间是人们感到最冷的时候,室内未有暖气,室外气候干燥、温差较大。此档主要围绕火锅和保暖两个主题来展开	①立冬吃饺子;②会员;③火锅宴;④保暖必备;⑤冬令保健;⑥床品节

相关链接

连锁企业全年各月促销主题规划及促销活动

一、一月份

说明：农历春节是中国一年中最受重视的节假日，儿童放寒假领压岁钱，成人领完年终奖金，经济较为宽裕，购买力强，辞旧迎新、拜年送礼。

促销主题：元旦迎新活动、新春大优惠、春节礼品展、除旧迎新活动、年终奖金优惠购物专案、迎春纳福庆丰年、跨年盛宴、年终回馈、岁末酬宾、团圆火锅、春节礼品总动员、新春玩具总动员、新年新装特卖会等。

推荐商品：春节礼品，如年货、名酒、保健营养品、干果礼盒；时令商品，如糕点、坚果、瓜果、时装；童装玩具；家庭用品，如清洁用品、家居用品、电器产品。

促销活动：名家春联现场挥毫赠送；传统舞狮献瑞、三阳开泰、民族舞等热闹表演；开门有礼、分送红包、糖果沾喜气；传统民俗技艺展售会，如捏面人、中国结、打陀螺；各式趣味竞赛，如跑马灯、猜谜语。

二、二月份

说明：二月份月初延续春节热闹气息，月中是渐受商家和年轻人重视的情人节活动，然后是元宵节，最后是开学用品展。

促销主题：年货展销、欢乐寒假嘉年华、情人节礼品特刊、元宵节活动、开学用品展售会等。

推荐商品：发行情人节礼品特刊，如玫瑰、巧克力、香水、珠宝饰品、内衣、绒毛玩具、对表、对杯、浪漫情人套餐；元宵节用品，如元宵；开学用品，如文具、餐具、书包、练习簿、学习机。

促销活动：情侣夫妻脸征选、最爱留言板、情人默契大考验、情侣热吻大赛、玫瑰99大放送、情人写真拍照服务、欢乐元宵猜灯谜晚会、创意彩绘主题花灯征选及博览会、灯笼免费DIY教学示范、名师现场滚元宵制作示范表演等。

三、三月份

说明：三月份是传统的商业淡季。主要有三八妇女节，一般侧重于春装上市、冬装出清、流行时装动态秀、过冬商品出清特卖。

促销主题：春装上市活动、春游用品展、换季商品清仓特价周、三八妇女节妇女商品展销、珍爱女人系列活动、春季花艺展等。

推荐商品:春夏服装及化妆品、春游用品、妇女用品、过冬出清品等。

促销活动:春夏流行服饰动态发布会、春色缤纷女人节、现代妇女服饰讲座等。

四、四月份

说明:清明节、中小学春假。

促销主题:夏装及泳装上市、春夏酬宾总动员、欢乐儿童、亲子嘉年华等。

推荐商品:泳装、化妆品新品、春假郊游用品等。

促销活动:清凉泳装秀、服装模特秀、化妆品新妆介绍会、欢乐春假漫画营等。

五、五月份

说明:五月份有劳动节、母亲节,一般是化妆品、内睡衣、淑女装、黄金珠宝、家具家电的黄金销售季节。

促销主题:劳动节商品大酬宾、夏装上市、清凉夏季家电产品节、年中酬宾同馈、五月回馈感恩、母亲节商品展销、妈咪万岁购物嘉年华。

推荐商品:母亲节礼品,如化妆品、内睡衣、各式时装、黄金珠宝、锅具、健康器皿、营养保健品、电器;过季出清品等。

促销活动:免费体检、义诊咨询讲座(高血压、骨质疏松等)、理想妈咪征选、才艺妈妈选拔会、婆婆妈妈服装秀、母子脸征选,满就送康乃馨、蛋糕、母亲卡等赠品等。

六、六月份

说明:六一儿童节、端午节、父亲节、中高考季节、毕业季。

促销主题:儿童节商品展销活动;粽情、舟情、端午情;健康老爸;考前用品展售、考前补品展售;毕业礼品用品展;饮料类商品展销、夏季服装节、护肤防晒用品联展等。

推荐商品:儿童节礼品,如服饰、玩具、学习用品、奶粉及营养保健品;端午节礼品,如各地特色粽子、茶叶、糕点、名烟名酒礼盒;父亲节礼品,如男装、剃须刀、名表、皮件、打火机;毕业礼品,如毕业留言册、纪念相框、音乐盒、风铃;考前营养品,如各种补脑、提高记忆力的补品;夏凉商品,如泳装、防晒用品、海滩用品、电扇冷气用品、啤酒冷饮、空调被、凉席。

促销活动:儿童才艺大赛、趣味亲子拼图大赛、漂亮宝贝照片征选;包粽子快手赛、创意香包展售会、酷爸爸造型征画大赛;金榜题名许愿池;求职就业博览会等。

七、七月份

说明:各种考试结束、放假开始、一年最酷热的时期。

促销主题:冰品大会串、夏季服饰大出清、大小玩家总动员、夏凉用品热卖会、欢乐暑假嘉年华。

推荐商品:夏凉用品,如泳装、防紫外线商品(伞、帽、油)、冷饮、电扇、冰桶;年轻人、学生喜欢的商品,如体育运动牛仔休闲用品、背包、球鞋、流行服装、配件饰品、流行手表。

促销活动:欢乐暑假趣味竞赛、电脑图书 3C 特卖会、假日三对三篮球赛、青春才艺街头大放送、考生凭准考证优惠活动等。

八、八月份

说明:暑期结束,夏末秋初。七夕情人节是这一档的重点。

促销主题:夏季服饰大出清、升学用品展售、返校开学用品展售、七夕情人节礼品特刊、浪漫婚纱展等。

推荐商品:七夕情人节礼品,如金饰、美钻、鲜花、巧克力、香水、内衣、情人套餐;开学用品,如文具、书包、图书、簿册、文教系列用品。

促销活动:最感人情话征集、情人默契大考验、情人接吻大赛、满额送情人写真、情人大餐、玫瑰花等。

九、九月份

说明:天气转凉,秋装新品上市,传统的中秋节、重阳节。

促销主题:星光秋月中秋节礼品特刊、敬老礼品展售、秋装上市秀、秋冬彩妆嘉年华。

推荐商品:中秋节商品,如中秋月饼礼盒、高档名烟名酒礼盒、高档营养保健品礼盒;秋季烧烤用品;秋季新品上市,如服饰、内衣、彩妆。

促销活动:月饼制作 DIY 示范、吃月饼大赛、嫦娥月兔征画赛、新妆发布、秋冬流行色、秋冬商品流行秀、敬老活动等。

十、十月份

说明:国庆节、动态婚纱秀、新婚用品展,月底的西方万圣节也是近来被炒作的节日。

促销主题:十月庆典活动优惠、运动服装用品特卖会、金秋水果礼品展、秋季狂欢购物节、劲爆十月购物季、新婚用品展售会、秋季感恩庆典等。

推荐商品:新婚居家用品,如彩妆、黄金、珠宝、饰品、内衣、寝具、厨具、餐具、家具、大小家电;秋季特卖品;万圣节整蛊玩具等。

促销活动:十月爱国歌曲演唱会、动态婚纱秀、创意鬼脸征选、南瓜雕刻示范表演等。

十一、十一月份

说明:一般连锁企业都会选择在十一月、十二月举办周年庆活动。目标是在半个月左右创下辉煌的业绩,促销费用一般占全年促销费用的20%。推出各项活动,如每日一物、限时抢购、独家魅力商品、楼层推荐商品、超值精选商品、黄金珠宝展;化妆品、服装等的满就送、满就减、送礼券。

促销主题:秋季旅游商品展售、护肤品促销活动、冬季用品展售、火锅上市、超值惊喜周、秋冬御寒用品特卖等。

推荐商品:冬季用品,如各式御寒保温商品、羽绒被、皮衣、火锅、电暖器、毛衣等。

促销活动:周年庆促销特惠等。

十二、十二月份

说明:进入寒冷的十二月,冬季保暖御寒用品是本月一大重点,皮草服饰、羽绒制品、羊毛羊绒制品、团圆火锅节等都应景。本月真正的重头戏,则是最温馨的圣诞节,过年的气氛日益浓厚。

促销主题:保暖御寒用品展示、冬令进补火锅上市、圣诞礼品饰品展示、岁末大优惠、冬令枕被特辑、岁末迎春商品展等。

推荐商品:圣诞节礼品,如舞会派对礼服、火鸡大餐、卡通圣诞造型绒毛玩具、圣诞树、巧克力、吊饰摆件、圣诞卡;冬季用品,如皮草、羊毛羊绒羽绒商品、砂锅、火锅、保温瓶电暖器。

促销活动:创意圣诞卡征选,点灯祈福报佳音,年末冬季送爱心活动,如去孤儿院、敬老院。

任务四 促销预算编制

任务分析

促销预算也就是计划,是连锁企业商家在计划期内预计从事促销活动而支出的费用。促销支出是一种费用,也是一种投资,促销费用过低会影响促销效果,促销费用过高又可能会影响企业的正常利润。促销预算编制的基本原则是:因促销而增加的收益大于促销费用和支出。促销预算决定促销活动方案策划,它关系着促销活动的实施以及促销活动的效果。良好的预算控制可不断提醒有关人员去了解既定计划的执行状况,从而不断加强管理,还可以随情况变化而调整,并提醒人们注意随之出现的问题。因此,编制促销费用预算是年度促销计划制订中必不可少的环节。此外,促销预算还需在促销活动策划方案中进行细化,通过预算中各项目费用的明细,进一步明确促销活动的关键事项,了解促销活动的投入产出比,明确促销活动开展的价值,以及需要在哪些方面对项目的费用开支进行节减或增加。

相关知识

一、促销预算的构成

促销预算是连锁企业把特定的一段时期内促销活动所需开支的费用详细列明用数字体现出来。促销预算分为促销总预算和个别预算,促销总预算是指一定时期(通常是1年)内所有促销费用的总额,个别预算是指某项促销活动的费用,促销总预算是年度内个别预算的总和。连锁企业促销活动主要有以下项目预算:

(1)促销工具费用。促销活动一般都需要借助各种形式的促销工具来刺激消费,包括礼品、赠品、奖品、折价等费用。促销工具费用占促销活动费用的比例较大,一般在30%~50%。

相关链接

不同促销工具的费用分析

1. 优惠类促销工具的费用分析

优惠类促销既要保证企业的收益,又要给予消费者足够的优惠,以增加对消费者的吸引力。所以,此类费用须精确地计算与控制,以达到两全其美的效果。一般来说,具体的控制指标为:

优惠折价费＝销售量×(单位原售价－单位优惠价)

总利润的增加取决于单位优惠价接近单位销售费用的程度。即:

单位毛利润＝单位优惠价－单位销售费用
总毛利润＝销售量×单位毛利润

所以,为了使优惠折价更能吸引消费者,关键是控制单位销售费用。

2. 免费赠品类促销工具的费用分析

以赠品形式出现的促销费用按赠品的来源分为两种:

(1)非自产品,是企业为了开展此次促销活动专门采购的商品。采用这种物品作为赠品选择面较大,而且容易满足消费者的要求,使其易接受。但是费用开支较大,也存在一定的不足。其费用总额为:

非自产品费用总额＝非自产品量×非自产品单价

(2)自产品,是以企业的自产品作为赠品。采用这种产品作为赠品的成本费用较低,而且在赠予促销的同时还可以宣传企业的产品,为企业产品打开市场销路形成良性循环。其费用总额为:

自产品费用总额＝自产品量×自产品成本

3.付款方式优待类促销工具的费用分析

这类促销活动的费用分析的重心在于对资金的控制,主要是分析资金占用时间的长短、银行的贷款利息以及这些资金的机会成本。

(1)资金占用的时间。消费者占用资金的时间越长则对消费者越有利,企业支付的利息也就越多,潜在回款的风险就越大,但是诱导性也就越大。如何处理好这种矛盾是资金占用的费用风险的主要内容。

(2)银行利息。消费者占用资金的利息直接由企业承担,通常是将利息折价转移到产品的售价上;或是将利息作为费用,通过增加销售量来弥补。

费用分析的内容有:

利息费用总额＝资金额×利息率

毛利额＝销售量×单价－(基本促销费用＋利息费用额)

(2)广告宣传费用。促销活动需要通过一定的广告宣传来提升促销效果。广告宣传费用包括广告宣传制作费、广告宣传租用费用(如花车、拱门)、媒体投放费用、DM单页印刷费用等。

(3)卖场物料布置制作费用。促销活动需要进行卖场氛围营造,以提高消费者的购买热情,促使冲动性购买。主要包括卖场海报、吊旗、特价标签等。

(4)活动经费。很多连锁企业在做大型促销时会在卖场举行相关的活动,包括竞赛、公共关系活动等。

(5)临时促销人员劳务费。为某次促销活动特别招募的临时促销人员的劳务费也应该计入促销活动费用预算。

(6)其他费用。包括外联费用、促销期间员工餐费、激励费用等。

案例直击

××企业元旦促销费用预算

项目	物品、人员	数量	费用	备注
卖场布置	易拉宝	3个	270元	
	特价标签	30张	50元	
	吊旗	200份	600元	
	海报	10张	200元	
舞台演出	舞台搭建	1个	共计8 000元	
	舞台道具	1套		
	演出人员	1组		
	舞台大型喷绘	1副	700元	
DM发放	DM单张	20 000份(含卖场)	2 000元	
	传单员	20人(80元/天/人)	4 800元	
	围裙	20件		已有
	道具(木牌)	5个	100元	内部定做
户外广告	大型喷绘	1副	1 500元	
媒体投放	××晚报刊登费用	15天	15 000元	提前支付
卖场外	彩虹门	2个		已有
	气柱	4个		已有
	条幅	1条(40米)	170元	
	鼓风机	1个		已有
活动抽奖	奖券	5 000张	500元	
	奖品	一、二、三等奖及纪念品	15 000元	
费用合计			48 890元	

二、促销预算的编制方法

促销预算的编制方法主要有量入为出法、销售百分比法、竞争基准法和目标任务法四种。

1. 量入为出法

量入为出法,是根据连锁企业财务的承受能力确定促销预算的方法,也就是企业在编制促销预算时,将所有其他不可避免的投资和支出除去之后再来确定促销预算的具体规模。

在经济繁荣时期,利用量入为出法从事大规模的促销活动,有利于充分利用市场机会,扩展产品市场。然而,这种确定预算的方法忽视了促销对销售量的影响,从而容易导致年度促销预算的不确定性,给制订长期促销计划带来困难。

2. 销售百分比法

销售百分比法,是以一定期间的销售额或单位产品售价的一定比率来确定促销费用。销售百分比法在选择特定百分比方面,一般根据连锁企业过去的经验及竞争对手的做法来确定。

使用销售百分比法确定促销预算的主要优点是:根据公司的负担能力编制促销预算;促使企业管理者依据销售成本、产品售价和销售利润之间的关系去考虑企业经营管理的问题;各竞争者若以近似或相同的比率编列促销预算,那么能促使市场竞争渐趋稳定。但是销售百分比法的缺点也非常明显,错误地视销售为促销活动的"因"而非其"果";促销预算的编列是依据资金的有无,而非视市场的机会而定;用这种方法编制促销预算没有考虑竞争因素,若加入竞争因素,这种方法就显示出其不足之处,而且不鼓励在特殊时期为扭转销量而不断变动预算,那会对长期规划造成不利的影响。

3. 竞争基准法

竞争基准法,是以企业主要竞争对手的促销费用支出为基准来决定本企业促销支出的多少,以保持竞争上的优势。显然,确定促销预算仅从本企业考虑是毫无意义的,必须与竞争企业比较,确定足以与竞争对手抗衡的促销预算。所以在市场营销实践中,不少连锁企业都喜欢根据竞争者的促销预算来确定自己的促销预算,造成与竞争者旗鼓相当、势均力敌的对等局势。

运用竞争基准法,前提是要调查主要竞争对手的促销费用及其市场占有率,计算竞争对手市场占有率对应的促销费用。在此基础上,如果要维持本企业现有的市场占有率,则可确定与竞争对手保持在同一水平的促销预算;如果要扩大市场占有率,则要在竞争对手促销费用占其市场占有率百分比的基础上,再结合本企业的预期市场占有率来确定强烈冲击主要竞争对手市场占有率的促销预算。计算公式为:

$$促销预算 = \frac{竞争对手促销费用}{竞争对手市场占有率} \times 本企业现有市场占有率$$

$$促销预算 = \frac{竞争对手促销费用}{竞争对手市场占有率} \times 本企业预期市场占有率$$

4.目标任务法

目标任务法是根据连锁企业年度促销计划决定的企业特定目标,确定达到这一目标必须完成的任务以及估计为完成这些任务所需要的费用来确定其促销预算,这些费用的总额就是预计的促销预算。

目标任务法的侧重点在于对市场和商品进行深入调查、分析。只有在此基础上确定的促销预算才是准确可靠的。目标任务法的缺点是没有从成本的角度来考虑某一促销目标是否值得追求这个问题。如果企业能够先按照成本来估计各目标的贡献额(即进行成本效益分析),然后再选择最有利的目标付诸实现,则效果更佳。

案例直击

某企业利用目标任务法来确定促销预算

某企业根据目标任务法来确定一家新品牌门店的广告促销预算,其步骤如下:

(1)确定市场占有率目标

企业要求市场占有率达到8%。目标市场上顾客总数为5 000人,因此,企业必须设法使400人(5 000人×8%=400人)到该门店购物。

(2)确定该门店广告所能及的市场百分比

企业希望80%的目标顾客能接触到该门店的促销广告。

(3)确定被说服到该门店购物的顾客在知晓这一品牌的顾客中的百分比

如果25%的人知道或1 000名顾客到该门店购物,企业就非常满意了。因为他们估计所有试用者中的40%,即400人会成为该门店忠实的顾客,这就是市场目标。

(4)确定每1%的试用率中对广告有印象的人数

企业估计每1%的人口中有40人对广告有一定的印象,这些人可带来25%的进店率。

(5)确定必须购买的总评分点数

一个总评分点就是1%的目标人口接触到广告的人数。由于企业想使

80%的顾客对广告有一定的印象,因此必须购买3 200(80×40)个总评分点。

(6)确定必要的广告促销预算

在购买一个总评分点的平均成本的基础上,确定必要的广告促销预算。根据调查,要使1%的目标顾客中有一人对广告有一定印象,平均要花费3 277元。因此,在推出新品牌的第一年里,3 200个总评分点的成本为1 048.64万元。

三、促销预算的编制流程

(一)编制促销预算前的准备

要想进行有效的促销预算编制,首先要清楚哪些项目开支可归入促销开支项目;然后,再细分促销活动的各种开支。完成这两步之后,才可开始有效地进行编制预算的工作。

在编制促销预算前,还要掌握一些相关的数据,即过去几年里开展促销活动的数据;促销有效性是多大,对产品的销售起到了多大的作用;还应了解该产品目前的情况、公司的现有资金、预期的市场目标、机遇和促销对象;还要熟悉各种促销方式的策略、方法及其所需的资金等。

(二)编制预算

做促销预算需要完成以下四个步骤:开预备会、明确各个成员的分工、准备并编制预算、设立预算控制。

1.召开预备会

连锁企业应在上一年年末以预备会的形式开始下一年度的促销预算工作。预备会应总结本年度所开展的促销活动的结果,展望下一年度所进行的促销活动、销售目标及其与促销的关系,还有亟待解决的具体问题以及解决这些问题的办法。以此为依据,市场开拓与促销人员就可制订促销策略,并计算其开支。

预备会应首先考虑预算的时间性,一般说来,预算是针对一年的,但做预算时应考虑未来,至少要放眼看到两年甚至五年;预备会还应从公司本身和市场开拓目的的角度回顾之前促销活动的成效,有助于对下一年度促销计划做出必要的调整;预备会对需要做预算的促销活动要考虑其可行性,如果公司想在竞争中处于领先位置,应鼓励使用各种促销新方法,绝不可使预算成为富有创造力促销手段实施的障碍。

2.明确各个成员的分工

应该明确从预算、实施到控制等各个促销阶段的成员分工。任何有关人员都应该清楚自己负责的范围,即应确定广告促销人员、市场开拓人员、销售人员及财务人员的职责范围。

3.准备并编制预算

连锁企业要对各种促销形成定规,以便编制预算时能有条不紊、系统、始终如一。最终的预算只需把所讨论的数据以及预备会上所形成的决定加工成文即可。预算成文要按以下步骤进行:

(1)确立公司总的目标和市场开拓与销售目标;

(2)制订促销计划,确定特定时期的具体促销目标;

(3)计算出整个计划所需的开支。

4.设立预算控制

促销预算控制可分为实施控制、开支控制和管理控制。获准的预算一出台,预算控制就要跟上。在预算实施阶段或在收益阶段就应设立预算控制,一旦制订了促销计划,确定了促销方式,就要对促销开支进行基本控制。这才是真正的计划实施阶段。

开支控制确保在预算期内所有的开支都是有章可依的。开支控制并不是机械控制,它要求实施者了解预算条目、促销计划以及公司的收支方法。

管理控制包括回顾与评判有关目前市场开拓的整个促销工作。要进行管理控制,管理人员必须调集完整的开支情况资料。在判定资金是否使用恰当、迄今为止的市场情况与促销成绩以及是否要对预算做出调整时是需要开支数据的。开支数据还可使管理人员随时了解计划的实施进度与开支情况。

各个公司的有效控制体制细则不尽相同,这要取决于促销计划的复杂程度、促销人员的规模与能力以及公司内部的记账要求。在此要牢记一条准则,控制整个促销预算远不如对实施过程中的每个阶段进行控制有效。

四、促销预算的分配原则

企业编列总促销预算之后,就进入预算的分配阶段。预算分配是通过促销预算对促销活动进行组织、协调并控制促销计划的实施的。只有合理分配预算资金,促销活动才能取得良好的效果。根据侧重点的不同,促销预算主要按以下因素来分配:

1.产品

按照促销产品的竞争力、特色以及利润,按比例、有侧重地在不同产品之间分配促销预算。这主要涉及企业产品结构、产品策略等各种问题。

2.促销对象

促销时针对以下三种既定人员中的一类或几类:消费者、中间商和销售人员。因此,应根据促销对象的不同来确定三者之间的预算分配。

3.促销工具

根据市场形态、消费者购买习惯、产品价格以及各种促销工具的优缺点等各方面的因素,决定将有限的促销预算用在哪些促销工具上。

4.销售区域

在评估销售区域的市场潜力、购买能力等因素后,根据各销售区域的具体情况,将促销预算按不同比例进行分配。

5.其他因素

例如在产品销售的旺季举办促销活动,促销预算分配的比例就大;反之,淡季分配的就少。

五、促销费用的负担原则

连锁企业的业态形式相当多,根据企业的不同业态,促销费用的负担一般包括总部列账、门店列账、厂商分担三种。

1.总部列账

总部列账是连锁企业的促销预算由总部的企划或促销单位统一编列与管控,并不分摊至各分店。一般是关于企业整体形象提升的CIS策划与公共关系等促销活动费用,较常使用在自行生产的连锁企业。

2.门店列账

如果连锁企业门店为个别的责任中心,其促销预算由总部编列,但是在促销费用发生时,则分摊至各门店,最终衡量门店绩效。因为连锁企业总部主要承担决策、监督及整体经营的设计功能,门店是连锁经营的基础,是总部各项政策的执行单位,所以一般的连锁企业促销费用都是分摊到各门店列账。

3.厂商分担

厂商分担促销费用的形式较常用于买卖型的连锁企业(如超市、便利店等)。由供货厂商分担促销费用,当然连锁企业也必须给予供货厂商某些合作利益,如赠品或购物袋上印制厂商名称、配合销售厂商的促销商品、特别陈列区、与厂商共同举办促销活动。

相关链接

商场促销活动费用分摊相关概念

1.扣率,也叫扣点,这是商场的营业抽成。扣率一般分两种:

(1)基础扣点

这是商场与厂家在签订合同的时候就在合同中列明的,例如扣点25%,管理费2%,卫生费1%,合计28%。那么在正常销售的情况下每销售100元商品,商场提取28元,其计算公式如下:

$$100\times(25\%+2\%+1\%)=28$$

(2)临时促销活动的扣点

商场每逢大型节假日就会举办买减、买赠、买送等促销活动,这种活动的扣点一般是临时洽谈的,或者是厂方在特殊情况时可以向商场申请扣点。例如有团购的工作服,本来应该正价销售的,结果为了优惠团购客户,会低于正常折扣价,而在这种情况时可以向商场申请降低扣点。

2.回款率

回款率是指销售额减去商场抽成最终回到厂方的货款占销售额的比率。

计算公式:

$$回款率=\frac{销售额-(销售额\times 扣点)}{销售额}\times 100\%$$

项目三　促销活动方案策划

学习目标

◆ 知识目标

通过本项目学习,你应该:

1. 掌握促销商品的角色定位及促销商品选择的方法;
2. 掌握促销商品定价原则及定价方式;
3. 理解多种促销工具的含义及优缺点;
4. 了解影响促销组合设计的因素。

◆ 技能目标

通过本项目学习,你应该:

能够运用人员促销、广告、营业推广、公共关系等方式进行促销整合策划,能撰写一份完整的连锁企业促销活动方案。

项目简介

1. 项目意义

促销活动方案策划,是对企业促销活动的谋划和设计,即广告、营业推广、公共关系、人员推销如何实现最佳配合。要想做好一次促销活动,必须事先制订一个促销方案,好的促销方案才有可能很好地指导促销活动的开展,使企业形成整体促销合力,在有限的促销预算下达成最好的促销效果。制订促销活动方案是任何促销活动进行之前必须进行的工作。促销方案主要围绕年度促销计划中制定的促销主题来进行设计,帮助连锁企业选择具体促销商品、促销工具,分析促销价格,以及预测促销过程中应该注意的问题。

2.项目内容

以连锁企业(包括连锁卖场、连锁经济型酒店、连锁餐饮等)为载体,基于校外合作企业的实际情况,在企业年度促销计划基础上,选择其中一期主题设计促销活动方案。主题促销活动方案设计一般在促销活动开展前一个月就要开始准备,为这次的主题促销活动顺利开展做好指导工作。

根据连锁企业促销活动方案设计的工作流程和工作内容,该项目划分为促销选品规划、促销价格分析、促销工具选择、促销组合设计4个任务。

3.项目要求

学生自由组成小组,每组4~6人。以小组为单位,通过前期年度促销计划明确项目内容,制订企业促销活动方案。要求在教师指导下,每个小组能够独立完成本次实训项目。

4.项目成果

在项目学习之后,学生需要提交以下项目学习成果:

制订一份主题促销活动方案,包括促销选品规划、促销价格分析、促销工具选择、促销组合设计。

项目解析

制订一个完整的促销活动方案,是一个烦琐的工作。一个好的促销活动方案,不在于方案本身有多么生动,而在于是否对促销工具、参加者条件、促销措施的分配途径、促销时间、促销的总预算等各因素,恰当准确地掌握并客观地评估。促销方案中的促销工具、参加者条件、促销措施的分配途径、促销时间、促销的总预算,每一个因素都可以是一个独立的内容,但对于促销方案来讲,它适合"木桶理论",其中任何一个因素处理不利,都可能导致整个方案达不到既定目标。

促销活动方案设计是企业促销策划的核心内容。促销活动方案设计的要求包括:(1)紧扣促销目标,体现促销主题。促销方案的设计要围绕着促销主题而展开,内容要尽可能具体,要把活动方案按不同的时段进行分解,同时突出重点。设计要点是以市场分析为依据,充分发挥设计者的创新能力,力争设计出与众不同的方案。(2)促销活动方案要具体、可操作。该要求强调明确促销活动的种类及实际操作性,如设计的几十种商品的价格促销应具体到每一种商品价格的确定、每一种特价商品的陈列。此外,有些方案更强调活动程序的安排。(3)促销活动的设计要有创意。方案设计的成功与否主要看是否有创意,只有具有新意、具有较强个性、具有活力的促销活动,才能引起消费者的强烈共鸣,才是设计的价值。当然,促销活动创意要考虑客观情况,更要考虑消费者的认可和接受程度,否则再好的创意也会被束之高阁。

促销活动方案策划书结构如表3-1所示:

表3-1 促销活动方案策划书的结构

策划书的结构		要素
封面		策划书的形象
前言		背景交代
目录		一目了然
摘要		要点提示
正文	市场状况分析	策划的依据和基础 (促销调研的内容)
	市场竞争状况分析	
	企业产品分析	
	目标消费者分析	
	促销目标和主题	目标清晰,主题富有创意 (年度促销计划的细化)
	促销组合与方案实施	方案要具体,具有可操作性 (重点)
附录		提高可信度

项目作品示例

××购物中心"双十一"活动策划

一、活动目的

"双十一"是历年电商必争之节日,活动和宣传力度之大,参与品类品牌之多,活动形式之丰富均是年度之最。作为线下的实体商城,我们需要抓住"双十一·购物狂欢"这一概念,在11月中气温下降的时机开展冬装促销活动。在活动力度、营销方式和实地体验上要更加区别于电商,从而突出特色。活动从百货、超市和餐饮、影院、线上微店等多个业态整合开展。给顾客以独具诱惑力的购物狂欢体验。

二、活动时间

11月7日至11日

三、活动内容

(一)折扣促销

1."双十一"大牌美衣穿着走。

秋冬服装满500元减200元。

2."双十一"大牌美妆任你挑。

大牌化妆品(玉兰油、欧莱雅、DHC)满400元立减80元;

超级护肤套盒低至7折!

(二)O2O(线上线下互动),十万大牌折扣券提前抢!

1.十万抵用券免费疯抢!大牌百货折后满额立减,低至折上7折!

活动细则:

(1)11月1日至10日,官方微信正式上线抢券活动。顾客只需要关注官方微信点击抢券页面,即可选择30个品牌的折扣礼券,双击即可领券(每个券自动生成折扣码)。

(2)每人每个品牌仅限领取10张。

(3)11月11日当天,顾客凭券面折扣码即可享受对应品牌折后立减50元、30元、20元优惠。

(4)单张小票仅限使用一张折扣券。

备注:折后抵用券抵用起点需根据各品牌实际客单价而定,折扣满减的金额由供应商和商场按照不同比例承担。此活动主要是吸引线上客群到店。

2.11月7日至11日,每天11款单品,仅用0.11元、1.1元、11元、110元即可抢购。每款限量,抢完即止。微店线上支付即可成功秒杀!

单品建议:

0.11元(面点王8.5折、客家人8折、芋仙人7.5折、面包乐园7折)

1.1元(超市环保餐具盒、手帕纸/条、薯片套装,售价5元左右)

11元(舒适浴巾、韩后面膜2件装、布艺家具可爱兔,售价30元左右)
110元(舒适被、对枕,售价250元左右)
备注:预计费用1 300元(餐饮券为商家赞助)。

(三)品类营销

"双十一"作为商场的11月的大型促销,全品类均要开展活动(折扣或者赠礼)。建议男装、女装、鞋类、化妆品、精品、床品、童装均要有代表品牌或者亮点折扣参加活动。

以下四个品类的单品需要突出陈列,在通道灯箱片和柜台指引上需要增加搭配和温馨推荐:

(1)服装的冬款(厚款、大衣)

(2)秋冬配饰(围巾、帽子)

(3)床品冬被

(4)超市冬季火锅节单品

(四)VIP营销

VIP浓情招募:商场单日消费满500元即可免费办理VIP卡一张,单日消费满5000元即可升级为钻石卡。

1.双十一·VIP顾客免费送:11月11日当天到店,即可在××甜心饮品获得指定热饮一杯。(开业赞助,无费用)

2.双十一·VIP顾客免费玩:钻石卡VIP凭卡即可带小朋友至××游乐园免费畅玩一次。

(五)文化营销

1.双十一,脱光马上走起!

(1)免费广播顾客表白语,微信分享区免费晒幸福。

活动地点:一楼广播台

(2)单身男女报名即可参加"心动对对碰"活动。单身男女将随机多次组成不同的假设情况共同参加情侣互动活动。心动的,即刻牵手!

报名地点:二楼小舞台区

备注:活动具体操作细则及项目规则另附。

2.双十一,单身情人场·光棍走起(4F影院光棍节专场活动)。

单身男女可以至前台购买单身贵族专属票,女生可享6折购票。男生购票可获玫瑰花一枝(用于赠送邻座女生)。座位均按照随机男女两两搭配。

> 活动时间：11月11日
>
> 活动地点：电影1、3号厅（详情以具体观影时间场次为准）
>
> **四、氛围布置**
>
> 1.大门口主展区/各楼层品类展区：时尚冬装综合展区，沿用秋冬流行元素。活动期间增加展区内光棍节模拟对话标识。
>
> 备注：百货女装、男装部负责，陈列组统筹。
>
> 2.柜台与各楼层扶手梯、电梯口："双十一"灯箱片、立式POP架。
>
> **五、费用预算（略）**

任务一　促销选品规划

任务分析

促销商品选择要紧扣连锁企业年度促销计划的促销目标，体现促销主题。连锁企业要以科学有效的方式选择促销商品，提高促销商品的针对性，更好地发挥促销的效果。以节日商场促销为例，一切促销活动的最终目的是扩大销售。在设计具体方案前，首先要确定选择哪些商品作为这次促销的主力商品并确定其数量。一般来讲，作为节日商品的有休闲食品、礼品、保健品及日用百货等。当然，作为促销商品还必须具备：一定品牌知名度，明显的价格优势，节日消费需求量较大。不同的季节应选择不同的促销商品，如夏季应以啤酒、果汁等凉性商品为重点；冬季则应以火锅、热食等暖性商品为重点。促销商品选择除了要紧扣促销主题外，还要考虑顾客需求及商品结构，能使促销商品以点带面，带动整个卖场的销售量的提升。

相关知识

一、促销商品的种类

连锁企业促销活动首先要满足顾客需求。顾客的基本需求是能买到价格合适的能满足需要的商品，所以所选定促销商品的品项、价格是否具有吸引力将决定促销活动的成败。无论选择何种商品作为促销商品都应牢记三个基本要点：一是选择消费者真正需要的商品；二是能给消费者带来实际的利益；三是选择大品牌或促销力度大的商品。一般来说促销商品有以下四种选择。

1. 节令性商品

连锁企业必须根据季节的变换适时地调整促销商品的种类。有时,看一个门店经营业绩的好坏,从其是否能够适时换季促销也能看出一些端倪。经营好的连锁企业会经常调整店内的布局,根据季节和时间的变换适时调整促销商品的类别、门店氛围和装饰等。连锁企业往往根据各个节令顾客的需求特点选择促销商品,如元旦、春节选择礼盒、香烟、零食、玩具等;元宵节选择汤圆、花灯等;情人节选择礼盒、巧克力等;端午节选择礼盒、粽子等;母亲节选择服装、美容品等。节令性促销商品的选择一般有四个时间点:节令之前、正当时、快过季、反季。四个时间点的选择目的是不一样的,选择节令之前是为了营造氛围,选择正当时是为了增加销售,选择快过季时是为了清理库存,选择反季促销既可以清理库存,又可以扩大销售,甚至有些企业的反季销售额占总销售额的比例还相当高。

相关链接

春节促销商品选择

据统计,节庆(春节、中秋、国庆、周年庆三个月)销售占全年销售额的50%,节庆促销商品的原则是不突出低价,突出节日商品的齐全性以及节庆礼盒全品项促销。春节在中国人心目中的地位不言而喻。为除旧迎新,食品、服装、电器及清洁用品的需求量会大为提升,而过年拜年、送祝福更是带动了节日礼品的销售。因此,在春节前后,各个公司都会加大促销费用,期望有个丰收年。春节促销商品选择一般集中于流量商品、季节性关联商品、团购及福利商品,增加高档商品、礼品、礼金,保障充足的货源。具体可选择的促销商品如下:

1. 春节礼品。春节期间,商家一般均会设立礼品城、礼品中心、年货一条街等专区,推出香菇、南北货、洋酒、糕饼、干果等礼盒,价位在500～1 500元之间。

2. 时令商品。糖果、糕饼、瓜子、春联、生肖饰品、红色内衣、团圆火锅等是春节的热销商品,商家还可推出超值福袋活动,并设立年度生肖动物主题展示区,以吸引更多消费者。

3. 童装玩具。小朋友放寒假、过新年、领红包,因此此时是每年童装、玩具的销售旺季,若能配合推出卡通造型的人物动态表演,效果更佳。

4.家庭日用品。年终大扫除,各式各样清洁用品需求量大增;除旧迎新,旧的家具、电器用品会淘汰很多,因此这些商品的市场也会增大。

2.敏感性商品

敏感性商品一般是指生活必需品,这类商品虽然价格弹性较小,但是因为消费者购买频率高,对这类商品的价格非常熟悉,所以价格敏感性较强,如鸡蛋、大米。选择这类商品作为促销商品可以有效拉动人气,在定价上不妨稍低于市面价格。我们经常看到超市里有人排队买鸡蛋,每斤鸡蛋的价格比市场低了 0.2 元,每人限购 5 斤,实际上,顾客最多只能得到 1 元的优惠,但是仍然有不少顾客愿意排半个小时的队就为了买几斤鸡蛋,而且这些顾客在排队买了鸡蛋之后,还会购买其他商品。消费者对敏感性商品的用量大且较为稳定,因此,选择正确的敏感性商品进行促销对于拉动人气、促进销售有着非常重要的意义。

3.众知性商品

众知性商品一般是指商品系列中的代表品种、性价比良好的商品,品牌知名度高、价格透明、市场占有率高的商品,如某品牌化妆品、保健品、饮料、啤酒、儿童食品。选择此类商品作为促销商品需要获得供应商的大力支持,可以树立连锁企业优质低价的形象,容易让顾客产生物美价廉的印象。

4.特殊性商品

特殊性商品主要是指连锁企业自行开发、使用自有品牌、市面上无可比较的商品,选择这类商品进行促销主要应体现商品的特殊性,价格不宜订得太低,但应注意价格与品质的一致性。如 2006 年以前,屈臣氏尚未挺进国内二线城市,但贴有"屈臣氏"商标的燕窝精华养颜净白面膜、骨胶原护手霜、粉色化妆棉等产品已是名声大噪,在二线市场的美誉度甚至不亚于一些知名品牌。选择自有品牌商品作为促销商品,不仅成本较低,而且更容易形成差异化竞争。

相关链接

DM 商品的选择技巧及选择禁忌

一、DM 商品的选择技巧

1.各柜组的主力商品为必选,以更好地提升整体销售。商品选择方面,每档期可从不同分类选择商品,以避免陷入重复的境地,导致顾客购买欲望下降,产品拉动效能降低。商品选择还可以特别考虑以下三类:第一,符合主题需求的商品:每次DM促销应有一个主题,而围绕主题选择促销商品则能使主题更鲜明、更突出;第二,供应商积极配合,有具体促销方案的商品:选择供应商有具体促销方案的商品能使整个促销活动丰富多彩,更具冲击力,同时还能取得供应商费用上的支持,降低促销成本;第三,与竞争店发生冲突少的商品:尽量选择与竞争对手冲突小的商品,以避免恶性竞争,要形成差异化竞争。

2.各柜组最低促销价商品的确认:一般在树立价格形象期间,每柜组原则上需选择一个与整个柜组起跳价类似的价格的产品作为低价促销品,比如柜组起跳价为1元,原则上该柜组促销起跳价不高于1.5元。因为DM商品是投放给顾客的一个有效的宣传手段,尤其在大型节假日,同一个顾客可能会收到不同的DM,如果我们的柜组起跳促销品选择准确,可以有效地打击竞争对手,提升整体价格形象。如果竞争对手DM中没有低单价的促销活动,顾客会认为我们的价格有优势。起跳价促销商品每期要考虑不同品项,以免顾客产生购买疲劳。门店价格形象树立起来以后,起跳价促销商品要逐步减少,以免影响正常商品的销售。

3.各柜组在促销品项选择时要注意商品品类的平衡,每期DM要尽量考虑到各柜组重要品类。重要品类每期要尽可能有单品做DM促销。可以选择不同品牌不同容积单品操作。

4.每期DM商品应安排一定比例的高毛利商品或厂商的新产品,也可以是购买频率不高、周转慢、在促销刺激下产生购物冲动、创造额外销售的产品,以获取较好的毛利。

5.每期DM的商品销售占比应在30%左右,如果DM产品销售低于20%或高于40%,采购与门店应该进行检讨,以维持DM商品销售占比的准确性。

6.季节性商品应提前针对部分单品促销,给顾客以提前入季的感觉,可以较好地拉升应季时商品的销售。

7.如低单价的单品销售较好,可以与厂商沟通加大促销商品包装规格,以更好地提升客单价。

8.注意收集竞争对手的DM,每次计算竞争对手同柜组或同部门的DM商品的平均售价,以与我们的平均售价做对比,以此作为一个DM商品选择组织参考依据。

9.每期DM都要有一定比例的一次性商品做促销,如小包装的饼干、饮料,以争取额外的销售。

10.DM活动要尽可能的丰富多样,可以增加买即赠、半价换购等活动,以增加 DM 的活力。

二、DM 商品的选择禁忌

1. 忌简单降价。忌简单将正常商品拉低毛利做促销，尽可能跟供应商争取相关利润，包括户外宣传、堆头陈列等费用。

2. 忌过多以低端低单价商品做促销。此类商品过多，会影响该品类高端商品的销售，影响整体销售业绩。

3. 忌同一商品连续两次上 DM。同一商品不同价格连续两次上 DM 会造成难以挽回的负面影响，一般建议间隔期至少为两期。长期特价等于没有特价，不再具备冲击力。

4. 忌相同品牌、不同规格的商品或不同品牌、相同性能、价位无明显差异的商品同时促销。商品重复，会使有限的促销资源得不到充分的发挥。特殊情况除外，如中秋节的月饼。

5. 忌满多少送多少成为固定模式。因超市商品本身利润较低，满多少送多少的力度大会损害整体毛利，力度小起不到应有效果。

6. 忌滞销品占据较大 DM 版面。促销的主要目的是吸引客流，增加销售，提升形象，而滞销品会破坏这种形象。严禁用滞销品做大版面 DM。即使要做，可以清货专版或清货专刊来做，但是要保证其价格低廉，有效吸引来客。

二、促销商品的角色定位

对于促销商品，要有具体的角色定位和作用。有些企业做促销，促销商品都是降低售价、损失毛利率，这样的做法是很不可取的。促销商品的选择是有原则和技巧的，不可以供应商提供什么我们就做什么。促销商品要围绕这个时间段顾客的消费习惯和特点，赋予"爆、省、优、新"的角色定位，让每一个单品都发挥应有的作用。

"爆"商品是连锁企业为冲高销售而设，以牺牲毛利、树立低价形象来吸引消费者进店的商品。这类商品要有产生轰动、排队抢购的效应。所选品类一般为当期畅销品类、应季品类或敏感品类，消费者对这类商品的价格变动是非常敏感的。一般连锁企业会选择油、米、面、卫生纸等民生必需品，但选择季节性商品会有更意想不到的抢购效应。如某一大卖场"百件商品半价卖"的促销活动中，针织组的一品法莱绒双人毯，促销第一天就断货，几乎人均购买两三条。在促销总结时发现 320 个促销品中，该商品在货源不足的情况下销售额排名第七。因毛利率做到了近 30%，其毛利额列居榜首，是销售额排名第一的袋装大米毛利额的近 20 倍。也就因为有类似这样高毛利的应季商品做促销，在开档第一天销售额环比提升3倍的业绩下,全系统竟然还有11%的毛利率。所以要特别强调,应季的热卖品最好选择既带销售又带毛利的商品。

"省"商品是品单价比较低的商品,是消费者花较少的钱能得到较大实惠的商品。它给消费者的感觉是实惠、省钱、买得起、买得值,目的就是吸引来客,提高客品数。所选品项可以是以低单价、连包、整箱、买赠、捆绑等方式销售的商品,也可以是季节性甩卖商品。这类商品在制定售价的时候,加减一毛钱就会带来3%~5%的毛利率的变化,所以特别强调,在制定售价时,不能小看一毛钱。

"优"商品主要是高单价、树立商品形象的商品,是连锁企业为保毛利而设。这类商品以提高品单价来提高客单价,达到提升销售额、补充毛利的目的。品项选择要求中高档品牌、性能优越,重在推广其功能、效果、价值等,最好与当前时势、顾客关注度、电视广告热播相结合。如2013年被作为国礼送外国元首夫人的老品牌百雀羚在国内掀起一股热潮,某一连锁企业顺势推出百雀羚护肤品的促销活动,结果销售额环比增长3 046%,毛利额增长931%。

"新"商品就是新品,是连锁企业引导消费、体现季节、唯我独有的商品。这类商品重在介绍、宣传和推广,用以提升DM毛利、体现门店形象或差异化经营的一种手段。新商品要求是市场上最新出现的应季、时尚的热点商品,也是我们门店最新上架的商品。这类商品会给消费者带来新奇特的感觉,但销售额不一定高。由于它不损失毛利,所以小销售也会带来高毛利。如某一连锁企业推出的一品"可炒可煎可涮的韩式方形电热锅",整个档期只卖了5个,但它与销售额排名第三的促销品创造了相同的毛利额。

"爆、省、优、新"四种角色定位商品品项占比和售价要求如表3-2所示。连锁企业促销商品除这四种角色外,其他促销商品可围绕顾客的消费特点和节日节气,选择一些相关联的商品来做补充。但是,需要注意的是促销商品选择一切都要以顾客为中心,围绕顾客需求来展开。

表3-2 四类角色定位商品品项占比及售价要求

角色定位	品项占比	售价要求
爆	5%~10%	必须是全地区最低价,或不高于当前同品类、同规格、同知名度商品的市场最低促销价
省	10%~20%	售价为正常售价的7~9折
优	10%~15%	售价为正常售价的8~9折
新	10%~15%	售价下降幅度可以与进价下降幅度一样,即不损失毛利率

三、促销商品选择的方法

促销商品选择的方法有两种,依据季节时令选择不同的促销商品和依据销售情况选择单品做促销商品。其中,依据季节时令选择的方法相对简单,我们重点来介绍依据销售情况来选择促销商品的方法。每个商品的日均销量(DMS)有两个:一是正常日均销量(正常 DMS);二是促销日均销量(促销 DMS)。一般连锁企业根据 DMS 选择促销商品。

相关链接

DMS 的计算

DMS,Daily Mean Sales,就是平均每日的销售数量,即日均销量。目前国内的各种系统计算 DMS 的方法各不一样。基本计算公式为:

$$DMS = 当日销量 \times \alpha + 前一天的 DMS \times (1-\alpha)$$

其中,α 是指平滑系数。

一般连锁企业,15 天之内的新品,α 取 0.3;16~30 天之内的新品,α 取 0.2;30 天以后就作为正常商品计算,α 取 0.1;促销商品看企业促销级别,α 为 0.2 或 0.3;季节性商品一般 α 为 0.3。

国内某超市的日均销量定义有三:

(1)新品进货前 30 天:依数学平均数,例如:前 10 天卖 30 个,则 DMS=3.0;

(2)30 天之后:DMS= 前一天的 DMS~0.9+当日销量~0.1;

(3)始终未卖出的商品:DMS=0.05(注:理论值为 0,但 DMS 值在许多报表的运算中常为分母值,若为 0 则无法运算)。

(一)正常 DMS 接近于促销 DMS

1. 正常 DMS 较高时

该类商品正常 DMS 较高,说明销量很好,而且该商品在促销期间的 DMS 与正常 DMS 比较接近,又说明该类商品促销对于提升其销量的意义不大,所以该类商品无须做促销活动。如果促销活动的策略是以提升客单数为主,可以考虑使用该类商品做促销,因为该商品的正常 DMS 较高,说明敏感度比较高,但应该注意由于该商品敏感度高,要尽量避免用该类商品做降价促销活动,尽量做买赠活动,使顾客感到真的实惠。

2. 正常 DMS 较低时

对于该类商品,首先要找到销量不好的原因再做处理,排除所有的原因后,只要不是结构性商品,该类商品就必须淘汰。影响商品销量的因素有:商品的陈列位置与陈列量;定价策略;对商品的重视度以及超市的经营定位;季节的变化;促销活动的时机选择及促销形式选择;商品的库存及缺货天数;消费者的购物习惯变化;商圈内的环境变化。因为促销活动对于该类商品销量的提升没有作用,而且销量偏低,为了提升门店商品的"三效"(坪效、米效、品效),建议立即将该类商品淘汰。

相关链接

商品的"三效"

1. 坪效

坪效是在台湾经常被拿来计算商场经营效益的指标,指的是每坪的面积可以产出多少营业额(营业额÷专柜所占总坪数)。1 坪 = 3.3057 平方米,其实也就是指卖场中单位面积所创造的效益(一般是指销售额),所以我们现在常常用每平方米销售额来替代,这样在统计分析时也更方便、更符合我们的习惯。

2. 米效

米效是指超市货架上,销售面直线长度上每米的销售额。

3. 品效

品效 = 品类营业收入÷品项数目。品效越高,表示商品开发及淘汰管理越好;品效越低,表示商品开发及淘汰管理越差。

(二)正常 DMS 明显低于促销 DMS

1. 正常 DMS 较高时

该类商品一定要做促销活动,而且对于提升促销活动有明显的效果。该类商品的正常 DMS 比较高,说明消费者对此商品具有较强的敏感度,而且促销活动对于提升其销量有很大的积极意义,所以该类商品无论在什么时间做促销活动,对提升活动效果都会有明显作用。

2. 正常 DMS 较低时

该类商品也一定要做促销,并要采用不同的促销方式。正常 DMS 明显低于促销 DMS,说明该商品在促销期间的销量有明显增加,同时可以通过不同的营销方式了解其对该商品销量的影响,找到导致商品正常 DMS 偏低的原因,从而加以改善。值得注意的是,要密切关注该类商品的销售走势图,因为受商品本身的生命周期影响,每个商品都会经历衰退期,如果该商品已经进入衰退期就不建议再做促销商品了,否则会起到反面作用。

(三)正常 DMS 明显高于促销 DMS

第一步:找到影响促销商品在促销期销量的因素。

1.定价策略方面:应该在促销中不断调整该商品的定价策略,使之能让消费者接受。

2.档期中缺货:档期中的缺货现象对于商品的促销 DMS 有较大的影响,出现该情况促销 DMS 的参考价值就不大了,同时可以根据日均销量变化对商品的缺货进行监控。

3.商品陈列:一是促销期间同类商品的陈列好于促销商品;二是促销商品的陈列量不足;三是促销商品没有做特殊陈列;四是商品长时间做特殊陈列。

4.促销时机选择:促销时机选择不符合该商品的销售特点。

5.季节商品:一般情况下,季节性商品的正常 DMS 会高于促销 DMS,因为一般季节性商品均会在季节前或者在即将要过季节时进行促销,在当季中销售比较好的一般不会做促销活动。

6.天气因素:如果促销期间的天气明显比正常销售时的天气差,会影响促销效果。

7.长期做促销:商品促销期过长或者在做促销前已经或正在做店内促销。

8.竞争环境的变化:如促销期间商圈内竞争店的开业。

9.结构性商品及敏感度比较低的商品:促销活动对于提升该类商品的销量是没有作用的。

第二步:分析存在因素的必然性及偶然性。在找到影响促销商品的因素后,就要分析这些因素是客观因素还是主观因素,如果是主观因素,就要找到操作中的问题,并不断改善,从中找到最佳的改善方法。

第三步:不断寻找与实施改善的方法。

第四步:为商品"定性"

1.存在的必然因素对促销商品的销量有严重的影响时,该类商品应马上淘汰。

2.促销日均销量逐渐在下降,且促销日均销量明显低于正常销量的商品应该立即淘汰。

3.已经采用多种形式进行改善但无效果的商品应该淘汰。

四、DM 商品规划与要求

(一)DM 商品规划

促销商品规划要遵循分类原则,即同一小分类的商品最多不得超过 2 个,一个为低价位,另一个为高价位。同一小分类的商品过多的同时,同一价位的别同期进行 DM 促销宣传，否则势必会导致自己打压自己的局面。分类原则是保障每个促销商品都能发挥最大售卖绩效的前提条件。

此外，同一商品上档频率要间隔三档，如果一个商品连续被选出做 DM 促销，不但不能达到档期内提升商品销量的目的，而且会影响此商品平日的正常销售。这有两点原因：第一，短期内顾客的某种需求会饱和，如顾客在前一档购买了促销品拖鞋，下一档对此商品便不再有需求；第二，长期的低价促销会降低商品价格带，影响商品正常销售，如一个凉席连续被推出进行低价促销，价格已经不能成为吸引顾客的优势了，更可怕的是当它恢复原价进行销售时，很难被顾客认可了。

每档促销，要设定以柜组（课）为单位的计划或目标，包括 DM 品项数、DM 占比、DM 品毛利率、促销档期内的销售目标等。例如，表 3-3 中 11 月 5—18 日的"麻辣诱惑火锅宴"档期，可以有表 3-4 和表 3-5 的目标和相关分配。

表 3-3 "麻辣诱惑火锅宴"档期计划

时间	档期	主题	节假日	主题分析	促销品项
11月5－18日	14	麻辣诱惑火锅宴	11月7日立冬	此期间是人们感到最冷的时候，室内未有暖气，室外气候干燥，温差较大。此档主要围绕火锅和保暖两个主题来展开	①立冬吃饺子；②会员品；③火锅宴；④保暖必备；⑤冬令保健；⑥床品节

表 3-4 销售目标分解表

部组	11月5日~11月18日				DM计划				
	销售计划（万元）	毛利计划（万元）	毛利率（%）	销售占比（%）	品项数（品）	销售额（万元）	毛利额（万元）	毛利率（%）	DM占比（%）	单品效率（元）
生鲜	483	58.68	12.15	32.18	30	154.56	12.36	8.00%	32.00%	51520
日配	181	18.15	10.03	12.06	35	45.25	2.26	5.00%	25.00%	12929
粮油	223	22.23	9.97	14.82	32	89.20	3.57	4.00%	40.00%	27875
酒饮	161	19.42	12.06	10.72	22	43.47	3.04	7.00%	27.00%	19759
休闲	135	24.76	18.34	8.99	40	35.10	3.51	10.00%	26.00%	8775
洗护	132	19.18	14.53	8.79	32	50.16	4.01	8.00%	38.00%	15675
家居	48	16.65	34.69	3.20	34	18.24	4.56	25.00%	38.00%	5365
文娱	10	4.25	42.51	0.67	15	1.50	0.45	30.00%	15.00%	1000
家电	31	3.74	12.05	2.07	15	9.30	0.84	9.00%	30.00%	6200
针服	97	32.27	33.27	6.46	45	33.95	8.49	25.00%	35.00%	7544
合计	1501	219.33	14.61%	100.00%	300	480.73	43.09	8.96%	32.03%	16024

项目三 促销活动方案策划

表 3-5 各主题板块的品项分配表

单位:项

部组	品项	惊爆品	立冬吃饺子(11月5-7日)	会员品	火锅宴	保暖必备	冬令保健	床品节	其他
生鲜	30	2	4		3		2		19
日配	35	2	4	2	7		1		19
粮油	32	3	1	2	6		1		19
酒饮	22	2		2			3		15
休闲	40	3		5			8		24
洗护	32	3		4		1			24
家居	34	2	1	5		3	2		19
文娱	15	1		2		1			11
家电	15	2		3	2	5	1		2
针服	45	5		5		10		10	15
合计	300	25	10	30	20	20	18	10	167

注:板块的品项数要结合 DM 排版而定

(二)DM 商品采购

DM 商品的选择由采购部与营运部共同确定。连锁企业最好能与供应商共同促销,让供应商积极参与促销商品选择,并且共同讨论促销计划。在促销活动中,供应商应该提供:折扣优惠、进价降低优惠、赠品、广告费赞助、促销员现场促销、相应的商品海报、促销货架的陈列费用(如堆头费、端架费)以及相应的陈列设备(如特殊的展示架)等。

促销商品的采购要注意以下几个方面的问题:(1)确定促销商品的毛利预算、销售预算和活动周期;(2)提前下达促销商品订单,考虑周末销售高峰和供应商休息时间,确保促销商品的数量,避免中途脱销,影响促销效果;(3)确保促销商品的按时到货;(4)对促销商品的仓储优先、配送优先原则;(5)促销期间如有价格调整,应遵循变价规范,统一调整,并在促销结束后及时恢复原价。

DM 商品首次订货考虑的因素有:(1)当前库存＋首单定量约等于三分之一 DM 档期时间的预估销量;(2)参考历史销售数据,节假日、季节、特殊销售环境因素;(3)满足堆头陈列丰满,库存要不低于十天预估销量。

任务二 促销价格分析

任务分析

促销定价策划,是连锁企业促销活动策划的关键组成部分。价格通常是影响交易成败的重要因素,同时又是市场营销组合中最难以确定的因素。连锁企业促销定价的目标是吸引客流、促进销售、获取利润,这要求企业既要考虑成本的补偿,又要考虑竞争对手的定价情况。如何制定促销商品的价格、如何通过促销商品塑造超市的价格形象、如何突破顾客的心理价位以获得"物超所值"的形象是本任务研究的重点。

一般连锁企业促销定价是根据企业内部和竞争对手促销档案的历史数据,结合市场需求和变化来制定的,原则是既要确保价格力度,又不能损伤太大的毛利率。比如在DM邮报定稿印刷前,对促销商品安排一次竞争店的售价调查,那么促销售价将会更准确、更合理、更有效果。

相关知识

一、促销商品定价原则

定价原则,顾名思义就是制定价格的标准。促销商品的定价原则分为"进价原则,售价原则"。

(一)进价原则

商品进价即卖场从供应商处购入商品的价格。当商品被选中做低价促销宣传时,必定会牺牲商品毛利,商品原利润降低转化成促销成本。促销成本应该由所有的得益者共同承担,即大卖场承担一部分,供应商承担一部分。大卖场要与供应商洽谈,降低其商品原进价。

商品品类不一样,进价降幅[进价降幅=(正常进价—促销进价)/正常进价×100%]也会有所差异。一般连锁企业进价降幅标准按照商品类别进行划分,如杂货类商品降幅≥5%,百货类商品降幅≥10%。有了具体的降幅标准,商品的毛利才能得到一定的保障,商品促销的定价降幅才能有的放矢。

(二)售价原则

促销商品吸引顾客购买的一个很重要原因就是低价格的刺激,我们要做到既能让顾客感受到价格的确惊爆,又能最大限度地维持卖场的利润。同类商品的顾客消费心理是由两个比较决定的:一个是与未做促销的价格比较,另一个是与其他购物场所的比较。针对这两点,一般连锁企业制定五个原则:

1.从竞争者数据库调出同一商品竞争者历史最低促销价,商品的促销定价不高于此价格;

2.确定商品的售价降幅[售价降幅=(正常售价—促销售价)/正常售价×100%]标准,一般为杂货类商品降幅≥5%,百货类商品降幅≥10%;

3.每次促销有3到5个特别惊爆的商品让消费者印象深刻,口口相传;
4.坚决避免所有商品都按正常降价幅度进行,不能让顾客找到降价规律;

相关链接

价格促销策略

调查研究表明,大约有77%的消费者会注意到厂商的价格促销信息,并在大脑中计算降价之后的实际售价。一般情况下,促销的降价幅度愈大,则愈能吸引顾客购买促销商品。消费者在经历了降价促销后,心中对降价的残留印象可能只剩下"多"或"少"这样的粗略概念,而忘记了真实的降价金额。

降价促销结束后会导致:(1)顾客将会调低该促销商品的品牌价值;(2)让顾客养成等待降价的习惯;(3)顾客将会调低对该品牌的价格预期;从而降低顾客在不降价促销时购买同一商品,甚至同一品牌商品的意愿。

当降价促销的幅度超过商品标价的20%时,在降价促销结束后顾客会降低对该商品的偏好。

当消费者相对不容易知觉到厂商正在促销降价,或是不容易掌握到实际的降价幅度时,消费者在降价促销结束后,比较不会因此调低对促销商品未来的期望价格,所以这样的促销比较不会伤害到该商品的品牌价值。

基于这样的观点,我们提出两种有效的价格促销策略:(1)非周期性的促销时间(让消费者无法事先预期的促销时间);(2)每次不同的促销幅度(让消费者无法事先猜测到促销幅度)。

5.当竞争对手价格比我们价格更低时,一般商品没必要跟价,因为此时的跟价并不能有效提高宣传度,但是敏感商品必须跟价,要与竞争对手持平或更低。因为这些商品很容易被传播,除非我们有更吸引人的商品在做更引人入胜的促销。

相关链接

科学处理价格市场调查结果

市场调查是卖场经营的常态工作,而市场调查中最重要的就是对竞争者价格的调查,但调查只是第一步,调查回来如何处理价格差异则是关键所在。

可以说,对市场调查结果的科学处理和应用,是卖场价格政策发挥效用的重要保障。价格市场调查的结果就是要确保进售价格的竞争力,可以从以下两个方面来实现。

(1) 进价

商品进价可以通过市场调查来完成。当出现一件商品在竞争者卖场的正常售价与我卖场的促销售价相同的情况,或竞争卖场商品的促销售价低于我卖场的商品进价而且持续很长时间,则基本可以排除卖场自己负毛利销售的可能。因为每个供应商都会维护自身商品的价格体系,不会盲目地允许大卖场对自己的商品做持续性的负毛利销售,如果出现这种情况厂商一定会在第一时间去与卖场协调,尽快恢复价格。出现持续长时间的情况则说明,两个卖场之间的商品进价极有可能出现差异。

当出现这种进价差异情况时,卖场的采购人员就必须给予高度重视,并与供应商重新进行商品进价谈判。其目标是至少与同级卖场进价一致,不然既没有了价格优势,又丢失了毛利。

(2) 售价

售价相对进价可以更直观地解决,但是如果把所有的商品全部降价与竞争对手做抗衡也是不明智的。因为价格形象的本质就是消费者对卖场商品的价格的主观印象,卖场只要保证主客群时常关注的、经常购买的商品的低价格形象就能够达到效果。

卖场可以根据商品的敏感度依次选出"优选商品""红色商品"等。每个商品分类都要有参与价格竞争的敏感性商品,从整体平衡上保证卖场的商品价格形象。一般来说,按照规范的价格策略操作,基本的降价原则如表3-6所示。

表3-6 卖场的基本降价原则

分类		处别	品项数	课别	价格指数
敏感性商品	优选商品	杂货	100	10~15	97
	红色商品	杂货	500	10~15	100
		百货	30	31、36	100
		生鲜	10	20~24	100
		家电	相同品项(约10支)	34	视情况执行

注:价格指数=自身卖场商品价格/竞争对手商品价格×100

商品按照各分类的不同,按照价格指数进行降价。比如杂货类的优选商品价格相对竞争卖场的商品价格指数保证97,即比竞争者价格低3%;红色商品中的生鲜类商品保证价格指数100,与竞争者价格相同。每日价格专员更新最新的竞争者价格后,按照以上的跟价原则对自身卖场的价格进行调整,以确保售价的形象。

二、促销商品定价策略

1.以盈补缺,差别毛利率定价策略

连锁企业对不同的商品采取不同的毛利率定价,以盈补缺,实现盈利和低价并得。目前,许多外资零售企业均采用这种定价策略,如一般食品、杂货商品的毛利率仅为5%～6%,生鲜食品的毛利率为15%～16%,百货商品的毛利率为15%～25%。这样,他们的零售价格普遍比其他商场低10%左右,一部分与其他商场持平,从而保证了商场的低价定位和盈利水平。

2.控制敏感商品定价策略

据调查,仅有30%左右的消费者在进入商场前有明确的购买目标,其余70%消费者的购买决定是在卖场做出的,而且他们只对部分商品在不同卖场的不同价格有记忆,这部分商品即敏感商品。敏感商品一般是需求弹性大、使用量大、购买频率高的商品,对敏感商品实行低价销售在市场上拥有绝对竞争优势,有利于塑造卖场价格便宜的良好形象。

相关链接

促销商品定价技巧

在促销期间,零售商在商品原价的基础上对大多数商品的减价幅度平均达到15%～25%,个别商品的最高降幅可达到50%左右。一般来讲,点心类的平均减价幅度为22.7%,零食类的平均减价幅度为19.4%,速溶咖啡的平均减价幅度为19.2%。而且,一个比较普遍的现象是,消费愈具扩张性的商品减价幅度愈大,如曲奇饼干的平均降幅大于欧式蛋糕,虾条和布丁的减价幅度大于巧克力,原味酸奶的价格降幅大于果粒酸奶。

三、促销商品定价方式

(一)特价促销

特价促销又称降价销售、特卖、打折销售、让利酬宾等,是指连锁企业将特定的商品,于特定的市场,在特定的期限内,将特定数量的商品以特别低廉的价格,向消费者出售的活动。是使用最频繁的促销工具之一,也是影响顾客购买最重要的因素之一。

1.特价促销的方式

(1)招徕定价

招徕定价是一种有意将少数商品价格定得特别低,以招徕顾客前来购买正常价格的产品的定价方式。商品的价格一般不是根据公司的成本利润来定,而是根据目前的市场价格而定的远远低于市场价格的一个价格,一般要比平时或竞争店的价格低20%以上,这些商品对顾客有很强的吸引力。这是满足消费者"求廉"的心理。

招徕定价是一种有意将商品按低于市场平均价格的价格出售来招揽消费者的定价策略,如商品大减价、大拍卖、清仓处理。由于价格明显低于市场上其他同类商品,因而顾客盈门。这种定价方法一般是对卖场部分商品降价,从而带动其他商品的销售。比如一些外资零售企业每隔一段时间就会选择一些商品以低价出售,作为宣传来吸引消费者,时间多选在节假日、双休日,且长年不断,周期性循环。

(2)均一价

均一价策略即连锁企业为了顾客购买和销售方便,同时也为了简化管理以及作业效率而采取对一组商品实行统一定价的策略。均一价采用取长补短方式,定出一个较具吸引力的价格,如某系列商品全部9.9元均一价,以此吸引顾客。在价格上不给顾客以任何选择余地,但在款式档次上充分给予顾客选择空间。

(3)组合价

组合价策略是把关联度高的商品组合成套装包装,甚至还附送赠品,但价格比分散购买便宜,以此来吸引顾客成套购买。

2.特价促销应注意的问题

(1)注意降价时机选择

给降价一个恰当的理由,不能让顾客认为是商品卖不出去或质量不好才降价。现实中商家降价的名目、理由通常有:季节性降价、重大节日降价酬宾、商家庆典活动降价(如新店开张、开业一周年、开业 100 天、销售突破若干万元或若干万件)、特殊原因降价(如店铺拆迁、店铺改变经营方向、柜台租赁期满)。另外,即使降价,也应尽量使用"折扣优惠价""商品特卖""让利酬宾"等给人较好印象的字眼。

(2)要取信于顾客

信誉好的商场降价顾客信得过,信誉不好的商场降价顾客信不过,所以在现实中不同的商家同样搞降价促销,效果会大不相同。香港一些信誉好的精品商店、高档商店每年都要定期做商品打折活动,往往取得满意的效果。

(3)注意把握降价的幅度

促销的特价商品降价幅度要有一定的竞争力,以低于同种商品中销得最好的商品的价格为宜。不同降价幅度会有不同的效果。根据以往的经验,降价幅度在 10% 以下时,几乎收不到促销效果;降价幅度至少在 20%,才会产生明显的促销效果;但是,如果降价幅度超过 50%,必须充分说明大幅度降价的理由,否则顾客会怀疑这是假冒伪劣商品,反而不敢购买。

(4)注意降价商品选择及数量控制

一家商店少数几种商品大幅度降价,比很多种商品小幅度降价促销效果更好。知名度高、市场占有率高的商品降价的促销效果好,知名度低、市场占有率低的商品降价促销效果差。

(5)创造条件争取供应商的支持

要充分利用特价促销的筹码,争取供应商的支持,如免费的堆码、免费的场外促销位置、免费的 POP,允许在卖场的较好位置布置特价促销的宣传材料、促销期间免费的广播广告和特价期间不允许同类竞争品牌进行促销,并让供应商分担一部分特价促销的降价损失。在向供应商进货时,可以对某些商品实行一次性买断,以取得较低的进价,从而留出较大的降价空间。

(6)可能会减损产品的价值

经常做减价优惠活动可能会减损产品的价值,而且愈做减价优惠,销售量的提升反而愈少。因此,一旦减价优惠运用得过度频繁时,常会被视为品牌形象的下降。若消费者习惯了某产品经常在减价,其促销的效果自然微乎其微了。因此,对正走下坡路的商品,减价优惠只能暂时增加市场占有率,无法让新加入的消费者产生品牌忠诚度。

(二)折扣定价

折扣定价指的是在目标顾客购买产品时所给予的不同形式的价格折扣,是在短期内降低商品价格以吸引更多消费者购买,从而实现销量在短期内增加的一种定价方法。

1. 折扣定价的方式

（1）折价优惠券

折价优惠券，即优惠券，是一种古老而流行的促销方式。优惠券上一般印有产品的原价、折价比例、购买数量及有效时间。顾客可以凭券购买并获得实惠。

（2）折价优惠卡

这是一种长期有效的优惠凭证，它一般以会员卡和消费卡两种形式存在，消费者持有会员卡或消费卡就可以享受多种商品折扣及多种优惠。这种定价方法能起到稳定卖场忠实顾客的作用，使发卡企业与目标顾客保持一种比较长久的消费关系。

（3）现价折扣定价法

即在一定时间内对所有商品规定一定下浮比例的折扣，一般在店庆、大型促销活动中采用较多。它可以让顾客现场获得看得见的利益并心满意足，同时销售者也会获得满意的目标利润。现价折扣是阶段性地把卖场的销售推向高潮的定价法，实施的时间和频率要事先订好计划。

（4）限时折扣定价法

即在特定的营业时段对商品进行打折，以刺激消费者的购买欲望，如限定在下午1点到2点，某商品五折优惠。限时折扣定价不仅可增强卖场内人气，活跃气氛，调动顾客购买欲望，而且可以促使一些邻近保质期的商品在到期前全部销售完。

2. 折扣定价应注意的问题

商家在运用折扣定价法时必须要考虑企业自身的定位，做好策划，包括折扣商品范围、折扣率大小、折扣时机、折扣期间、折扣频率及折扣方式。比如，某连锁企业按商品生命周期来区分促销折扣，上柜1~4个月的商品（时令商品）采用25%~30%的折扣率，上柜5~7个月的商品（过时商品）采用30%~50%的折扣率，上柜7个月以上的商品（滞销商品）采用50%~75%的折扣率。

> 项目三 促销活动方案策划

相关链接

临保商品促销价格分析

2007年,国家工商总局在《关于规范食品索证索票制度和进货台账制度的指导意见》中首次提出,即将到保质期的食品销售者应集中陈列或者向消费者做出醒目提示。在2012年,国家工商总局又再次明确要求,严格监督食品经营者对食品包装、标识、生产日期、保质期和有关食品储存条件等进行自查自纠,对即将到保质期的食品在经营场所向消费者做出醒目提示。

根据调查,一般大型超市都设有临保专柜。某超市工作人员表示,"对于食品,如果保质期超过1/3,在进货时我们就会拒收,如果保质期是1个月,那么只剩下10天了,我们就会视为临保商品处理。一般进行处理的商品以食品居多,主要是蔬菜、水果等,一般会在下午4点至5点期间进行处理。对于日用品,会单独设立专柜大约提前一周进行清仓打折处理"。

但是对于临保期概念,现在界定模糊。有业内人士表示,"对于怎么样算是临保期,现在并没有一个明确的规定,所以各家超市也是各有各的做法"。由于超市内涉及的产品种类众多,要设立统一的临保标准存在难度,"比如说日用品和食品应该怎么区别划分,食品当中保质期有一年以上的,也有一个星期的,都需要区别对待"。

任务三　促销工具选择

任务分析

促销工具是指提供短期鼓励性质的各种促销工具,将这些促销工具与人员推销、广告配合起来使用,更能起到促进销售的作用。在连锁企业促销中可以采用多种促销工具,但要注意促销工具的有效性。因为促销工具各有其特殊的潜力和复杂性,需要进行专业化管理。然而,即使那些规模巨大的企业也没有能力做到每一种促销工具都配备一名专家负责,一般只有那些十分重要并且使用频繁的工具才实行专业化管理。

促销工具是企业改造市场增进业绩的得力手段。经总结,对于消费者常用的促销工具有以下四大类。

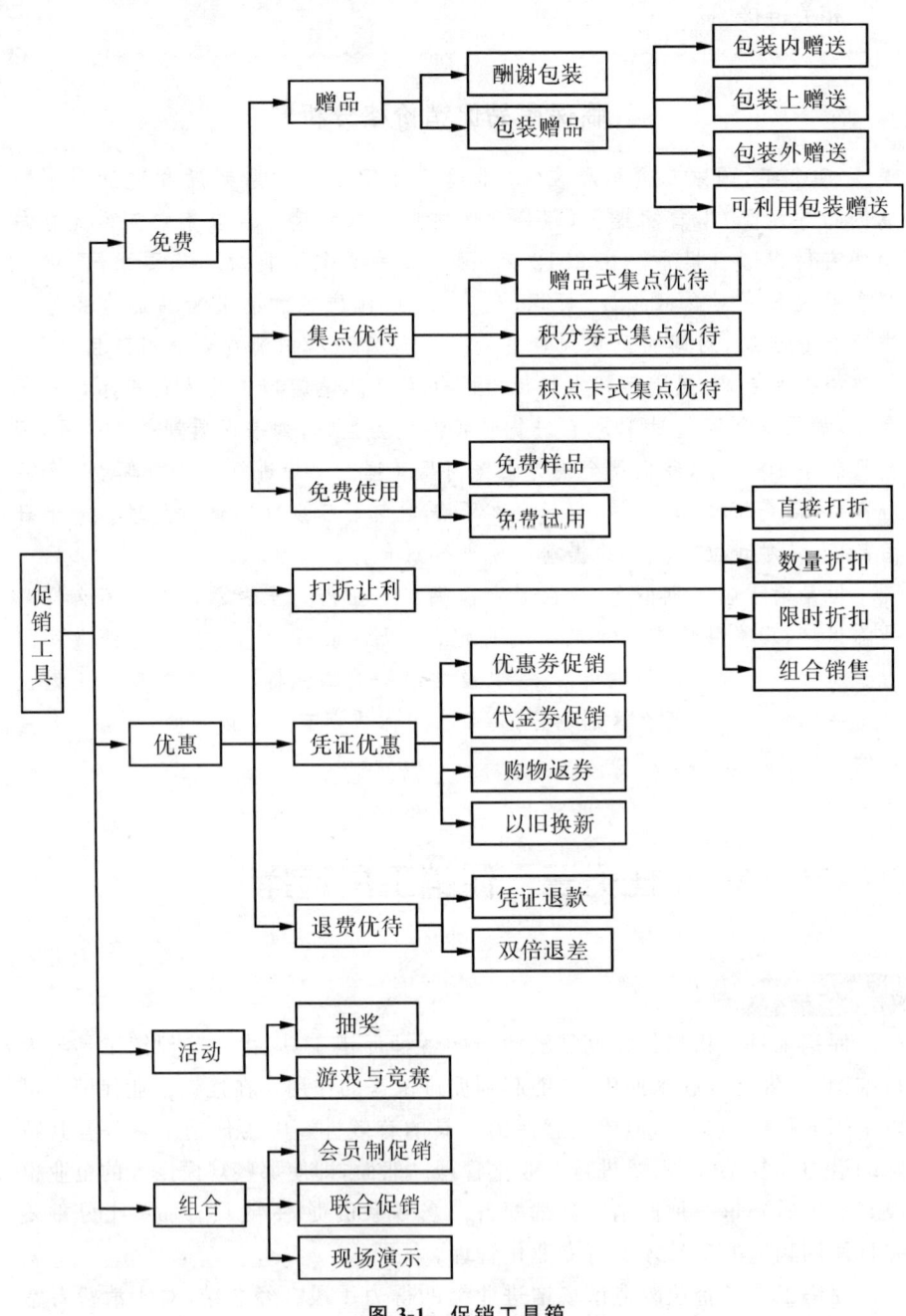

图 3-1 促销工具箱

表 3-7 依据促销目标选择促销工具

促销工具		促销目标					
		提升品牌	引起尝试	转变消费习惯	增加购买量	刺激潜在购买量	提升渠道好感
免费	赠品	★			★		★
	集点优待	★		★	★		★
	免费使用		★			★	
优惠	打折让利		★		★		★
	凭证优惠		★			★	
	退费优待				★		★
活动	抽奖		★		★		★
	游戏与竞赛	★	★			★	★
组合	会员制促销	★		★	★		★
	联合促销		★			★	
	现场演示		★			★	

相关知识

一、免费促销工具

免费促销,就是指消费者免费获得的某种特定的物品或利益。在提供短期促销激励的促销领域里,免费赠送促销形式的刺激和吸引强度最大,消费者也最乐于接受。免费促销主要包括以下几种形式:

(一)赠品

赠品一般以消费者为对象,以免费为诱因,来缩短品牌与消费者的距离。

1.赠品的形式

(1)酬谢包装

酬谢包装,包括加量不加价和按照一定比例附加赠送同类商品来酬谢购买者。此种方法在食品、保健品、洗化品等类别中使用非常广泛。例如,某品牌的维生素 E 产品,在其 60 粒瓶装中增加 15 粒,但价格保持不变;某品牌洗发水"买一送一""买大送小"等活动。

(2)包装赠品

包装赠品包括包装内赠送、包装上赠送、包装外赠送以及可利用包装赠送，这种促销工具在激励消费者尝试购买方面特别有效。

①包装内赠送，是将赠品放在产品包装内附送。此类赠品通常体积较小、价位较低，但目前也有将大规格、高价值的东西，如餐具、酒具等附在装电冰箱的箱子内赠送。

②包装上赠送，是将赠品附在产品包装上。比如，将赠品与商品绑在一起，或用透明成型包装。一般包装上赠品与商品彼此相关联，如买刮胡刀送剃须膏，买咖啡送咖啡杯，买罐头送开罐器，极易提升消费者的购买兴趣。

③包装外赠送，此类赠品通常体积较大无法与产品包装在一起，但可摆在产品附近，方便消费者购物时一并带走。

④可利用包装赠送。可利用包装是另一种赠品的形式，其最大的特征是产品通常被装在容器内，当产品用完时，容器可再用来装其他的东西。这类赠品在药品和饮料类产品中用得相当普遍。

相关链接

赠品的选择

在具体选择赠品时，要注意以下因素：

(1)易于了解。不需说明即一目了然，必须让顾客一看便知。因为在零售店，一般没有多余的时间来推荐赠品。

(2)具有购买吸引力的赠品。经挑选过的赠品，能立即吸引顾客激起购买欲，才是好赠品。

(3)尽可能选择有品牌的赠品。一个没有品牌的赠品，当然比知名度高的逊色得多，既难以估算其价值，又不易吸引消费者。

(4)尽可能选择与产品有关联的赠品。虽然80%以上的包装内、包装上、包装外赠品，都与产品本身难以搭配，但假如能够匹配，效果会更好，如买咖啡送奶精、买牙膏送刷牙杯。

(5)紧密结合促销主题。赠品的选择应与促销活动的赠送目的紧紧联结，否则南辕北辙、互不相干，促销效果自然大打折扣。

(6)赠品要力求突出。一个普通、毫不起眼、低价位、街上到处有售的赠品，不能吸引消费者的兴趣，此外，最好不要选择连锁企业已在售卖的商品当赠品。如果所选的赠品相当平凡，如杯子、碗、化妆包，最好在赠品上印上公司品牌、商标或饰以标志图案，以凸显赠品的独特性。

2.赠品促销的评价

(1)赠品促销的优点。赠品促销能及时激发消费者的购买欲,直接促进销售额的提升;能吸引现有消费者,用以鼓励那些已接受该品牌的顾客继续或增加购买;能吸引潜在消费者转移品牌;还会促使顾客转买较大、较贵的商品。

(2)赠品促销的局限。包装赠品的选择要有特色、吸引人,否则达不到既定效果;酬谢包装很难使新顾客产生购买冲动。

(二)集点优待

集点优待,又称集点换物,指顾客每购买单位产品就可以获得一张贴花,若筹集到一定数量的贴花就可以换取这种产品或奖品,是一种先消费后获赠的促销活动。通常,如果消费者参加了某一集点优待活动,他就会积极地去收集点券、标签或购物凭证,以兑换赠品,此时,自然不愿意转而购买其他品牌的商品。可见,集点优待对解决某些促销问题深具效力,尤其是对建立再次购买及保护现有使用者免受竞争品牌的干扰等更具成效。

1.集点优待的形式

(1)赠品式集点优待。利用成组的赠品来广泛招揽生意,在食品店及超市使用很普遍。

案例直击

85度C愤怒的小鸟陪你喝咖啡促销活动

85度C愤怒的小鸟陪你喝咖啡促销活动内容:单笔消费满15元送1点,30元送2点,以此类推(限单张收银条),集满20张集点贴免费送Angry Birds多功能绒毛包袋一款,集满5张集点贴+20元,换取Angry Birds多功能绒毛包袋一款。一套9款,快来收集WO。

集点规则:

1.集点贴发放日期:2013年9月20日至2013年10月31日,兑换商品日期:2013年9月20日至2013年11月7日;

2.集点贴赠送以单笔消费为准,无法累计,且须凭当日消费单据领取;

3.参加活动的结账方式只限:现金、斯玛特卡、杉德卡、壹卡会;

4.单笔消费金额不包括本活动换取愤怒的小鸟多功能绒毛包袋之消费;

5.集点卡与集点贴以门市实发为准。集点卡可以复印,集点贴复印无效;

6.集点卡与集点贴不得兑换现金,不单独出售;一张集点卡限兑换一次,兑换后由服务人员回收;

7.集点贴遗失不补,破损、无法辨认、复印、伪造的集点贴无法参加兑换活动,请妥善保管;

8.集点商品换取后方可拆开,如非瑕疵恕不接受退/换货;

9.集点兑换商品以门店陈列实物为准,兑换商品随机发放,顾客无法指定款式或单独购买;

10.兑换商品数量限量200 000份,换完为止。

(2)积分券式集点优待。以在零售店的一定量的消费金额为基准赠送产品,当消费者收集积分券达到一定数量时,可依赠品目录兑换赠品。

(3)积点卡式集点优待。指零售商根据某个特定标准向顾客发放积点卡,顾客根据其不同的累积购买量享受不同的优待。

案例直击

手机扫二维码 可获饮料促销获积分

消费者在日常消费中,经常会得到各种商家赠送的一些优惠小卡片,要么直接扔掉,要么把钱包塞得满满的。针对这些烦恼,一款旨在帮助商家在移动媒体时代加强用户黏性促进销售的手机客户端软件——"聚十惠"平台在杭州发布。

这款APP将二维码应用到了消费积分领域,用手机拍二维码便能集印章,获得奖品或优惠。在商家消费后,拿出智能手机帅气地扫描下活动二维码,APP上即出现一枚印章,不同商家自动分类,每家几个印章清清楚楚,在任何一家商家集满了10枚印章,即可向该商家兑换奖品,既方便又快捷。

据了解,"聚十惠"是由杭州高高信息科技有限公司研发的基于IOS系统、Android系统智能手机的电子集章卡,可在全国各大城市各行各业的合作商家中使用。这是中国第一款手机集章类APP,商业模式在国内是首创。

手机集点优待具体流程如下:

第一步,扫二维码。使用手机上的"聚十惠"软件,扫描合作商家活动专员提供的二维码,即可获得印章,自动记录在软件中相应商家页面中。

第二步,集印章。每次在合作商家消费后,均可扫描一次二维码,获得数个印章,消费次数越多印章越多。不同商家的印章自动分类在相应的商家页面。

第三步,得实惠。在任何一个商家页面集齐10枚印章,向商家活动专员出示集章页面,并点击"兑换"按钮,即可向该商家领取活动奖励。不同的商家有不同的奖励。

2.集点优待的评价

(1)集点优待的优点。集点优待适用于购买频率高、消耗量大的产品,可以建立消费者的多次购买行为,以培养消费者的品牌忠诚度;集点优待的成本相对较低,因为所提供的赠品成本可以分摊到多次购买的产品中,还有不少消费者在收集了积分券后,由于种种原因却没有去兑换赠品;可选赠品的范围较大,能随点数的增加而扩大;可以作为广告宣传的主题,以此造成差异化;有利于提高产品的竞争力,参加活动的消费者一般不会轻易转向竞争品牌。

(2)集点优待的局限。集点优待对于使用周期长、不经常购买的产品效果不大;由于活动时间一般较长,对消费者耐心是一种考验;赠品兑换的难易程度会直接影响消费者的参与热情。

(三)免费使用

免费使用是一种能够帮助消费者实现第一次尝试的促销方法。由于无须消费者付出任何代价,这是促使潜在顾客试用和购买产品的最有效手段。尤其是在新产品具有差异性或优于竞争品牌,而消费者在使用后能够直接感受到它的特点时,免费使用能取得更好的效果。消费者通过免费使用产品,建立对产品和品牌的好感与认同,且由于获得一种意外的收获,满足了他们被尊重与被信任的心理感受。

1.常见的促销形式

(1)免费样品。企业免费向消费者赠送商品的样品,促使消费者了解商品的性能与特点。那些单位价值较低的日用消费品、易于以独立小包装的形式分装的产品,如休闲食品、洗化产品,可采用免费样品的促销方式;对于特殊商品,诉求的市场小,又有选择限制时,赠送样品效果不佳。该方式多用于新产品促销。

免费样品赠送的方法可以是派人上门赠送、直接邮寄、逐户分送、定点分送、媒体分送、凭优待券兑换、入包装分送等。

(2)免费试用。对于一些耐用和半耐用消费品,如汽车、电脑软件,可采取在一定地点和时间内请顾客免费试用、试驾等方式,以达到促进消费者购买的目的。

2.免费使用的评价

(1)免费使用的优点。免费使用能提高消费者对产品及广告的关注度;提高新产品的尝试购买率和重复购买率；提升产品和品牌形象。

(2)免费使用的局限。免费使用的促销成本高,体现在样品本身的价值、样品的包装、样品的运输和仓储、配套的广告宣传及派送费用；促销管理难度大,这样的活动涉及企业、经销商、业务员、派发人员和消费者等不同环节,活动环节多、分散性大、可控性差；对于同质性强的产品,或者本身品质一般的产品,消费者在使用后很难与其他产品区分开来,这种方法的效果就很差。

二、优惠促销工具

优惠促销,是指消费者可以用低于正常水平的价格获得某种特定的物品或收益。其核心理念是商家让利,消费者降低购买成本。

（一）打折让利

打折让利是指企业在一定时期内调低商品售价的营业推广活动。一般消费者都比较喜欢实实在在的优惠。据调查,打折让利能对90%以上的消费者产生强有力的刺激,以至于70%的消费者的购买决策都是在卖场临时做出的。

1.打折让利的常用方式

(1)直接打折。直接打折是对商品或服务直接实施折扣,如华润万家旗下高端超市 Ole′的 VIP Day"除促销商品外,全场8.8折",某些服装门店在换季的时候"部分商品3折起"。通过这种方式,消费者可以很清楚地知道该商品究竟便宜了多少,能较强烈地引起消费者的注意,并刺激消费者做出购买决策,使消费者增加购买数量,或者改变购买时间(提前购买)。通常折扣力度应达到10%~20%才能对消费者产生影响。

(2)数量折扣。数量折扣是对大量购买某种商品或服务的消费者提供的一种价格折扣,即按照购买数量的多少,分别给予不同的折扣,购买数量越多,折扣越大。数量折扣可以规定消费者一次购买某种商品达到一定数量或金额时,给予一定的折扣优惠,也可以规定消费者购买某几种商品达到一定数量或一定金额时,按总购买量给予一定的折扣优惠。数量折扣的目的在于鼓励消费者大量购买或集中购买,常用于购买频率高、商品之间相关程度大的日用消费品。数量折扣的关键在于合理确定折扣的起点、折扣档次及每个档次的折扣率。

(3)限时折扣。限时折扣是企业对降价销售采取的变通方式。进行限时降价销售,降价时间规定得很短,但降价的幅度比较大,以通过极小的利润损失产生极大的促销效果,更重要的是通过某滞销商品的超常规降价,带动其他商品的销售。如100件货品在这3天内是特价或者有其他优惠,3天后就恢复原价了。或一天中的某个很短的时段,如一天当中的19:30—20:00。限时降价这种促销行为比较适合中国的零售行业,紧紧抓住了很多国人的心理特点,通过独特的道具和实施手段强烈刺激消费者感官,带动人潮和销售,营造出一种热闹的购物氛围,是一种非常有效的促销手段。

(4)组合销售

组合销售,也称为套餐式折扣,是指将有一定关联的产品组合捆绑在一起,以优惠的价格进行销售的促销方式。组合销售的产品最好是互补产品,或是独立产品,一般不会是彼此竞争的替代品。组合销售的产品在目标市场上应有较大的交叉部分,价格定位应该相似。比如肯德基的全家桶套餐,包括吮指原味鸡、香辣鸡翅、土豆泥、香甜粟米棒和可乐,组合在一起购买,减少了消费者多次购买所增加的购买成本,既便于消费者使用,又可促进销售;将相关产品集中在一起进行传播,增加了整体传播力度,节省资金。

2.打折让利的评价

(1)打折让利的优点。打折让利的促销效果明显,企业常常以此作为应对市场突发状况,或解救企业营销困境的手段;这种促销活动容易操作和控制,工作量较少,成本和风险容易控制;主要是为了与竞争品牌相抗衡,这是最简单最有效的市场竞争手段;有利于培养和留住现有消费群;打折让利能强烈吸引消费者的注意,并能提升购买欲,提高销售点的销售量,扩大市场份额。

(2)打折让利的局限。打折让利能够在短期内增加产品销量和提高市场占有率,但不能解决企业营销的根本问题;打折让利损失的利润很难弥补;经常性地打折让利会对产品和品牌形象造成伤害;不利于建立消费者的品牌忠诚度;易引起竞争对手强烈反击,引发"价格战";造成市场虚假繁荣,易误导企业的营销决策。

(3)打折让利的适用范围。打折让利的目的是期望在促销期间和促销活动过后销售更多的产品。这种方法适用于有一定知名度、有一定品牌形象的成熟产品,因此,用于促销老品牌产品比新品牌产品更有效。

相关链接

打折让利与集点优待

打折让利如果和集点优待联合使用效果可能会更好一些,这会使得顾客期待的一次性折扣变成长期的消费。以民航为例,国外航空公司对客户普遍推行"里程积分"促销,乘客可以从飞行里程数累计中得到积分,再享受票价上的优惠,这种办法可以成功地留住客户,票价上的优惠可以通过乘客长期消费来弥补。而我国的航空公司大多以票价打折的方式来吸引客户,结果是消费者都到最便宜的航空公司买票,每次都可能选择不同的航空公司。对航空公司来说,打折促销只能得到一次性的客户消费,得不到客户的长期消费,无法通过客户的长期消费来分摊本次促销成本。

(二)凭证优惠

凭证优惠是指消费者依据某种凭证,可在购买产品时享受一定优惠的一种促销方法。优惠可以是直接的价格减免,或者事先规定的某种折扣。凭证优惠与打折让利相比,多了一个价格减免的媒介,实质上仍是一种折价。

1.凭证优惠常用的方式

(1)优惠券促销。优惠券是最古老、使用最广泛,也是最有力的促销工具之一,是企业通过一定的形式向顾客免费赠送、可享受一定价格减让的凭证。优惠券促销除了能达到折价促销的效果外,特别适用于针对不同的目标顾客,并有助于建立品牌忠诚度。但对于消费者不熟悉的品牌,则收效甚微。因此,在新产品上市时,常同时使用优惠券与免费试用,促使那些尝试过某产品并对该产品满意的消费者使用优惠券购买商品,从而实现第一次购买。

(2)代金券促销。代金券是现金替代品,只在一定范围和时间内使用,一般可以用较少的资金购买到面额较大的代金券。无论哪种方式,都无非是向消费者提供即时折扣或延迟折扣。零售商为了吸引消费者往往采取用现金购买代金券的方式,如花 100 买 150、花 200 买 400,代金券仅限一定时间内本商场内限制使用。代金券对消费者具有一定吸引力。

(3)购物返券。购物返券是商家利用顾客贪图小利的消费心理和信息不对称,与顾客进行的一种消费游戏,购物金额达到一定时返还购物券,如"买 300 送 180""买 500 送 200"。购物返券有以下几个特点:①返券使消费者被动接受重复购物;②购物返券提高了消费数量;③返券不找零。

返券消费实际上是消费者进行的临时性消费活动,它受很多非理性的消费动机影响。面对着五花八门的返券活动,消费者们更是绞尽脑汁、费尽体力,盘算着"利益最大化",原本简单的购物,却像是一场复杂的智力与体力的比拼。

相关链接

江苏省明码实价规定

江苏省于 2012 年 1 月 1 日起实行《江苏省明码实价规定》，明确"购物送券促销形式将被禁止"。其中第十二条规定，经营者在促销时开展赠送（包括商品、积分等）活动的，赠送价值不得超过商品价格的 10%，并应当标明赠送品的价格；成交价格按照消费者付款价格减去赠送项目的价值（价格）确定，赠送价值不超过 1% 的除外。经营者开展促销活动时不得赠（返）购物券（包括电子券）。第十三条规定，经营者开展"满即送"或者类似活动，以总的购买金额作为赠送条件的，应当有单价低于活动起点总金额的商品销售。第十四条规定经营者促销活动（包括促销宣传）中给予消费者优惠的商品数量有限的，应当明确标示可供销售（或赠送）的商品数量，不得以"数量有限，售完为止"及类似的方式表示。

（4）以旧换新。以旧换新是利用旧产品或用过的产品包装盒作为优惠凭证进行促销的方式。当产品进入成熟期后，有些企业采用以旧换新的促销策略，鼓励消费者以自己用旧的产品抵一部分现金去购买新产品。以旧换新有利于扩大新产品的销售，促进产品的更新换代，有利于消费者解决旧产品存放的问题，树立节约资源的环保形象。以旧换新比较适合于彩电、冰箱、电脑、高压锅等耐用消费品。除了本品牌的旧产品或产品包装盒，也可以鼓励消费者用竞争对手的旧产品或产品包装盒来换购自己的产品。

案例直击

服装店别具一格的以旧换新促销活动

某品牌服装店打出了以旧换新的促销活动，店面内外四处张贴着宣传海报，上面写着"以任意一条旧牛仔裤换新牛仔裤，折价 30%，回收后的服装统一捐赠给红十字会，用于社会慈善事业"，结果引起了广大媒体的关注。服装店举办"以旧换新"的促销活动，卖点与形式新颖，对顾客让利也才 30%，然后拿顾客的旧衣物捐赠给红十字会又能赢得好名声，兼具了促销性、公益性和新闻性的原则。

2.凭证优惠的评价

(1)凭证优惠的优点。凭证优惠使消费者对减价金额一目了然,有利于消费者进行购买前的计算比较;有利于知名品牌推广新产品、新品种、新口味,或者拓展新的消费群;针对老顾客实施优惠,通过多次分阶段使用凭证优惠促销,可提高消费者购买产品的频率,使其习惯于使用本产品,从而为企业培养忠诚的顾客。

(2)凭证优惠的局限。消费者要在判断产品的优惠额度后才决定是否参与,所以凭证优惠对于新品牌及没有知名度的产品来说,促销效果不佳;优惠券的兑换率很难预测;凭证优惠的本质还是属于价格折让,会在一定程度上损伤品牌形象;和打折让利相比,会增加额外的工作量;个别企业利用优惠券骗售劣质产品,使其信誉度逐步下降。

(三)退费优待

1.退费优待常用的方式

(1)凭证退款。凭证退款是指消费者购买一定数量商品或累计达到一定金额时,企业凭借消费者提供的购买证明退回一定数额的现金的促销方式。虽然企业所退款项并不多,但这种促销方式极具促销力,对吸引消费者试用的效果极佳。适用于医药保健品、美容化妆品、日常生活用品等。这种方式若运用得当,在培养顾客的忠诚度方面具有极神奇的效果,即使是某些季节性强的商品,消费者也会照常购买;也许对顾客仅仅只有百分之几的优惠,却塑造出了企业体贴消费者,又能提供高价值商品的良好形象。对于那些无特殊卖点、市场同质化现象严重、销售缓慢的滞销商品,运用此法最见成效。

凭证退款的表现方式有四种类型,购买单一商品享受退款优惠、重复购买一种商品享受退款优惠、购买同一品牌的不同商品享受退款优惠、购买不同品牌不同商品享受退款优惠。

案例直击

克莱斯勒的退费优待促销策略

退费优待起源于20世纪70年代美国能源危机时期。这一时期美国汽车的销量直线下降,克莱斯勒汽车制造商为了挽救颓势,首先采用了退费优待:当顾客买车时,车价维持不变;但交易达成之后,消费者会得到一张即期的现金支票。这个非常简单的办法挽救了克莱斯勒汽车的销售危机。此后,其他汽车制造商竞相仿效,成为美国汽车业惯用的一种促销工具。

(2)双倍退差。双倍退差是指商家在进行低价格促销时,提出在一定时间、一定范围内的同类型零售企业中,如果同品牌同规格的商品价格低于该商家,则双倍返还价格差。"双倍退差"这种促销方式在国内零售行业的使用由来已久。商家为了树立其超低价格形象,在进行促销时对外宣布保证自己的商品在同一时间本地价格最低,否则,双倍返还差价。由于这种宣传方式能够给消费者留下此处商品最便宜的印象,如果商品买贵了还能够享受退还双倍差价的保证,极易引起消费者的共鸣。

双倍退差的初衷是宣传本店商品整体价格都低于其他卖场,然而这种宣传对于门店的实际运营往往会产生误导,即每种商品都必须低于竞争对手,而任何一家卖场都很难做到全部商品价格最低。"双倍退差"不可提倡,这种方式容易引起连锁零售企业的同业恶性价格竞争,使得商家忽略了卖场整体商品品类组合、商品品种搭配和服务等因素。

2.退费优待的评价

(1)退费优待的优点。退费实际上等于降价,但在表现手法上比降价高出一筹,因为退费是在消费者购买了一段时间之后才给予的,给人的印象是厂商对顾客的一种馈赠,不会引发同行之间竞相降价的"价格战";退款是在交易达成之后经过一段时间才给消费者的,对商家的资金周转也有好处;退费优待的商品能刺激顾客试买试用,这对于争取新的顾客群是有好处的;商家能从顾客寄来或送来的退费申请卡上,了解顾客相关情况,为市场调研和今后开展促销活动提供了宝贵的资料。

(2)退费优待的局限。多数退费优待活动退款金额较小、手续较多,因此消费者参与率较低;有部分消费者会把早已购买的商品的标签撕下,寄给厂商索取退费;大部分退费优待活动促销效果需要经过一段时间才能显现。

相关链接

连锁餐饮企业的优惠促销

优惠是促销的最佳手段之一。连锁餐饮企业的优惠促销包括即时优惠和延期优惠两大类。前者是伴随餐饮购买行为而自动生效的各种优惠,如现场抽奖、现场打折、赠送礼品;而延期优惠则是消费者在下次购买餐饮产品时才能使用和享受的各种优惠。对于这两种方式,连锁餐饮企业经营者应制订不同的促销方案。

(一)即时优惠的形式

通常来说,即时优惠的形式主要有以下几种:

1. 折扣促销

折扣促销是优惠促销最常见的形式。折扣促销能得到众多餐厅的欢迎,就是因为这种方法不但可以根据消费者的消费额多少确定折扣率高低,还可以在餐饮销售的淡季和非营业高峰期间,实行"半价优惠"和"买一送一"等优惠促销活动,以吸引更多的消费者,进而增加销售额。使用折扣促销时,一定要注重突出灵活、新奇的特点,例如推出"用餐付费自摸折扣"活动,充分利用了人们的侥幸心理,这样就能掀起一股消费高潮。

2. 团体用餐优惠

在某些季节内,由于成本因素,餐厅很难对个人消费进行打折,但对团体消费,还是应当采取适当优惠,比如会议就餐、旅游团队包餐。会议和团队就餐通常以每人包价收费,按每个包价多少提供各色菜品。

3. 额外赠送促销

餐厅可以赠送消费者一些小礼品,包括餐后的水果拼盘,带有餐厅标志的打火机、儿童玩具、菜单日历等。这些不仅对儿童有吸引力,大人同样也乐意接受。如果就餐当天,恰巧遇到消费者生日,餐厅可以给过生日的消费者打折或免费赠送蛋糕;对某些特殊的消费者在特殊的节日给予节日优惠,如母亲节给母亲优惠,重阳节给老人半价优惠,儿童节给儿童送免费小点心。

4. 低价套餐促销

可与厨师共同研究设计,将若干种菜品组合成一种套餐,按较低价格出售,以此吸引消费者,增加整体收入。低价套餐一般比较适合周末家庭消费和节假日的消费者消费,这样更能吸引消费者的眼球。

5. 免费品尝促销

当餐厅研发出新的菜品时,可将菜品样品送给某些消费者品尝,以了解他们是否喜欢这种菜品,同时欢迎消费者再次光顾。当新产品和服务得到消费者的认可后,再将其列入菜单。有的餐厅在店中陈列某些新菜尝试点,消费者在购买之前可先品尝,这样既能取得消费者的认可,又能使消费者放心。

(二)延期优惠的形式

延期优惠主要集中于以下两种形式:

1. 积分奖励

对于那些经常前来餐厅就餐的消费者,餐厅可以对他们进行积分奖励。使用这种方法,可以提高消费者对餐厅的忠诚度。餐厅应按照消费额的多少计算消费者的分数,消费者每次在餐厅消费后获得的分数可以累加,形成总积分数。接着餐厅根据消费者积分的多少,制定和实施不同档次的奖励办法,例如,给予较高的折扣优惠、免收服务费、免费消费。

2.发放赠券

可以说,如今利用赠券形式进行优惠促销已经越来越普遍,尤其在营业淡季时,可以更多地采取这种方法。赠券的发放比较灵活,可以在消费者结账时向消费者赠送等价赠券,下次就餐时可按相应币值计算。

三、活动促销工具

活动促销是企业通过举行抽奖、游戏、竞赛等活动,将奖品发给优胜者,扩大企业影响,达到刺激消费者购买的目的。如果将竞赛与抽奖活动和树立企业形象联系起来,效果更佳。活动促销的魅力就在于不是每个参与者都可以得到价值不菲的奖品,但每一位参与者都有机会,因此容易吸引消费者踊跃参与。

(一)抽奖

抽奖是指消费者在购买某种产品或累计购买达到一定数额时,可参与企业事先安排的抽奖活动的促销方法。这是利用人们追求刺激、希望侥幸获奖的心理,来吸引他们积极参加促销活动。抽奖是一种极有效果的促销活动,为消费者提供了获得意外收获的机会,迎合了人们"以小博大"的心理。

1.抽奖促销的常用方式

(1)一次抽奖

即消费者凭借购物发票或者其他凭证,参加抽奖,根据预先设定的方案,中奖者领取奖品。原来购物发票或者凭证参加一次抽奖活动后,就失去抽奖效用,消费者不再享有抽奖的资格。

(2)多次抽奖

即消费者凭借购物发票或者其他凭证,可以多次参加抽奖活动,兼中兼得。这种抽奖活动对于提高品牌的忠诚度具有积极的作用。例如JVC的"震撼促销活动"规定,凡购买任何款JVC产品,即可获得两次中奖机会:一是佳佳奖,赠送特制手表;二是旅游奖。

(3)答题式抽奖

即根据广告宣传作品或者其他介绍材料甚至社会读物,回答企业设计的问卷,所有问题都回答正确的公众,即可凭借问卷编号或者电话号码,参加抽奖活动,中奖后到指定地点领取奖品。

(4)游戏式抽奖

即预先设立某种游戏项目,消费者完成游戏项目后,获得参加抽奖活动的资格,中奖者领取奖品。

(5)连动抽奖

即消费者凭借优惠券、贵宾卡等,自动享有参加抽奖活动的资格。

2.抽奖促销的策划技巧

抽奖的具体形式多种多样,有摇奖、摸奖、转奖、兑奖、刮奖等。为了提高抽奖促销活动的效果,策划时应注意抽奖方案的科学设计,特别注意中奖率、奖品价值的设计。在奖金总额既定的前提下,在法律允许范围内,有两种设计办法:其一降低中奖率,提高单项奖的奖金数额;其二降低单项奖的奖金数额,提高中奖率。这样,抽奖活动对消费者才具有吸引力。一般建议奖项设置两头大,即费用主要分配给一个吸引眼球的大奖和受益群普遍的小奖,中间奖项投入可以较少。另外,需要注意的是,办抽奖活动时,抽奖活动的日期、奖品或奖金、参加资格、如何评选、发奖方式等务必标示清楚,且抽奖过程需公开化,以增强消费者的参与热情和信心。

3.抽奖促销的评价

(1)抽奖的优点。抽奖是以购买为前提的,能够直接促进销售的提升;抽奖的广告容易吸引消费者,加深对产品及品牌的关注和了解,活动本身能产生很好的广告宣传效果;促销奖品的费用比较稳定和容易控制;适当的奖品在一定程度上满足了消费者的情感需求,增进了对品牌形象的认知和好感。

(2)抽奖的局限。抽奖受法律的限制较大,《中华人民共和国反不正当竞争法》《关于禁止有奖销售活动中不正当竞争行为的若干规定》中,明确规定了抽奖单项奖品不得超过5 000元;可能会引起未获奖消费者的不满;活动的组织者尤其应避免由于工作疏忽给企业形象带来负面影响。

案例直击

你买年货我埋单

台湾三阳工业公司曾在春节前以庆祝摩托车销售突破500万台为由,举办了一次名为"你买年货我埋单"的抽奖促销活动,成为轰动台湾商界和媒体的特别新闻。

促销策划案:

主办单位:台湾三阳工业公司

项目三 促销活动方案策划

活动目的：在春节来临之际，制造节日氛围，并给消费者以实惠，以达到促销产品的目的。

活动对象：购买三阳摩托车的顾客。

活动内容：在活动期间，凡是购买了三阳摩托车的顾客，均可获赠1张抽奖券和1件夹克衫。顾客在抽奖券上填好个人材料后，寄回三阳工业公司，即可参加抽奖。中奖人可到指定的远东百货公司超级市场，进行限时5分钟的大搬奖，即中奖人可在超市货架上搬走想要的商品，限时5分钟，搬多少得多少，消费者搬商品而公司买单。

案例评析：

本案例以5分钟的搬奖作为中奖者的奖品，创意新颖，富于戏剧性，不落一般抽奖活动的俗套，引起了新闻媒体的广泛报道，为活动做了免费的广告。这样的奖品不但促销了三阳摩托车，也吸引了大量消费人潮来搬奖现场观看，促销了远东百货公司超市的商品。

这一案例的成功之处主要有以下几点：

1. 抽奖与赠品结合。买三阳摩托车者不但可以得到中奖的机会，而且还可以得到1件夹克衫，使绝大多数没有中奖者得到"安慰"，使他们的失落感得到减缓。

2. 促销时机选择适当。活动期间正值领年终奖，消费者包里有钱；且是春节前夕，很多人想买台新的摩托车过年；另外，一旦中奖，消费者还可以用5分钟搬走需要的年货。此时促销，易收到事半功倍之效。

3. 超市中商品多是日用消费品，价格低，再加上又限时5分钟，所以这是一种刺激大、容易造成轰动效应，但实际成本很低的抽奖活动。

4. 远东百货公司在台湾地区知名度高、商誉好，在各大城市分公司多，方便中奖者就近搬奖。三阳公司在这次活动中找到一个合适的合作伙伴，并节省了费用。

总体而言，这次抽奖活动还是很成功的。最主要的特点就是活动创意新颖，求新求变，使得整个活动充满新鲜感、刺激感、趣味性、轰动性，从而顺利地达到了促销目的。

（二）游戏与竞赛

游戏与竞赛是由企业事先设计好游戏规则或竞赛规则，让消费者通过自身努力来赢得丰厚的奖励。该促销方式利用人们的好胜心、竞争性、自我展示和期望获得好运气的心理需求，把枯燥的商业活动变得丰富多彩。

1. 游戏与竞赛促销的形式

(1)游戏促销。游戏促销是根据人们喜爱游戏的天性而设计的,将简单枯燥的商业促销活动变得丰富多彩、妙趣横生,吸引消费者的关注,提升顾客参与的积极性,加强品牌的亲和力,加深顾客对品牌的印象,并有利于对特定目标消费群的促销。

游戏促销虽然能够吸引消费者的眼球,但是浪费较大,因为并不是所有人都对游戏感兴趣,或有些消费者可能对商家的游戏感兴趣,却缺乏耐心,懒得去一一收集,这样就使得商家精心设计的游戏失去了作用,那些作为游戏道具的刮刮卡、拼图、寻宝图、藏宝图等也被白白浪费了。游戏促销比较适合有一定知名度的品牌和产品,适合于针对儿童和青少年的产品。

(2)竞赛促销。竞赛促销是以某种特殊技能为比赛主题,邀请消费者亲身参与,展示他们的才华和技能,最后由企业对比赛的优胜者进行奖励。竞赛功能在于寻求顾客的自主参与性,以提高消费者对企业和商品的好感,能够有效地帮助企业推介新产品,提升企业和品牌形象。同时,举办这种形式的活动,企业需要通过各种媒介进行广泛宣传,影响比较大。

①征集与有奖问答竞赛,即竞赛的发动者通过征集活动或有奖问答活动吸引消费者参与的一种促销方式。促销竞赛,是才华加参与并获得消费利益的活动。最终获得竞赛成功的消费者,必是比赛中的佼佼者,如广告语征集、商标设计征集、作文竞赛、译名竞赛。有奖征集的目的是树立企业良好的社会形象,扩大产品和品牌的知名度,培育潜在市场,而不是仅仅追求短期销售额的增长。

②竞猜比赛,即竞赛的发动者通过举办对某一结局的竞猜以吸引顾客参与的一种促销方式,如体育获胜竞猜、自然现象竞猜、揭迷竞猜。

③优胜选拔比赛,即竞赛的发动者通过举办某一形式的比赛,吸引爱好者参与,最后选拔出优胜者的促销方式,如选美比赛、健美大赛、选星大赛、形象代言人选拔赛。

2.游戏与竞赛促销的评价

(1)游戏与竞赛促销的优点。以游戏与竞赛为主题的促销活动能够加深广大消费者对品牌的印象,帮助产品制造差异化,有利于扩大品牌知名度,塑造品牌亲和力,提升企业和品牌的社会形象;有利于对特定目标消费群进行广告宣传和产品促销;随着活动的开展和顾客的热烈响应,烘托了购物现场的气氛,从而带动促销产品和其他产品销售量的增加。

(2)游戏与竞赛促销的局限。游戏与竞赛如果参与度不高,则较难引起普遍关注;活动费用较高,无论是活动之前、活动现场、活动结束后都需要大量的广告宣传,所需的场地、人员组织等开支较大;由于活动涉及众多消费者同时参与,对活动方案设计和组织控制的要求较高;活动对提升销售帮助有限,参加活动的对象并不一定是真正的目标消费者;对活动的效果事先较难评估,风险性大。

四、组合促销工具

(一)会员制促销

在当前激烈的市场竞争环境下,连锁企业竞争的焦点已经转向对客户的争夺,赢得客户、留住客户已经成为连锁企业经营战略的关键,会员制实现了客户价值最大化。会员制是一种最能体现长期效果的促销方式,其主要目的是留住老顾客。

1.会员制的含义

会员制是企业以某种利益或服务为主题,将消费者(个人或团体)组成一个俱乐部式的团体,对其开展一系列宣传、销售等营销活动的营业推广方式。其目的是提高顾客的忠诚度和满意度,从而提高销售额。

会员制促销一般通过会员卡来实现。消费者获得会员卡一般有四种途径:免费赠送、顾客购买、一次性消费达到特定金额后赠送、累计消费达到一定金额后赠送。

相关链接

会员制在中国的启蒙

会员制发源于英国,兴盛于美国。

最早在我国兴起会员制营业推广模式的企业,应该要算走进国门的外资零售巨头——沃尔玛、吉之岛、普尔斯马特等。1996年,沃尔玛在中国的第一家会员店——深圳山姆会员店开业;1996年,吉之岛在广州开设第一家购物超市;1997年,普尔斯马特在中国的第一家会员商店在北京开业。它们所使用的会员制促销方式,在当时的消费市场激起千层巨浪,也引发了零售业的一场销售革命。它们运用会员制不仅有效笼络了消费者,而且打开了市场,给外国企业上了生动的一课。

2.会员制的模式

会员制的模式包括独立积分模式、积分计划联盟模式、联名卡模式和会员俱乐部模式等。

(1)独立积分模式。独立积分模式是指门店仅为消费者对自己的商品和服务的消费行为和推荐行为提供积分。在一定的时间段内,根据消费者的积分额度,提供不同级别的奖励。这是一般零售门店采用最多的会员制模式之一。在积分模式中,能否建立一个适合目标消费群体的奖励平台是关键。很多超市和百货商店发放给顾客的各种优惠卡、折扣卡都属于这种独立积分模式。

相关链接

会员卡"积分换礼品"形同虚设

为了吸引顾客消费、提高顾客忠诚度,会员卡已经成为目前商家的一大营销法宝,渗透到了衣食住行的各个领域。会员卡在吸引消费者的同时,也因为部分商家管理混乱、实惠少等问题受人诟病。

据调查,就会员卡积分兑换,在不少消费者看来就形同虚设:好礼品门槛之高,让消费者望尘莫及;能兑换到的礼品又甚是"鸡肋",都不值得上门去取。

例如,某油卡公司近5 000积分,只能兑换微型阅读灯或劳保手套或简装的小工具套装等,8 000积分可兑换帆布质地的便携式水桶,12 000分能换两条纯棉毛巾,而且积分年底会被清零,清零前夕不会主动提醒消费者,另外,兑换需到指定地点。

在招商银行信用卡积分兑换网页,热门兑换产品排行显示,电吹风、面包机、毛巾、玻璃杯等都比较受消费者喜爱。但要获得这些兑换品,门槛也不低。一个市场参考价159元的电吹风,需要4 900积分才能兑换,按照积分规则,卡主需要消费98 000元以上。一个市场参考价599元的面包机,则要19 650积分,需要卡主消费近40万元。

(2)积分计划联盟模式。联盟积分是指众多的零售门店合作伙伴使用同一个积分系统,消费者凭一张卡就可以在不同商家或门店积分,并尽快获得奖励。与上述独立积分模式相比较,联盟积分更有效、更经济、更具有吸引力。门店是选择单独推出积分计划还是选择加入联盟网络,是由零售企业产品特性和企业本身的特点决定的。若企业的目标客户基数并不是很大,且主要通过提高消费者的"钱包占有率"、最大限度地发掘消费者的购买潜力来提高企业的利润,则独立积分卡较合适;联盟积分则主要是通过互相提供物流、产品、消费者资料等方面的支持,降低企业风险,使企业能获得更多的新的顾客资源。

(3)联名卡模式。联名卡是非金融性的营利性机构(如零售门店)与银行合作发行的信用卡,其主要目的是增加门店传统的销售业务量。与前述积分计划和联盟模式的不同点在于联名卡首先是信用卡,发卡行对联名卡的信贷批准方式与一般的普通信用卡很接近,它们的运营和风险管理也有许多相通之处。

案例直击

中国建设银行推出携程联名卡

2012年9月,中国建设银行与携程旅行网合作,推出世界旅行信用卡。世界旅行信用卡主要面向中高端商旅人群发行,属于商旅类信用卡产品,满足商务出差、度假旅游和出国留学的中高端客户的用卡需求。

据了解,持卡人可以通过世界旅行信用卡在携程预订机票、酒店;刷卡消费可累积为旅行基金,今后可在携程购买机票、度假产品时使用。同时,持卡人可在携程以优惠价格预订酒店、机票、度假路线和全国多个城市的"代驾租车"等服务,刷卡购买机票或支付含机票的旅费还将获赠高额航空意外险、航班延误险、行李延误险以及境外刷卡失卡保障。

通过以上了解,中国建设银行携程旅行卡是非常适合商务人士和经常外出旅游的人士,办理中国建设银行携程旅行卡能给持卡人带来更高端便利的服务。

(4)会员俱乐部模式。连锁门店顾客群相对集中,单个消费者创造的利润相对较高,而且与消费者保持密切的联系非常有利于门店销售的扩展。因此,门店往往会采取俱乐部模式和消费者进行更加深入的交流,这种模式比单纯的积分模式更加易于沟通,能赋予消费者更多的情感因素。比如2009年8月,中百集团在旗下中百仓储大洲店设立的中百会员俱乐部诞生,这是武汉首家建立会员俱乐部的超市。会员们可以兑换积分、换购商品、向超市反映自己的需求等。据中百集团方面介绍,该集团会员消费占到整体消费40%以上。

案例直击

宜家家居推出俱乐部会员制

2007年3月16日,全新的 IKEA FAMILY 宜家俱乐部会员店在广州隆重开张。只要申请成为俱乐部会员,消费者就能享受到宜家俱乐部会员的专属待遇。

全新开张的宜家俱乐部会员店约75万平方米,为消费者带来更多家居乐趣。在这里,会员可以真正感受到 IKEA FAMILY 宜家俱乐部就是家居爱好者的"家",消费者可以轻轻松松地享受和家人一起度过的美好生活。在全新开张的宜家俱乐部会员店,消费者可以发现这里的产品种类远远超出传统宜家家居商品的种类:宜家品牌的沐浴露、润肤露、磨砂浴液、设计感和实用性兼具的旅行拉杆箱及电脑包系列,还有各种意想不到的贴心产品,都是由宜家瑞典设计师为宜家会员精心打造,充分地展示了宜家"关爱自己,呵护家人"的理念,会员们可用比标价平均低30%的优惠价格购买。

宜家家居负责人介绍,"宜家家居一直倡导生活从家开始,为大众创造更美好的日常生活,此次广州店推出的宜家俱乐部服务,是针对那些热爱家居生活,喜欢宜家的顾客推出的;俱乐部根据顾客的需求,提供更有针对性的优惠、服务、知识和信息,这都是宜家为回馈消费者对传统服务的升级"。

除了能享受到额外的产品优惠外,宜家俱乐部会员还享有众多专属的"特权":率先掌握店内最新消息,并在不同的季节陆续收到宜家美好家居指南系列,了解每个月不同的会员价产品;持会员卡可在宜家餐厅和咖啡厅享受特殊的优惠,还可免费参加特别为会员推出的家居装饰课堂,享受专业的家居布置指导;更可喜的是,这种尊享的会员待遇能在全球任何一家宜家店内享受到。

3. 会员制促销的评价

(1) 会员制促销的优点。为企业培养了一大批忠实的顾客,建立了一个长期、稳定的市场,这是会员制最主要的优点;会员交纳的会费数额可观;会员制不但可以稳定现有顾客,还可以开发新顾客;会员制可以促进企业与顾客的双向交流,采用会员制,一方面,企业可有更多的机会及时了解消费者需求的变化,另一方面,消费者也可以通过会员俱乐部发行的商品信息资料及时了解商品信息和商家动态,有针对性地选购商品;有利于竞争。

(2)会员制的局限。成本费用较高,为推行会员制,企业须投入大量资金,以建立完整的数据系统和购买终端设备;促销效果难以预计,会员制的促销效果究竟如何,需要一段时间后才能知道,如果会员没有发展到一定的数量,或会员持卡购物的频率很低,就可能得不偿失;会员制促销回报速度较慢。

(二)联合促销

联合促销,是指两家或两家以上的公司或品牌合作开展的促销活动。在市场资源共享、互惠互利的基础上,共同运用某一种或几种促销手段进行促销活动,以达到在竞争激烈的市场环境中优势互补、调节冲突、降低消耗、最大限度利用销售资源为企业赢得更多利益的目标。这种方式的最大好处是可以使联合体内的各成员以较少费用获得较好的营销效果,有时还能达到单独营销无法达到的目的。

1.联合促销的原则

(1)合作双方应互利互惠。互惠互利是联合促销最基本的原则,只有合作各方都能得到好处,联合促销才能顺利进行。开展联合促销时,在联合促销的各方中,往往有一方是主办方,该企业在设计活动方案时,应充分顾及其他参与者的利益。

案例直击

最好吃的咖喱饭

日本工商大臣小林一山,曾在一家百货公司当总经理。他让秘书到全市调查并亲自品尝,看看哪家饭馆的咖喱饭味道最好。然后他把饭馆老板请来,商量在百货公司开辟一处地方卖咖喱饭,价格比市场上低四成,这四成由百货公司负责给老板补上,饭馆老板当然乐意。全市味道最好的咖喱饭,又比别处便宜四成,结果引来了大量顾客。顾客吃完饭就要逛商场,逛商场就要买东西,一年下来商场营业额比上一年增加了5倍,饭馆营业额增加了几十倍。

(2)合作双方目标市场要相同或相近。联合双方要有基本一致的目标消费群体、基本一致的产品定位、基本一致的品牌形象,只有这样才容易得到立项的效果,才能以较少的资源取得较大的利润。

案例直击

美国 MCI 电话公司与美国西北航空公司的联合促销

凡是打 MCI 长途电话的客户,每 1 美元话费,即给予 5 里航程的积点,凡积点达 20 000 里的消费者,西北航空公司即赠送国内任何航程的往返机票中的 1 张。当然,MCI 公司要另给西北航空公司一些补偿。

(3)合作双方要优势互补。参加联合促销的各方应能充分发挥各自的优势,形成优势互补,并通过联合促销分摊促销费用,从而大大降低了各方的促销费用。如果一种新产品借助一知名品牌进行联合促销,则可以大大提高新产品被市场接纳的速度。

案例直击

ofo 共享单车与士力架的联合促销

2017 年 10 月,ofo 携手士力架推出"饿货专享单车"。这种士力架专属的小黄车登陆天津、成都。此外,在北京、上海、成都、福州、广东使用 ofo 小黄车的用户,有可能在骑行结束时收到一条免费士力架。

这次联合促销,ofo 对于士力架就是一个移动的广告牌。士力架对于 ofo 就是一个"买一送一"(骑 ofo,就有可能免费吃到士力架)的促销广告。双方优势互补,各自发挥自己的优势,降低双方的促销费用。

(4)合作双方的形象要一致。选择联合对象要考虑对方市场形象的问题。企业树立自己的市场形象并不容易,一旦合作伙伴选择不当,就可能损害甚至破坏自己的市场形象,得不偿失。选择一个拥有良好市场形象的合作伙伴,会起到完善自身市场形象的作用。联合促销最好是知名企业、知名品牌之间的强强联合,如果是强弱联合或弱弱联合,这种联合有可能起反作用。

2.联合促销的几种常见形式

(1)不同企业间的横向联合促销。两家企业产品不存在直接的竞争关系,可以是同属某一行业,或是不同的行业,两家公司在市场拓展方面存在着很多可以整合的空间,在渠道与促销上,通过整合营销能产生 $1+1>2$ 的效应。优势品牌的联合也开始成为品牌成长的新趋势。

项目三 促销活动方案策划

案例直击

"小天鹅—碧浪"洗衣房联合促销活动

"小天鹅"与"碧浪"在许多大专院校开办了"小天鹅—碧浪"洗衣房。在"碧浪"洗衣粉的包装上写着:"推荐一流产品小天鹅洗衣机";"小天鹅"在销售时,则赠送"碧浪"洗衣粉给顾客试用。由于"小天鹅"与"碧浪"都是名牌产品,双方不存在竞争关系,这种不同行业企业的联合促销能产生名牌叠加效应,达到双赢目的。

(2)制造商和经销商间的纵向联合促销。这种纵向联合促销又称为垂直的联合促销,是指制造商和经销商共同进行促销,建立紧密的伙伴关系。此种促销方式最大的优点是两者目标市场十分一致,同一产品销量的增加对双方都有利,而较易找到合作伙伴。其促销形式包括合作广告,由经销商发布广告,制造商给予一定金额的补贴;陪同销售,制造商派销售人员协助经销商销售;提供销售工具,制造商为经销商提供样品、POP等。

(3)同一企业的不同品牌间的联合促销。同一企业不同品牌的联合促销,也能达到单一品牌促销无法达到的效果。如上海太太乐调味食品有限公司曾推出多品牌联合促销活动:消费者购买"太太乐"鸡精、宴会酱油、任选两款调味包、一个礼品袋,一共只需花10元钱。这些商品原售价约为19元,接近50%的折价优惠。这种同一企业不同品牌的联合促销,可以用来搭卖滞销商品,比单一品牌折价促销效果更好。

3.联合促销的评价

(1)联合促销的优点。投入少,收效大,联合促销的成本费用由各合作方分摊,降低了各合作方的营销投入,却可能收到更好的效果;获得单独促销无法达到的效果;借合作方产品的知名度为自己增加新的消费者群体;与强势品牌联合营销的弱势品牌可借对方的知名度带动自己品牌产品的销售。有的厂家把自己滞销品牌的折价券放进畅销品牌产品的包装中或包装上发送给消费者;还有的西方超市在收银机的账单纸带反面印上另一家生意萧条的电影院购买电影票的折价券,不但促销了电影票,对超市的销售也有一定好处。当然,弱势品牌要想搭强势品牌的便车往往需要满足对方的一定条件。

(2)联合促销的局限。联合各方所承担的费用难以商定,利益冲突较难摆平,相互关系较难处理,无论是按产品项目、成交数额,还是按企业规模、企业利益等分配，要体现公平合理都不容易；行动难以统一，促销活动的时间、地点、内容和方式较难统一，各方都希望选取对自己最有利的活动时间、地点、内容和方式；突出自己的品牌有一定困难，在联合促销活动中，广告宣传需顾及合作各方的利益，各品牌之间的形象可能会互相影响，要突出本企业或本企业产品的特色，有一定困难。

案例直击

"可口可乐"妙趣红包，吃喝玩乐在其中

春节期间，"可口可乐"曾展开了号称上海有史以来的特大型多重组合联合促销活动。联合厂商达10多家，真可谓一次"浩浩荡荡"的联合促销。促销不仅给过节的人们带来了一次不小的惊喜，也使包括"可口可乐"在内的十几家厂商获得了不小的收获。

促销策划案：

主办单位：可口可乐中国有限公司

活动目的：利用新年这一中华民族的传统节日在人们心目中的地位，通过营造一种节日喜悦的气氛，为上海的可口可乐的消费者提供新年礼物，从而达到促销的目的。

活动对象：上海地区的消费者

活动内容：消费者只要购买可口可乐旗下饮料达到规定数量，即可获赠红包1个及贺年礼品1份。礼品包括"奇巧"巧克力，或"酷极"糖果，或"台丰"花生或瓜子。

红包中印有幸运号码，可参加每周连环大抽奖，赢取现金压岁钱。最高为5 000元。另外，在此红包中还有至少7张优惠券，涵盖吃、穿、玩、乐等多种休闲娱乐项目，如卡丁车游戏券、四驱车游戏券、游乐园门票。

随后，活动进一步举行，主题改为"吃喝玩乐送不停"，并将购买标准降低一半。兑奖凭证也由收集外箱包装改为收集产品包装，礼品内容改为轻便相架或记事本或彩绘玻璃杯，红包内优惠券由原来的至少7张改为4张，凭红包号码可以继续抽奖。

案例评析：新春佳节是中国老百姓一年中合家团聚、享受快乐时光的节日，也是商家进行促销的最佳时机。可口可乐公司联合10多家公司共同开展的这场颇具规模的大型促销活动，奖品非常具有节日特色，吃喝玩乐一应俱全，商家为老百姓欢度节日的考虑可谓周到。

本次活动的主办者号称在前 6 周内将送出 1.6 亿元的奖品,实际上经过专家计算,真正用于抽奖的投资大大低于这一数字,即大多数的奖项都必须在消费者再消费以后才能得到。

因为这么多的赠送,实质都是各种"消费"的优惠券,消费者要得到"好处"就必须不断地进行消费,从而也使商家获得可观的销售收入。但这种再消费是否真能受到消费者的欢迎将是"联合促销"能否成功的关键。

不过,一种产品的优惠券不一定能满足众多消费者的口味,而本例中可口可乐公司采取的联合促销行为为消费者提供了 10 种以上的选择,增加了消费者选择的余地,相对来说就提升了这次活动的价值,这也是此次活动能够成功的关键。

(三)现场演示

现场演示是利用销售现场进行产品的操作表演,突出产品的优点,显示和证实产品的性能和质量来刺激消费者购买欲望的一种促销方式。

1.适合现场演示的商品的特点

(1)效果明显。榨汁机、按摩棒、吸尘器等产品功能单一、操作简单、功能诉求性强。在现场演示中能将主要功能展示出来,效果非常明显,能让客户立刻清晰地看到产品的利益点。例如,飞利浦新推出的高档防水剃须刀,通过"水浸泡"演示,防水卖点尽显无遗。朗德公司的推销员在推销剃须刀时拿桃子开刀,将桃子表面毛茸茸的细毛剃干净,又不伤及软软的桃皮,这一演示带有戏剧性,十分引人入胜,因此现场演示的效果立等可见。

(2)卖点独特。演示商品与同类商品相比,如果没有更新的功能特点,一般就不要为了演示而演示。只有更新、更为独特的卖点,才能激发客户的购买欲望。某品牌吸尘器为演示其强劲吸力,利用一个高达 2 米的水管,将水在瞬间提吸起 1.5 米至 1.8 米高,一下子抓住了客户的心。又如某品牌净化器为演示其高效的活性炭、HEPA 过滤性能,专门设计了一个密封的透明箱体,将点燃的香烟塞入孔内。不大一会儿箱体内烟雾腾腾,警示红灯亮起,表示室内"空气混浊"。现场演示人员启动"过滤"按钮,十分钟后,烟雾渐渐消失得无影无踪,绿灯亮了,室内空气又正常了。

2.现场演示的评价

(1)现场演示的优点。现场演示特别适合新产品推出和使用起来比较复杂的产品。现在现场演示的产品种类越来越多,有蒸汽熨斗、食品加工机、清洁工具和保健用品等,可以大量节约产品的广告费用,并使顾客直接接触产品,得到感性认识。

现场演示可以创造良好的现场气氛。现场演示对于吸引客户、聚集人气、创造良好的气氛是一个行之有效的办法。叫卖必须声音洪亮、用语简单明了。洪亮的叫卖声可以增强演示员的销售信心,鼓舞士气,形成卖场内的竞争,有利于卖场销售的整体走强。卖场在维持正常销售秩序的前提下,应允许此类叫卖展示,此外,还可利用条幅、吊旗、堆码、电视等辅助销售工具,进行现场气氛的渲染布置。

(2)现场演示的局限。现场演示通常在特定的场所、特定的时间进行,所能吸引的目标顾客有限,且对于不爱凑热闹的顾客没有吸引力。

任务四 促销组合设计

任务分析

所谓促销组合,是一种组织促销活动的策略思路,主张企业运用广告、人员推销、公关关系、营业推广四种基本促销方式组合成一个策略系统,使企业的全部促销活动互相配合、协调一致,最大限度地发挥整体效果,从而顺利实现企业目标。而促销组合设计则是通过恰当地运用以上四种方式的组合,在合适的时机结合企业的营销策略来达到企业销售产品和服务的最终目标。

相关知识

一、促销组合的构成要素

连锁企业促销组合,是指连锁企业根据促销的需要,对广告、营业推广、公共关系与人员推销等各种促销方式进行适当的选择。从促销的历史发展过程看,企业最先划分出人员推销职能,其次是广告,再次是营业推广,最后是公共关系。

(一)营业推广

营业推广,也称为销售促进(sales promotion,简称SP),是指为刺激早期需求或激发较强的市场反应而采取的能够迅速产生鼓励购买作用的促销手段,是市场竞争过程中的一把利剑。

从全球的广告与营业推广对比中看,营业推广费用的增长率至少比广告费用的增长率高出三个百分点。以美国为例,1980年的营业推广费用为490亿美元,到了1986年其费用已达1 020亿美元,营业推广与广告的费用之比约为64∶36。到了1991年,营业推广费用更占整个市场推广费用的3/4,即75%左右。

营业推广的基本特征有以下几点:短程考虑,有限定时间和空间;注重的是行动;工具多样性;在一定时间内向购买者提供激励;见效快。

营业推广能加速产品进入市场的进程;能说服消费者再次购买,建立消费习惯;能增加产品消费,提高销售额;能有效抵御竞品的促销;能带动相关产品的销售。但是我们也应该注意,单靠营业推广不能建立品牌忠诚度;不能挽回商品衰退的销售趋势;不能改变消费者不接受的商品的命运。

营业推广见效快但运用不当也会产生负效应,可能会降低品牌忠诚度、提高价格敏感度;可能得不到中间商的充分支持;也有可能会导致管理者只重视短期效益。

营业推广是卖场最重要的促销方式,其具体的方法多种多样,但不管选择何种方法都应考虑以下四个问题:

① 刺激的规模:即确定促销预算,并估计该促销预算应有多少新增的销售量来弥补才能保本;

② 参加者的条件:即确定享受促销优惠的对象,如只对送回瓶盖的顾客赠予奖品;

③ 促销信息的传播途径:即如何将促销信息传达到促销对象,如放在包装内,在超市里或店外分发,邮寄或附在广告媒体上;

④ 促销时间:即不能太短也不能太长。

(二)人员推销

人员促销是通过推销员口头宣传说服顾客来实现商品销售的一种直接促销方式。人员促销的特点是推销员与顾客能进行双向沟通,其促销效果与促销人员的推销技巧密切相关。对于实施开架销售的超市来说店员一般不必主动地进行人员促销,这样做反而会影响顾客的自主选购。然而店员也必须向顾客提供必要的帮助和指导,并适当地与顾客进行友好的交谈,即要求店员以服务与沟通为手段来达到促销的目的。

(三)广告促销

广告促销是运用各种广告媒体向消费者传递消费信息以促进销售的一种直接促销方式。广告促销的特点:企业单方面向消费者传递信息,属单向沟通,所以称之为"拉式策略"。广告媒体有:电视、电台、报纸、杂志、招牌、看板、路牌、招贴、交通工具、灯光、橱窗、包装、店内POP、口头宣传或店内广播、演示、可视幕墙、网络、红布条、海报、DM等。

规模较大的连锁超市可以考虑采用四大广告媒体,但对规模较小的连锁超市来说最常用的广告媒体是:宣传单、招牌、看板、灯光、海报、红布条等。以促销主题来划分：

① 开业促销常用的媒体是：报纸、宣传单、电台、交通工具、户外红布条、海报、POP、店内广播、新闻稿；

② 年庆促销常用的媒体是：报纸、宣传单、DM、海报、红布条、POP、店内广播；

③ 例行性促销常用的媒体是：宣传单、DM、海报、红布条、店内广播；

④ 竞争性促销所用媒体与例行性促销相同。

(四)公共关系

公共关系(public relation,简称PR)是指连锁企业为改善与社会公众的关系,促进公众对组织的认识、理解及支持,达到树立良好组织形象、促进商品销售目的而从事的一系列公共活动。它本意是社会组织、集体或个人必须与其周围的各种内部、外部公众建立良好的关系。它是一种状态,任何一个企业或个人都处于某种公共关系状态之中。它又是一种活动,当一个工商企业或个人有意识地、自觉地采取措施去改善和维持自己的公共关系状态时,就是在从事公共关系活动。

作为公共关系主体长期发展战略组合的一部分,公共关系的含义是指这种管理职能：评估社会公众的态度,确认与公众利益相符合的个人或组织的政策与程序,拟定并执行各种行动方案,提高主体的知名度和美誉度,改善形象,争取相关公众的理解与接受。

二、影响促销组合的因素

一般来讲,连锁企业在将促销预算分配到各种促销工具时或在确定促销组合时,需要考虑以下的一些因素：

(一)产品类型

产品类型,主要是指产品是消费品还是产业用品。从现代市场营销发展史来看,消费品与产业用品的促销组合是有区别的。广告一直是消费品的主要促销工具,而人员推销则是产业用品的主要促销方式。营业推广在这两类市场上具有同等程度的重要性。

(二)促销目标

确定最佳促销组合,还需要考虑促销目标。相同的促销工具用于不同的促销目标,其成本效益会有所不同。例如,尽管经营产业用品的企业花在人员推销的钱远远高于广告费用支出,但是所有促销目标都靠人员推销一种促销工具去实现也是不切实际的。

(三)产品生命周期阶段

在产品生命周期的不同阶段,促销组合效果也有所不同(见表3-8)。在产品生命周期的导入期和成熟期,促销是一个十分重要的市场营销组合因素。这是由于新产品初上市时消费者对其不认识、不了解,必须通过促销活动来吸引广大消费者的注意力。

表3-8 产品生命周期各阶段的促销组合手段

阶段	导入期	成长期	成熟期	衰退期
促销目标	打开知名度	培育品牌忠诚度	保持品牌忠诚度	不亏损
促销手段	公共关系 广告 营业推广	广告 公共关系 人员推销	营业推广 少量广告	少量广告 营业推广
促销侧重点	说明 介绍 示范 诱导	说服 劝说 诱导	提醒 优惠折扣	新老产品对比

1.产品导入期

当产品处于产品生命周期的导入期时,需要提高知名度。采用广告和公关宣传方式可以获得最佳效果,同时开展规模较大的以激励消费者试用为目的的营业推广活动。

2.产品成长期

在产品成长期,企业的促销目标应有一个战略性的转变,促销重点应从一般性的介绍转向着重宣传企业产品的特色,树立品牌形象,使消费者逐渐形成对本企业产品的偏好。因此,在这一阶段,广告或公关活动就担负着提升品牌知名度与美誉度的任务。如果企业想继续提高市场占有率,就必须加强原来的促销工作。如果企业想取得更多利润,则宜用人员推销来取代广告和营业推广的主导地位,以降低成本费用。

3.产品成熟期

在成熟期,竞争对手日益增多,为了与竞争对手相抗衡,保持已有的市场占有率,企业必须增加促销费用,但一般会削减广告预算。因为在此时期大多数目标顾客已经对产品有所了解,而营业推广手段又逐渐起着重要的作用。在这一阶段可能发现了现有产品的新用途,或推出了改良产品。在这种情况下，加强促销能促使顾客了解产品，诱发购买兴趣。运用赠品等促销工具比单纯的广告活动更为有效，因为这时的顾客只需提醒式广告即可。在产品成熟期，营销费用可适当降低，广告的投入比例减少，只做维持性的宣传，而营业推广比重增大，以帮助企业直接获得销售额与利润。

4. 产品衰退期

在衰退期，企业应把促销规模降到最低限度，以保证足够的利润收入。在这一阶段，广告仅仅起到提示作用，如果可以，用少量广告活动来保持顾客的记忆即可。公关宣传活动可以全面停止，人员推销可以缩至最小规模。营业推广可能是唯一的最有效的工具，以最低的费用促使销售达成。

由上可知，在产品的整个生命周期中，企业所应采取的促销组合依各个阶段的不同而有所不同。总的来看，在引入期和成熟期，促销活动十分重要；而在成长期和衰退期，则可以降低促销费用的支出，缩小促销规模，以保证足够的利润收入。

相关链接

整合促销方式的意义

连锁企业根据促销目的的不同，可以选择不同的促销方式组合，以增加企业的销售额，提高企业知名度。

序号	促销目的	促销方式整合
1	提高客单价	①抽奖：单张购物小票满88元可抽奖 ②优惠购买：满60元加1元可换购A商品 ③主题商品陈列 ④高单价商品促销：家电、服装、纺织品 ⑤量贩包装商品促销：整箱啤酒、整箱水果、果篮 ⑥重视大宗客户 ⑦高单价的促销品陈列在较好位置
2	提升客流量	①商圈内潜在顾客的挖掘 　a. 对忠诚顾客的鼓励：集点优待 　b. 会员制 　c. 购物班车 ②商圈外潜在顾客的争取 　a. 宣传手段：报纸广告、电视广告等 　b. 服务项目的增加：对有车一族的服务 　c. 特色经营：生鲜特色、无糖食品专柜

续表

序号	促销目的	促销方式整合
3	提升毛利	①将高毛利商品放在显著促销陈列位置上 ②将不敏感商品与敏感商品合并做均一价 ③多运用一次性促销单品
4	引导消费,创造新销售	① 新颖独特的售卖方式 ② 促销导购的现场讲解
5	稳固忠诚度 (情感营销,客户关系管理)	①会员制 ②重点客户回访 ③幸运顾客抽奖(旅游、奖金) ④集齐全年海报者重奖 ⑤征文:我与×××超市 ⑥集点优待 ⑦让顾客参与经营:荣誉顾客监督 ⑧顾客意见跟进及公布
6	提高美誉度 (公关营销,管理制胜)	①关注质量"天天'3·15'" ②顾客恳谈会 ③参与社会活动(关注弱势人群:孤寡老人、孤儿、残疾人等) ④提高服务质量(如强调退换货的方便) ⑤活动营销(超市之星评选活动) ⑥内部管理局部公开(由顾客评选优秀员工) ⑦企业文化的社会宣传 ⑧环保商品展、节能商品展、公益活动
7	打击竞争对手	①研究竞争对手:发现它的软肋,把它的薄弱环节作为你的强项,进行情报分析 ②阻击战:提前进行同样主题的促销、价格更低、活动更多、免费购物班车 ③侧面包抄:延长营业时间、提供更好的服务、美化卖场布局 ④上游断流:加强与供应商的合作关系,买断供应商的某个A类单品做促销 ⑤随时等待机会:事件营销
8	扩大知名度	①新颖的创意 ②大型的活动 ③广泛的宣传 ④事件营销(甚至制造事件) ⑤公关活动 ⑥连续不断的促销

续表

序号	促销目的	促销方式整合
9	加强和合作伙伴的关系（争取更多的资源）	①厂商周 ②联合促销 ③包销某一产品 ④独家售卖
10	解决自身问题	①新品上市，扩大市场份额 ②库存积压商品的处理 ③临期、破损商品的处理
11	建立差异化（人无我有，个性化）	①西方食品节 ②红酒节 ③独家售卖商品展 ④有机食品展
12	建立价格形象	①全品类折扣 ②加一元多一件 ③第二件半价
13	提供附加价值/增值服务	①以旧换新 ②超值赠品（关联性） ③免费送货 ④试用装 ⑤上门服务

项目四　促销宣传方案设计

学习目标

◆ 知识目标

通过本项目学习,你应该:

1. 了解大众媒介及小众媒介传播的特点;
2. 掌握公关宣传的操作要点及注意事项;
3. 掌握门店促销氛围营造的手段及展示方法。

◆ 技能目标

通过本项目学习,你应该:

能够撰写一份完整的促销宣传方案策划书。

项目简介

1. 项目意义

促销活动方案制订后,必须要研究通过什么宣传方式让促销对象来参与,才能达到理想的效果。连锁企业要根据促销对象以及每一种宣传方式的成本和效率来选择促销宣传方式,制订促销宣传方案。

2. 项目内容

以连锁企业(包括连锁卖场、连锁经济型酒店、连锁餐饮等)的促销方案为依据,结合企业的实际情况,在对企业各连锁门店调研的基础上,选择恰当的宣传方式。

根据连锁企业年度促销方案的内容,该项目划分为广告宣传、公关宣传、门店氛围营造3个任务。

3.项目要求

学生自由组成小组,每组4~6人。以小组为单位,在前期促销活动方案策划基础上,明确项目内容,设计促销宣传方案。要求在教师指导下,每个小组能够独立完成本次实训项目。

4.项目成果

在项目学习之后,学生需要根据所学知识提交一份连锁企业促销活动宣传方案,包括宣传主题设计、宣传计划制订、宣传方式选择及宣传预算编制。

项目解析

促销宣传为公众购买决策的制定提供了参考,它是市场运转的重要力量之一,也是促销计划实施的重要环节。促销宣传在于促使潜在购买者成为实际的特定购买者。为了使促销宣传能够更为有效,我们就必须了解那些与促销计划关系最为密切的因素,具体内容包括:宣传对象的消费倾向;促销宣传所采用的传媒方式及对受众的实际影响力;以往推销的产品的反馈信息;促销宣传对象的实际购买力;门店促销活动氛围营造等等。以上我们只是简单地提到了一些条件,实际工作中的情形远比这些复杂。在了解促销宣传工作是否满足了这些条件之后,实际上也就已经对促销宣传效果有了一个大概的底数。基于实际的促销宣传工作的深入程度,可以把促销宣传分为两种:

(1)前导性促销宣传。也称渗透性促销宣传。这是基于市场细分程度较浅、宣传所针对的受众群较为模糊情况采用的一种促销宣传方法。这种宣传通常采取博览会、展销会、电视片、广告或小册子等方式。这类方法通常不需要做非常详细的受众调查,而只是在大概估计的基础上,把自己所推销的产品之特色和优点向公众做一般性介绍。当然,这种方法难以事先对其效果做大概评估。虽然如此,这种方法仍是必要的,因而应用也最为广泛。但是,若工作只停留在这一阶段,则难以提高促销宣传的效果。因此,需要做一些更加深入细致的工作。

(2)针对性促销宣传。这一方法的前提是我们已经通过调查或特定信息系统获得了有关公众的一些必要信息,因而使市场细分做得更为成功,目标市场更为明确。这样,在进行促销宣传策略制定和方法的选择时,我们就有了较充分的依据,对于其所产生的预期效果就更自信。

项目作品示例

2017××促销活动宣传方案

一、宣传主题

××到我家,新年好运滚滚来

二、宣传计划

1.第一阶段:发动预热阶段,本阶段的核心任务是,通过全方位、高强度的宣传沟通,吸引消费者的眼球,形成关注××、议论××、消费××的新热潮;同时,通过有目标、有计划、有重点对促销信息进行推广,形成积极主动的口碑宣传和示范效应,为后续阶段进行全面市场预热,从而全面有效地启动旺季市场。

2.第二阶段:全面升温阶段,根据市场态势,以渲染中奖和制造快乐为重点,直接面向各个阶层的消费者加强活动的炒作宣传,使更多的人关注和参与本次活动。

3.第三阶段:全面丰收阶段,动用一切可能的手段,集中资源对××进行高密度宣传报道,将消费××推向高潮,并在元旦春节期间形成习惯。

三、宣传形式

1.户外广告宣传

媒体形式	媒体位置	宣传内容	责任人	发布时间
大型户外	××市区:(在市区选择适合产品的街区以及市区周边县市)	广告语:××到我家,新年好运滚滚来——××新年送好"运"全面启动 第一阶段,11月5日至12月25日,消费××即有机会中元旦家宴; 第二阶段,12月25日至2月25日,酒店、商超、零售店等任何地方消费××,都有机会中团年宴	×××	10月31日更换完毕

续表

交通护栏	××市区（选择市区以及市区周边县市）	广告语：××到我家，新年好运滚滚来	×××	11月1日—11月5日
公交车贴	选择市区以及周边县市的公交路线	广告语：××到我家，新年好运滚滚来	×××	11月1日—11月5日

(2)印刷品广告宣传

媒体形式	投放区域	宣传内容	责任人	发布时间
POP海报	周边县市（以某个县市为重点），所有的超市、中小酒店、批发部、便民店	××到我家，新年好运滚滚来 第一阶段，11月5日至12月25日，消费××即有机会中元旦家宴； 第二阶段，12月25日至2月25日，酒店、商超、零售店等任何地方消费××，都有机会中团年宴	×××	11月6日前张贴到位
××包装袋	所有开展活动的县市	反面：××到我家，新年好运滚滚来。八千桌团年家宴，八万人共庆新年。十万个××，十万份好运厚礼！	×××	11月中旬完成设计
商超DM广告	在大型超市的DM单上做××促销广告	促销政策明细	×××	12月20日前落实
报纸硬广告	按照具体报纸的类别发行量选择5份报纸，分别刊登1/16、1/8、1/4的篇幅进行宣传	1.××到我家，新年好运滚滚来——××新年送好运活动全面启动 2.第一阶段中奖名单公布 3.第二阶段活动发布 4.第二阶段中奖名单公布	×××	11.1、2.22、12.26； 11.2、12.27； 11.3、12.28； 11.1、12.26、12.28、2.28； 11.2、12.25、12.26、2.26
大手提袋10万个 小手提袋15万个	各卖场、批零店	××品好日子/××到我家，新年好运滚滚来	×××	12月25日后到货
刮刮卡	包装袋内	中奖内容	×××	11月1日完成印制

(3)电子媒体广告宣传

媒体类型	宣传形式	媒体选择	宣传内容	责任人	发布时间
电视广告	30″电视广告	选择目标收视率较高的主要频道	××品牌30秒广告；××旺季促销30秒广告	×××	11月中旬—2月底
广播广告	20″广告	选择目标收听率较高的电台	与广播电台合作，开展"××杯"广播大赛，宣传内容另定	×××	按协议执行
手机微信	微信广告推送	移动、联通（市区及各县市）	第一次：××到我家，新年好运滚滚来。11月1日—12月25日，凡在酒店消费××，均有机会中××奖项 第二次：××到我家，新年好运滚滚来。12月26日—2月25日，凡消费××，均有机会中××奖项 第三次：××到我家，新年好运滚滚来。××祝新老朋友新年快乐，福运无边	×××	11月2日、12月25日、春节集中发三次（群发30万人次）

(4)销售现场氛围营造

媒体形式	投放区域	宣传内容	责任人	发布时间
POP广告	市区及各县市大型超市、酒店等（根据各卖场的实际情况，可选择性地制作：立地宣传牌、吊牌、X展架、易拉宝等不同形式的广告）	××到我家，新年好运滚滚来 （活动细则）	×××	酒店：X展架、立地牌等与酒店沟通，11月15日前到位；商超：12月25日前到位
货架贴	市区及各县市所有超市		×××	12月25日前张贴到位
堆码牌	市区及各县市有××堆码的超市		×××	12月25日前布置到位
店头条幅	市区及各县市可以悬挂的批发部、超市、便民店	××到我家，新年好运滚滚来	×××	11月25日印制完毕，12月10日前悬挂完毕

四、费用预算

宣传方式		费用(万元)
大型户外广告		10.5
交通护栏		2.0
报纸媒体	硬广告	15.0
	软文广告	8.0
大众传媒	广播电台	12.0
	电视广告	12.0
	手机微信推送	2.5
条 幅		4.5
海 报		3.0
货架贴、堆码牌		2.0
公交车贴		10.0
手提袋		30.0
刮刮卡		3.5
机 动		8.0
总 计		123

备注:此方案为总体方案,具体执行过程中可能会做一些微调,在总体预算不突破的前提下,执行此方案

任务一　广告宣传

任务分析

美国一资深广告业人士曾说:"想推销商品,又不做广告,就像黑暗中向情人暗送秋波。"一语道破了广告的魅力所在。广告能引发顾客的注意,引发顾客的兴趣,激起顾客购买的欲望,最终导致顾客的购买行为。

广告宣传是连锁企业最常用的促销宣传手段之一,连锁企业经常运用各

种广告传播手段向消费者、企业客户和各类社会组织提供商品促销信息，扩大产品销售，提高企业知名度、美誉度，最终提高市场份额。

一份完整的促销宣传方案中广告宣传起到了非常重要的作用，连锁门店广告宣传方式的选择和确定，主要涉及门店促销活动主要目标群体（具体通过促销商品来确定）、目标受众广告接受渠道分析、区域内竞争对象的广告策略等内容。开展分析的主要方式是调查，包括外部的市场调查和内部信息收集。

相关知识

一、广告宣传含义及分类

广告是指由确定的赞助者以付费的方式对观念、商品或服务进行的非个人的沟通传达方式。连锁企业广告宣传是连锁企业以付费的非人员的方式，向最终消费者提供关于商店、商品、服务、观念等信息，以影响消费者对商店的态度和偏好，直接或间接地引起销售增长的沟通传达方式。

在做广告宣传时，连锁企业可以选择自己独立承担广告费用，这样有更强的控制性和灵活性。但很多企业也选择合作投资广告费用，以便节省资金。合作广告有纵向合作广告和横向合作广告之分。纵向合作广告是指连锁企业与制造商或批发商合作做广告，共同分担广告费用。纵向合作广告确实能减少连锁企业的广告费用，市场覆盖面也更广，但它削弱了企业对广告的控制权，灵活性和特色性不足。如果在一个大城市中有两个以上的连锁企业与同一家制造商合作，这种情况下，他们的广告会是十分类似的，其结果将会导致企业之间的直接竞争。横向合作广告是指两个以上连锁企业联合开展广告活动，分摊广告费用。购物中心的商店经常联合在报纸上刊登合作广告，其效果大大超过单个商店的广告活动可望达到的效果，使购物中心内所有商店都可以从中获得好处。

案例直击

苏果的广告宣传

苏果的快速扩张与广告宣传是密切关联的。比如人们打开2012年4月19日星期四的《现代快报》，立刻就可以发现两大张一共是8个整版的苏果彩页广告，在该报刊载这样的广告已经是第306期了。广告上印刷着琳琅满目的商品及价格的促销信息，本期广告价格信息的有效期较长，从4月18日到

5月1日，人们在这一期间，到苏果的连锁店就能以登载的价格买到相应的商品。正是在这样的广告攻势下，先看广告后购物已经成了某些消费者的一种生活习惯和购物方式。

对于连锁企业的广告策划而言，通过广告向外传播自身的形象是工作的一个重要内容。目前不少企业在店铺内部也找到了广告资源，供应商在店内做广告要向连锁企业交费，连锁企业成了广告的直接受益人。

二、广告宣传的特点

广告宣传对连锁企业促销活动宣传显得尤为重要，企业广告宣传是运用各种手段向消费者、厂商企业和各类社会机构提供各种商品、服务信息，传播企业形象，扩大知名度和提高销售额的一种方法。

在促销活动中，广告宣传的优点在于：(1)传播范围广，可以吸引大量的公众(POP广告除外)；(2)可供选择的媒体较多，可以很好地配合促销活动；(3)企业可以控制信息内容，而公关宣传的内容很难被企业所控制；(4)广告宣传内容的生动活泼及表现方式的灵活多样，容易引起公众注意；(5)因为广告使顾客在购物前就对连锁品牌及其产品和服务有所了解，这使得自助服务或减少服务成为可能。

广告宣传的主要缺点在于：(1)广告主要采用大众媒体，受众广泛，信息量有限，连锁企业无法针对个别顾客设计广告内容；(2)许多广告的投入较大，中小型连锁商店承受不起；(3)许多媒体信息覆盖面广，超出了连锁企业的商圈范围，致使广告费用有一部分浪费掉了；(4)如果所采用媒体的广告较复杂，企业的广告很容易被淹没而难以引起公众注意；(5)一些媒体需要一段较长的前置时间来安排广告刊登，这不利于配合商店临时促销活动的开展。

三、大众媒介传播策划

(一)广告策划流程

在进行广告宣传前，广告策划者首先必须确定目标市场和购买者的动机。接着，他们才能考虑广告宣传策划的五个关键决策即5M，如图4-1所示。

1.Mission：确定广告目标和任务

连锁企业进行广告促销管理的第一步就是对企业所预期达到的目的或效果有一个基本认识，方向目标定了，接下来的活动就有了准则。广告目标可分为通知、说服、提醒三种形式。

通知广告主要用于市场开拓阶段的导入期，其目的是触发初级需求，发展

○ 项目四　促销宣传方案设计

图 4-1　广告宣传 5M 决策

新的顾客。其具体形式有：向顾客告之店内新增商品；向顾客宣传新产品的用途；提倡一种消费的新时尚、新理念；引导顾客的消费观念；通知店内有关商品的价格变动；具体描述商店所提供的服务；宣传商店的经营特点；树立企业和产品形象等。

说服广告在竞争阶段十分关键，连锁企业的目的在于建立顾客对自身的选择性需求。说服性广告可以促使顾客形成对连锁企业品牌的偏好，改变顾客对店内商品的不良印象，使顾客对店内商品的品质放心，说服顾客立即购物。应该注意的是，国外企业使用说服性广告时采用比较的手法，我国对比较广告的限制较严格，连锁企业应当谨慎使用，容易遭到竞争对手强有力的反击。

很多广告即属于这一类型，这也属于品牌营销的一个重要方面，而有些说服性广告仅属于比较广告的范畴，它通过与这一类产品中的其他一种或者几种品牌的比较来建立本产品的优越性，汉堡王在一场烤汉堡和炸汉堡的汉堡大战中与麦当劳对垒时，其特许经销商便成功地展开了比较性广告，在使用比较广告时，公司应确信它能证明其处于优势的宣传，并且不会遭到其他强势品牌的反击。

提醒广告则一般用来保持市场份额，维系老顾客，老顾客的流失对连锁店而言损失较大。同时由于吸引新顾客的成本远远高于维系老顾客的成本，所以连锁企业如何抓住老顾客的心，使他们依然保持对连锁企业的忠诚是十分重要的。

2.Money:广告预算决策

广告预算往往与竞争优势相联系,高广告预算的企业往往占据较有利的竞争地位。广告预算对于处于不同发展时期的连锁企业会有所差异,一般来讲,处于发展初期的连锁企业,应加大广告宣传力度,提高知名度,建立起品牌优势,以此来赢得顾客,扩大销售额,进入稳步发展的快车道。所以,广告预算应该多一点,可以占到企业销售额的较高比例。而对于快速发展的连锁企业,应使广告预算同销售额同比例增长。而对于成熟期的连锁企业,品牌优势已建立,广告预算能维持竞争优势即可。

3.Message:广告信息决策

广告的目的在于正确地传递信息,刺激欲望,广告活动的有效性比广告花费更为重要。连锁企业还必须注意广告信息的决策,这种信息的传递发布集中而明确,而且要能使观众过目不忘。

1983年,麦当劳公司在电视广告上花了1.859亿美元,超过其竞争对手汉堡王公司所花费用一倍,但电视观众反映说,汉堡王公司的广告给他们的印象比麦当劳更深刻,他们喜欢汉堡王的广告而非麦当劳的广告。以上可以看出,广告活动的有效性远比广告花费重要。广告格言是"除非激发兴奋,否则没有销售"。

4.Media:媒介决策

确定了广告需要传递的信息,接下来就要决定以怎样的方式传递信息,这涉及媒介的选择及相应的策略。媒介的选择与以下因素有关:产品性质、受众对此类产品信息的接受习惯、目标顾客的文化程度及生活方式、异质媒介之间的比较、同质媒介的市场差异等。

选择媒体类型,要与整体营销计划的进度相一致,考虑各种媒体的优势、劣势、时效性和费用成本,确定广告效果最佳的时间,结合自身情况,做出最优化选择。同时考虑季节性、时尚、社会风气等因素的变化,充分抓住一些偶发事件所产生的有利于本企业经营的影响,达到事半功倍之效。

5.Measurement:评价广告效果

连锁企业应对广告效果进行广告前、广告中和广告后的评价。做广告之前应事先预计广告可能达到的效果,避免出现明显的错误、违法和违背公序良俗的情况。对广告中和广告后的广告沟通效应也应做出恰当的评价。

对广告沟通效应的评价主要有直接评分法,该方法要求顾客依次对广告打分,其评分用来估计广告的注意力、可读性、认知力、影响力和行为等方面。

而对销售效果的评价比较困难,如果某个广告使品牌的知名度提高20%,品牌偏好增加10%,那么会增加多少销售量呢?一般来说,除了广告因素外,销售还受许多因素影响,诸如产品特色、质量、价格,竞争者行为。如果这些因素越少或越能控制,那广告对于销售量的影响也就越容易衡量,销售额通常用广告前和广告后的对比来进行计算。由于受到很多因素的干扰,这种方法并不总是正确的,经营者还应对各种因素做出分析,综合考虑,再得出结论,好的广告效果对下一轮的广告宣传有很好的指导和借鉴意义。

相关链接

广告效果评价方法

序号	评价项目	每一项满分(20分)
1	广告吸引受众注意力的程度	
2	广告激发受众兴趣的程度	
3	广告的核心价值是否交代清楚	
4	特定诉求的有效性	
5	广告激起购买行为的可能性	
总计		

(二)大众媒介传播策略

大众媒介传播策略主要有两类:日常传播和危机传播。连锁企业广告经营以日常传播为主,在必要时进行危机传播。连锁企业利用大众媒介宣传,是直接面向消费大众和招商的需要。除了传统的电视、报纸、杂志、网络和广播外,形式多样的户外媒介也是必争之地。

连锁企业使用大众传播媒介时,首先要弄清楚以下几个问题:对谁说?说什么?如何说?何时说?何地说?要达到何种目标?效果如何检测?对上述问题的回答,确定了连锁企业的广告战略和策略。同时,连锁企业应选定合适的广告商作为合作伙伴,这样可以省去很多麻烦。具体来说,目前连锁企业主要采用以下大众媒介传播策略。

1.组合传播策略

单一媒介的使用效果通常都是有限的,对大型连锁企业来说,组合传播是一项必可不少的手段。即以一种媒介为主,辅以其他媒介,共同实现促销目标。

2.周期操作策略

对于连锁企业来说,一年中的每一天都要有相应的促销手段相配合。广告传播应当是一个周期接着下一个周期,重要的节假日和周末是顾客采购的高峰期,大众媒介传播要与之较好地配合。

3.创新传播策略

广告创新可以使连锁企业在低成本模式下实现更加高效的传播。

4.战略联盟策略

大众媒介往往费用比较高昂,而连锁企业的大众传播又是一种长期的行为,因此,与合适的媒介达成长期战略协议,对于降低成本来说就是一种理性的选择。

5.成本分摊策略

连锁企业可以与供应商合作,共同分摊广告成本,提高传播效率。

大众媒介的危机传播通常有5个阶段,依据危机事件发展时间的先后,将其分为危机潜伏期、危机初发期、危机持续期、危机消除期和形象重新构建期。

连锁企业在经营时,由于外界或者内部管理因素,可能出现这样或那样的问题,促销人员要和公关人员一起未雨绸缪,将危机消除在萌芽状态,不使其恶化,维护企业根本利益。

四、小众媒介传播策划

(一)DM 广告

DM 是英文 Direct Mail 的缩写,意为快讯商品直邮广告,也称直邮广告或者直投广告。它通过邮寄、赠送等形式,将宣传品送到消费者手中、家里或公司所在地,将特定信息传递给目标顾客。DM 通常正反面彩色印刷,采取邮寄、定点派发、选择性派送等方式送达消费者,是连锁企业重要的促销方式之一。美国直邮及直销协会(DM/MA)对 DM 的定义如下:"对广告主所选定的对象,将印就的印刷品,用邮寄的方法传达广告主所要传达的信息的一种手段。"DM 除了邮寄以外,还可以借助其他媒介,如传真、杂志、电视、电话、电子邮件及直销网络、柜台散发、专人送达、来函索取、随商品包装发出。DM 既可以是广告单页,如大家熟悉的街头巷尾、商场超市散布的传单,肯德基、麦当劳的优惠券;也可以是装订成册的集纳性广告宣传画册,页数在 20 多页至 200 多页不等。如金华的《映——时尚生活志》页数为 28 页,而济南的《精品广告》则有 100 多页。

DM 不仅贩卖广告内容,更重要的是贩卖直达目标消费者的广告通道。

DM广告免费赠送,针对性强、时效性长、个性化突出,其接触率、传阅率和有效到达率高,可以准确地选择受众,最精准和最有效地击中目标受众,主动出击,直接送到消费者手里。DM注重吸引寻求廉价消费信息的购买者,虽然DM的影响力不及大众媒介,但在精准度上可以高于后者。DM广告有着巨大的发展空间,其投放量占到广告市场10%~20%的份额。

DM广告主要分为印刷品、电子目录和实物3大类。印刷品DM最为常见,其设计表现自由度高、运用范围广、形式多样化,有传单型、册子型、卡片型3种。它可以是传单(leaflet),也可以是信件(letter)、小册子(booklet)及其他材料,如订购单(order form),还可以在专业的分类广告杂志上刊登广告,这些杂志会免费发送给有针对性的客户。所有DM形式的媒介都可以置于报刊亭、酒店、餐厅、超市、卖场、俱乐部等,客人可以免费拿取,快递到达指定目标人群,时效性较长,成本可以控制。

DM的作用大致可以归纳为以下几点:在一定期间内,刺激消费者计划性购买和冲动性购买,提高商场营业额,提高毛利率;稳定已有的顾客群并吸引新顾客加入,提高客流量;介绍新产品、时令产品或公司重点推广的产品,稳定消费群,提高客单价;增强企业形象,提高公司知名度,与同行举办的促销活动开展竞争。

DM的派发形式主要如下:

1. 邮寄。按会员地址邮寄给会员(邮寄份数依各实际会员数而定)。
2. 夹报。夹在当地畅销报纸中进行投递。
3. 上门投递。组织人力将DM投送至社区居民家中或者信箱内。
4. 街头派发。组织人员在车站、十字路口、农贸市场等客流量较大的地方进行散发。
5. 店内派发。主要是在服务总台、收银台、店门的出口和入口处发放。可以采用专人负责,也可以放置在一个固定的地点,感兴趣的顾客可自取。
6. 放在报刊亭发放。即将广告单放在报刊亭,有兴趣者随意拿取便可。
7. 在写字楼发放。写字楼里面往往是一些收入较高的白领,他们的购买力较强,但时间也非常紧张,通过人力将促销信息直接送到他们的案头,也是吸引他们的一个不错的方式。

DM广告在国际上已经比较成熟,在我国发展迅速。DM已被部分企业作为商务活动的首选措施,其低廉的成本和极强的针对性,受到企业经营者的青睐。全国有近60%的企业认可DM广告,浙江地区90%以上的大中小企业曾运用商函来推销产品,取得了明显的促销作用。DM作为广告其投入只及电视传媒的2%、报刊传媒的10%,但是营业收入增幅达这两者的30%左右,投入产出比较令人满意。

(二)车身广告

公交车是城市里最重要的交通工具,与人们日常生活息息相关。这就使公交车车身成为一种渗透力极强的户外广告媒介,同时又是固定户外广告的延伸。它的画面冲击力大,影响持续不断,能有效向公交沿线的居民传播。同时,公交车的流动性使车身广告的受众层面更为广泛,广告到达率更高,因此,公交车车身日益成为连锁企业偏爱的投放广告的媒介形式之一。

1.车身广告的优势

(1)通过移动获得更多受众和更多关注。车身广告的传播方式是主动出现在受众的视野之中,最为积极、主动,能得到更多的注意,实现高到达率。

(2)车身图片面积大,画面展示充分,画面清晰,有效传播距离远,可近距离接触消费者。车身广告的有效可视范围大于270度,消除了视角盲区,受众可同时接触到两个广告位,有效增加接触机会,确保实际到达率。

(3)适合各类产品发布。车身广告几乎适合所有行业发布广告信息。除了日常所见的一些产品在公交车车身上可以看到之外,一些媒体也加入车身广告的行列,网络媒体如搜狐、新浪,其他媒介如电视、广播、报纸也充分利用车身广告宣传自己的栏目,一些高端客户如金融企业和国际大公司也都是车身广告常见的客户。

(4)高接触概率和稳定的接触频次。车身广告是可见机会最大的户外广告媒介,公交车平均运营距离为13千米,每天平均运行次数10次,日均接触人次8.7万余,若以3个月发布时间计算,有效接触点可达到780万人次。

(5)通过选择公交车路线可以指定广告覆盖区域。公交车媒介线状交叉,覆盖城市各个区域,完整有效地接触目标人群。连锁企业想要吸引高消费人群就要选择经过CBD商务区、高档住宅小区、主干道的公交车路线;如果目标顾客是一般的消费者,则主要选择经过普通居民小区、大学社区、一般商业街区就可以了。

(6)较低的千人成本(CPM)。据夸克市场研究公司的统计数据,在主流媒体中,杂志额平均千人成本最高,为20.8元,以下依次是电视广告20.64元,报纸广告10.28元,电台广告4.43元,车身广告1.19元。所以,车身广告的平均千人成本最低,具有竞争力。

(7)消费者与车身广告的关系紧密。车身广告是普通消费者除电视以外接触最多的广告媒介,即使那些从来不坐公交车的私家车主,在路上也不可避免地要看两眼公交车车身上的广告。

(8)车身广告可以与电视、广播广告等形成完美互补。消费者平时在户外的主要时间段集中在上午7:00—9:00和下午16:00—19:00的上下班高峰期,合计4~5小时。这时候,户外车身广告就可以全天候地、每天2次以上覆盖目标消费者。晚上19点以后,人们回到家打开电视,这时是电视广告的黄金时段。因此,公交车车身可以和电视媒介形成最佳互补。广播广告的目标受众目前主要在私家车里,想一想,在车里听着某段广告,眼睛里又看到旁边公交车身上的广告,对消费者的刺激一定是比较大的。

2.投放车身广告应考虑的因素

(1)公交车线路的选择。选择投放的公交车线路时,要根据实际情况,选择有针对性的线路,公交车路线与连锁企业的商圈范围要吻合,让目标消费者有更多机会看到广告。

(2)发布时机。当新店开业,或者有重大促销活动时可以配合使用。

(3)选择恰当的发布形式。公交车车身媒介在发布形式上的多样性优势是其他户外媒介不可比拟的。近年来随着高新技术、新材料的运用,公交车车身广告的种类和规格也得到不断开发和扩展。目前,南京梅迪派勒已拥有全车喷绘(双层巴士和单层巴士)、车身挂牌广告(车身内外侧挂牌、车尾挂牌)、车载打牌等多种形式和规格的发布形式。其中,全车喷绘是所有的公交车车身广告中最为引人注目的发布形式。

(4)发布数量和车型组合。公交车车身广告是按照车辆多少来计费的,因此汽车数量的决策和车型的组合就非常重要。企业应不断总结规律,找到平衡点。同时,不同的车型,车身的面积大小不同,喷绘效果也不一样。

此外,连锁企业租用的一些作为专用购物班车的公交车也可以作为车身广告的载体;如果同时在候车亭和公交站设立一些广告牌,就可以与车身广告呼应,起到更好的效果。

3.车身广告的组合使用策略

仅仅使用车身广告很难达到企业运营的所有目的,因为车身广告的合同一般一年一签,一旦车身喷绘成功,一般不做更改。连锁企业除非做形象宣传,否则不可能一年之内对广告不做任何改变。因此,车身广告可以看作长期广告,连锁企业在搞促销活动时,还需要其他短期媒介的配合,比如广播、电视、DM单等。

(三)路牌广告

路牌广告也是平面户外广告媒介的一种。路牌广告有以下几点优势:第一,路牌广告表现形式丰富多彩,对人的吸引力强,还可以起到美化市容的作用,甚至会成为城市的一个标志。第二,路牌广告内容单纯、面积大,能避免竞争广告的干扰。第三,路牌广告对特定区域内的消费者选择性强。路牌广告一方面可以根据地区的特点选择广告形式;另一方面可以在消费者经常活动的固定区域内提供反复宣传,使其印象深刻。第四,路牌广告具有一定的强迫性质,给人留下深刻的印象,使消费者更易接受广告。需要注意的是,路牌广告在设计和安装时需要排除背景的干扰。

连锁企业在投放路牌广告时,可以做如下考虑:第一,如果店铺地点较偏僻,可以使用路牌广告作为指引路标。第二,新店刚刚开业时,在店铺周边的主要道路两边设置较为密集的路牌广告,可以使人感觉到企业很有气势,并且激起人们想去一探究竟的欲望。第三,路牌广告可以设立在竞争对手门口,以争取顾客,抢占市场,但也容易激起竞争对手的反击。第四,设计优秀的路牌广告对企业形象提升具有很大帮助。

(四)招牌广告

招牌有两重含义:一是指悬挂于店门上方或者旁边的企业标志;二是品牌。招牌代表了企业形象,融合了企业理念,好的招牌设计给人的感觉会很温馨、很舒适,可以起到招徕顾客的作用;差的招牌设计会打消人们想要消费的欲望。

招牌设计应遵循以下原则:一是简洁明快;二是醒目;三是考虑企业理念和连锁店铺的风格;四是考虑营业需要和悬挂位置。

招牌是顾客进入店铺之前映入脑海的第一印象,决定了顾客对店铺的好感程度以及期望值的大小,应进行必要的维护。首先,招牌不能太脏,灯光、色彩等也要始终如一。其次,要考虑发展的需要。招牌也不是永远不变的,必要时,招牌的设计和装潢应做相应的改动,以适应消费者文化和消费心理变迁的需要。连锁企业要做百年,只能与时俱进,招牌的改变也就是内容之一了。

(五)其他小众媒介广告

连锁企业应当善于利用户外媒介,让目标受众感受到品牌的实力和人气。除路牌广告外,招贴、海报、条幅、霓虹灯、广告柱以及广告塔灯、灯箱广告等都会起到相当不错的效果,手机短信和楼宇电视也日益引发广告主的重视。

1.手机短信。连锁企业通过发行会员卡掌握着大量的客户资料,可以将手里的客户分门别类,做出区隔,根据促销目标的不同选择适合的客户,将促销信息直接发送到客户手机里,这样既减少了中间环节,又避免了信息失真,而且收到信息的客户基本上都是企业想要的客户,效率更高。使用这种方式要避免引发客户的反感。

2.楼宇电视。上海有一个在美国上市的公司,名字叫"分众传媒"。大家在电梯间、酒店大堂甚至在较高档的厕所里看到的液晶电视,里面不停播放广告,大多属于该公司的产品。连锁企业可以建立类似的属于自己的分众传媒媒介,将促销信息准确地送达顾客。

相关链接

各主要广告媒体分析

媒体	优点	不足
报纸	• 广告大小、形状可以满足你的要求,可按你详述的内容传达信息 • 信息的传播可以限制在你所希望的区域内 • 可以分别检查你的原稿和资本 • 为制作你的广告提供免费帮助。制作速度快。你今天决定制作的广告很快就到达你的客户手中 • 灵活、及时,区域市场覆盖面大,能广泛地被接受,可信赖度高	• 杂乱,针对性差 • 保存期短,复制率低,传阅者少 • 大部分广告是为了销售额,因此是一种价格定向的媒介 • 浪费发行量:你的信息可能被送给很多永远不在市场买东西的人 • 一种高度易见的媒介,你的竞争对手可以很快对你的价格做出反应
电视	• 综合视觉、听觉和动作,富有感染力,能引起高度注意,触及面广 • 有线电视台可以提供面向当地观众的新机会 • 能很好地树立形象的一种媒介	• 制作成本快速攀升 • 干扰多,瞬间即逝,观众选择性少 • 大多数广告只有10到30秒长,这就限制了你可传送的信息量
广播	• 大众化宣传,区域和人口方面的选择性较强,成本低 • 通常可提供免费创意帮助 • 你可以因为你的公司创造一种个性	• 只有声音,不像电视那样引人注意,瞬间即逝 • 听众无法重复所感兴趣的部分 • 广告时对娱乐节目造成干扰
邮寄(DM)	• 你的广告信息直接送达那些最可能购买你的产品或服务的人 • 你的信息可以尽量长地充分表达你的内容 • 你能总体控制创意和制作的全部因素 • 属于"隐蔽"媒介,你的信息在得到反应之前对你的竞争者都是隐蔽的 • 接受者有选择性,灵活,具个性化	• 打印和邮寄信件的前置时间长 • 相对来说成本较高 • 需要得到并保存好的邮寄名单

续表

媒体	优 点	不 足
杂志	• 区域、人口可选择性强,可信并有一定的权威性 • 复制率高,保存期长,传阅者多	• 广告购买前置时间长,有些发行量是浪费的,版面位置无保证 • 篇幅成本和创意成本较高
户外广告	• 灵活,广告展示时间长,费用低,竞争少 • 如果你做得好,可以抓住人心 • 可获得令人高度注意的知名度	• 观众没有选择,缺乏创新 • 很难对准你的市场目标 • 广告内容很短

任务二　公关宣传

任务分析

连锁企业促销的演变已从过去单纯的活动,转变为营销沟通。换言之,摆脱过去纯粹为提高业绩而办促销的局限,促销是为了达成某种营销目标而拟定的策略,在执行过程中具有营销沟通的效益,同时也具有问题解决的目的。连锁店是经营"人"的事业,业绩的提高与市场的占有,需要与顾客建立长期关系。促销活动的举办,增进了与顾客沟通的机会,为长期客情关系铺路。

当企业产品、服务存在严重的同质化现象时,依靠产品质量和价格进行竞争已失去了昔日的威力,企业竞争的焦点转向了产品品牌和企业形象,公共关系成为现代企业进行市场竞争的重要手段。

公关宣传作为一种市场宣传方式,具有真实感、新鲜感、亲切感等特点。在促销中可起到树立良好的企业形象、增进企业之间的交往与合作、提高企业的经济效益等作用。企业公关宣传主要要求促销活动策划巧妙,强烈地吸引消费者注意;公关宣传要善于"制造新闻",这是企业扩大知名度、美誉度、取得促销活动胜利的重要手段。

相关知识

一、公关宣传的概述

（一）公关宣传的概念

公共关系是市场营销的一个重要工具,它承担着为连锁企业在其公众中塑造良好形象的一切沟通联系活动。现在越来越多的连锁企业建立市场营销公共关系(marketing public relations，MPR)部门来促进商品的销售和企业形象的建立。企业的公共关系活动，应以公众利益为前提，以服务社会为方针，以交流宣传为手段，以谅解、信任和事业发展为目的。

市场营销公共关系的前身就是公关宣传，虽然现在公共关系市场营销的功能比公关宣传的功能广泛，但是对于连锁企业来说，起主要作用的还是公关宣传，尤其是开展促销活动。公关宣传是连锁企业用非付费的方式，通过在报刊、电台、会议、信函等传播媒体上发表有关商品的能引起公众注意的公益消息或服务信息，以提高商店的形象并获得消费者的好感与信赖的一种促销方式。

公关宣传有时也能达成广告一样的效果，但两者之间最基本的不同在于公关宣传是不付费的，它是由媒体来控制信息的传播，因此，对顾客而言，它比广告宣传更可信赖，也更受重视。

(二)公关宣传的意义

自1955年公共关系理论的先驱爱德华·伯奈斯将策划理论引入公共关系领域后，企业就普遍认识到开展公共关系宣传策划的重要意义。

1.有利于提升组织形象，赢得顾客好感。新企业可以通过公共关系策划活动塑造自己独特、鲜明的形象，方便顾客识别和认可。老企业可以通过公共关系策划活动巩固和提升原有的良好形象，或是扭转其不良形象。

2.有利于增强公关工作的计划性、规范性。开展公共关系要使用一定的资源，安排好投入的人、财、物，协调好活动的各个环节，计划好活动的时间、地点、方式等，充分发挥各种资源的效用以确保活动达到预期的效果。

3.有利于取得社会各界的理解和支持，营造一个良好的发展环境。连锁企业在新的区域开店铺时，可能会引起竞争对手的注意，引发竞争对手的激烈反应，甚至为新店开业制造各种各样的障碍。开展公关宣传可以与各种社会力量(包括政府、行业协会、媒体、专家、消费者，甚至竞争对手)建立良好的关系，拥有一个良好的成长环境。

4.有利于实现低成本扩张。假如企业没有资金能力通过广告把新产品推向市场时，创造性的公共策划可以赢得媒体免费且广泛的报道，良好的沟通体系还有利于口碑行销，从而启动市场。

5.有利于公众接受沟通信息。由于公关传播属于软件沟通，不像广告有强烈的利益性，消费者不会产生强烈抵触情绪，易于接受。

总之，开展公共宣传，是树立企业良好形象、提高企业知名度和美誉度的重要手段,有助于企业完成其销售目标。

(三)公关宣传的特点

公关宣传的主要优点是:对所宣传的信息报道详细;能进一步扩大连锁企业的知名度;以更为可信的方式传播有关连锁企业的信息;信息的传播是不需要付费的;可以触及更为广泛的受众;人们对新闻报道比对纯粹的广告更留意。

公关宣传的主要缺点是:一些公关活动的效果从短期看不明显,因而一些企业不相信将资金和精力投入到公关活动中会有收效;企业控制力弱,对于公共关系效果,企业很难控制其大小及影响;有些属于连锁企业刻意的公关活动策划,仍然会产生一定的费用。

案例直击

"王老吉"的公共宣传

2008年5月12日,四川汶川发生里氏8.0级大地震,这成了全国人民心中永远的痛。"抗震救灾,众志成城"成为每一个中国人都耳熟能详的口号!全国人民在踊跃捐款的同时,许多网民将目光投向了企业,那些靠消费者给予利润才能生存和发展的组织,在大灾面前表现如何呢?人们惊奇地发现,有些利润微薄的企业捐款的数额一点也不比那些利润丰厚的企业少,个别声名显赫、赚钱比谁都多的外资企业捐款数量却少得可怜。人们将目光重新投向了民族企业,以自己的消费行动支持这些有良心的企业。王老吉品牌的饮料在各个卖场一度卖断货,即便加班加点生产,也难以满足市场的需求,原因在于王老吉向灾区捐款达1亿元人民币!与此同时,家乐福却遭受不少中国人的抵制,网络上不断曝出家乐福的负面新闻。虽然家乐福不断澄清,但仍然于事无补,抵制依然成了现实!这充分说明企业拥有一个良好的公众形象是多么重要!

(四)公关宣传的方法

公共关系宣传是通过连锁企业的公共关系活动使连锁企业与社会各界建立良好的理解、友谊和支持关系,从而以其知名度、美誉度来带动商品销售的一种间接宣传方式。主要方法是:

1.利用各种传播媒介和传播方式(如人际传播和大众传播),扩大其知名度,让社会了解连锁企业;

2.开展联谊、庆典及咨询活动,加强与社会各界的联系;

3.积极参与社会公益事业及其他社会活动,为卖场创造良好的社会环境,获得社会的赞誉;

4.培养教育员工塑造良好的自身形象,建立企业与职工之间良好的情感。

公关和广告都有着对方不能代替的优势,也有着各自的缺点。公关的本质在于控制社会舆论,使社会舆论朝着有利于企业(品牌)形象的方向制造宣传效应,缺点就是到达率有所局限。广告的本质在于通过简单明了的方式宣扬企业及产品的信息,缺点就在于可信度日趋下降。

(五)公关宣传的适用条件

1.产品招商。在这个阶段,会议行销发挥着极其重要的作用。会议行销又称研讨会行销或论坛行销,是指生产厂商为新盘上市招商,开展大型研讨会、论坛峰会或大型招商说明会,以起到产品说明论证、产品展示公开、经销商培训等作用。这一时期可针对特定客户进行公关宣传。

2.销售造势。消费者有从众消费心理,如"买多不买少""买涨不买跌",因此制造紧俏、旺销的表象至关重要。连锁企业可利用公关活动建立人们对产品或服务的兴趣,从而扩大产品的销售。

3.借势营销。新店开业和新品上市时,在挖掘自身资源的同时也可以利用社会上一些具有影响力的事件和活动,实现自己的目标。

4.形象树立。企业投资公益事业,开展公益活动,既是一种"短线投资"又是一项"长线投资",它可以提高企业信誉,树立企业形象,容易创造良好的市场形象。

5.品牌营造。连锁企业的品牌战略是一项长久事业,公关宣传利用其强大的传播覆盖力,可以大幅度提升品牌知名度、信任度和美誉度,这是形成品牌忠诚度的基础,更是营销品牌的基本操作工具之一。

6.挽救危机。连锁企业规模大了,网点多了,难保不出现一些意想不到的情形。大型店铺的商品品类可能多达几万种,个别产品质量可能存在问题或缺陷;竞争对手的谣言、新闻媒体的夸大报道等都可能导致企业面临经营危机,采取公关活动化解危机是一个现实的问题。连锁企业的经营和促销活动必须要考虑到危机公关。

二、主题公关策划

主题公关是指从目标受众出发,提出形式新颖、特色鲜明、富有感染力的主题,以此作为活动推广的核心,力求提高企业的美誉度,对企业形象产生正面效应,从而有效地推动企业持续成长。主题公关策划是服务于公关目标的各项专题活动的总称。企业通过设计活动主题和形式,把枯燥的不易被公众关注和感兴趣的信息,变成能引起公众关注、激发公众兴趣,并能给公众带来利益的鲜活、生动、有意义的信息。

"5W"是主题公共策划的重要方式。

1.What 是主题公关策划的内容,其大致内容如下。

(1)典礼仪式,如开业典礼、落成典礼、奠基典礼。

(2)周年庆,如一周年庆、十周年庆。

(3)展销会,通过实物(新产品)的展览和示范表演配合宣传连锁企业形象。

(4)专题喜庆活动,如大型文艺表演、儿童才艺表演。

(5)专题竞赛活动,如以企业名字命名的体育比赛、演唱比赛、征文比赛、智力比赛。

(6)社会公益活动,如赞助办学或社会募捐活动。

2.When 即主题公关策划的时机。主题公关策划应善于分析,"准时""准点"地掌握好专题活动开展的时机。实践中,企业重大事件发生的时间,企业推出新产品的时间,企业成长升级换代时期等,都是主题公关策划实施的良机。

3.Where 即主题公关活动举办的地点,一般选取在连锁企业附近或店内、店门口等,也可以选择交通便捷、人口流动较多的地点。还可以选择特定地点,比如敬老院福利院大型体育场馆。

4.Who 即参加主题公关活动的人员,一般根据主题活动的具体需要确定人员及规模。

5.Why 即主题公关策划的缘由,师出有名才能战而必胜。策划人员要创造良好的氛围,为主题活动的开展进行必要的预热、铺垫、宣传,使活动人尽皆知,受众踊跃参加。

三、节假日公关策划

节假日通常是连锁企业开展促销攻势、进行产品宣传、提升企业形象的黄金时间,会收到事半功倍的效果。因此,节假日促销受到越来越多商家的重视,并展开了激烈的"促销战"。

(一)节假日公关策划的含义

节假日公关策划是指企业通过准确寻找公关活动和节假日恰当的结合点,确定促销主题,结合企业理念与节假日文化塑造不同的活动主题以营造节假日气氛,凸显企业自身特色,明确传达企业形象。

(二)节假日公关策划策略

1.注意力促销策略。"整个世界将展开争夺眼球的战役,谁能吸引更多的注意力,谁就成为世界的主宰。"为此企业在节假日期间做促销时必须吸引消费者的注意力,在节假日再创造和利用别的机会进行注意力促销。例如,可口可乐在北京奥运会会标揭幕后,马上改变产品的包装,印上"中国印"。脑白金更是直接抓住春节的注意力推出了"今年过节不收礼,收礼只收脑白金"的促销活动,通过概念营销直接引诱消费者的注意力。而连锁企业的促销策划人员也要和供应商密切合作,将供应商各种优秀的节假日公关促销策划的创意搬到店铺里来,成为连锁企业节假日促销中一个重要的有机构成部分。

2.文化促销策略。许多节假日都有丰富的文化内涵,例如,母亲节、情人节、中秋节、端午节。企业在节假日促销时一定要把握住每一个节假日特定的文化内涵。情人节要突出感情的真挚和甜蜜,有的商家在情人节规定凡购买一定金额以上的物品,就免费为顾客指定的朋友送上一束鲜花,饭店也在情人节提供情侣宴,并送鲜花。春节要突出喜庆和团圆,母亲节的主题肯定是母亲,中秋节和端午节则少不了在月饼和粽子上做文章。

3.亲情促销策略。感情是内在的、长久的。连锁企业利用节假日和客户生日这些特殊时刻用感情打动消费者,给会员客户寄去贺卡和小礼品表示祝福。利用亲情促销,再次引起顾客的注意和感动,将会加深消费者对企业的美好印象,树立企业良好的品牌形象。

4.整合传播促销策略。节假日期间是促销的最好时间,为此企业必须把握住,争取在最短的时间内收到最大的效果。整合促销就是企业整合内部资源,进行全方位的宣传和双向的沟通,企业在节假日可以采用软硬广告,空中、地上广告等组合方式实现信息的垂直落地和传播。这种策略尤其适合新店开业或者开发新的目标市场以及品牌营销等。

5.广告前置策略,也称先声夺人策略。即在新店开业之前或者节假日促销之前就开始对本次促销活动进行大规模的宣传,引起消费者的注意,产生神秘感,造成一种"犹抱琵琶半遮面"的感觉,人为制造节假日促销的轰动效应。

四、事件公关策划

(一)事件公关策划的含义

事件公关策划是指通过敏锐地捕捉有独特新闻价值的"事件",准确地抓住一切可利用的时机,精心细致地策划、制造"新闻",使之具有磁铁般的吸引力,引起新闻媒介采访、报道的兴趣,从而达到使新闻媒介自觉或不自觉地为组织宣传的目的。事件公关策划特别强调对特定事件或突发事件的时机掌握,若掌握得当,常会提高连锁企业的知名度及业绩。特定事件或突发事件,往往因为出乎意料没有心理准备,使连锁企业难以有敏锐的反应。

(二)事件公关策划的时机选择

1.企业庆典与各种纪念日,是策划"公关新闻"的良机。每个组织都有值得纪念和庆祝的日子,如新店开张、新建筑落成、挂匾、颁奖、塑像揭幕、就职仪式、周年庆典、合并搬迁、科技创新、获得荣誉和成就。公关人员应将企业各种庆祝活动明确地作为宣传本组织的机会,并以独创为要求来策划、制造"特殊事件新闻",连续不断地激发社区公众和媒介公众的兴趣,强化企业在公众心目中的形象。某连锁企业有一普通女性员工依靠勤奋努力,不仅当上了公司的副总经理,而且还当上了全国人大代表,在去北京开会之前,电视等媒介不断地播放对该女副总的采访,使得该企业的美誉度也得到提升。

2.展览会、展销会开幕,是策划"公关新闻"的利用之机。国内外每年都要举办各种类型的经贸洽谈会,商品交易会、博览会、展销会等,各类新闻媒体都将云集于此。对任何一个组织来说,这都无疑是一个极好的宣传机会。这时的宣传通常能吸引各界公众,包括中外商家、所在地社区公众和来自周边城市和地区的消费者等,并与其直接沟通。公关人员必须善于抓住这大好时机,以新颖的、与众不同的方式,使本企业举办的展览、展销会以独特的风采和魅力、最强的吸引力,来激发公众的兴趣,制造现场"新闻",赢得媒介青睐,使之成为媒介追踪的对象。

3.国家的重大活动,是策划"公关事件"的可借之机。凡是重要的政治、外交、军事、经济、科教、文化、体育活动,都是重要的新闻事件,也是街谈巷议的热门话题。因此,公关人员要敏锐地捕捉这大好时机,巧借机会,使企业活动的"事件"与国家和地方新闻联系起来,吸引媒介的追踪报道,借以树立美好的形象。必须注意的是,"公关新闻"要避免与国家、地方新闻在时间上、地点上的冲突,否则会导致记者和媒介无暇顾及本企业的"事件"。2008年北京奥运会前夕,许多商家不仅在店内悬挂印有奥运五环、吉祥物福娃或橄榄树的宣传画,而且在促销手法上也与奥运联系起来。某连锁超市推出新的促销举措——拼字游戏。如果能在抽出的字牌中,拼出——"前进,奥运"或者"中国,加油",就会领到不菲的奖品。由于奥运会的特殊性,"奥运标准"在很多消费者心目中已经成为一种"高品质"的象征。"奥运牌"的确引来了消费者的广泛关注。

4.企业出现危机时,是策划"公关事件"的应变之机。当遇到危机或知名度下降时,其产品的销售量会随之下降。这时,公关人员应迅速启动危机公关机制。

5.新产品、新服务上市,是策划"公关新闻"的可乘之机。中国市场已经成为一个竞争激烈的买方市场。消费者面对琳琅满目、眼花缭乱的商品和各种名目繁多的服务,无所适从。而各路竞争对手都使出浑身解数向消费者推销自己的产品和服务,希望消费者在商品信息的海洋中听到自己的声音,看到自己的产品,从而在竞争中立于不败之地。由于媒介的新闻报道、专题通讯或记者采访等具有一定的客观性、公正性和可靠性,新闻报道、专题通讯等新闻方式比广告等直观的商业信息更易被消费者接受和信任。在这种态势下,要想把自己的新产品、新服务打入市场,公关人员策划、制造"新闻"的作用更显得非同小可。公关人员要策划独具特色的公关活动新闻,巧妙地利用新闻媒介以新闻方式向公众大力宣传和介绍新产品、新服务,使其在公众脑海里留下深刻的印象。

6.国家新方针、新政策出台,是策划"公关新闻"的把握之机。在国家出台新的方针政策、改革措施时,公关人员要紧扣新形势,跟上改革的步伐,认真领会新的方针政策,不失时机地策划、制造"公关新闻",这样定会赢得媒介的关注。策划、制造"公关新闻",最好是与新闻界联合举办活动,让新闻界直接参与。

相关链接

连锁企业的危机公关

营销的成功推进在于公关与广告的有机整合——通过互相之间密切的配合,发挥各自优势,利用多种宣传方式立体地对目标客户进行贴身追踪,使他们逃脱不了信息有形或无形的包围与影响。

在公关里还有个危机公关的概念,危机对于每一家企业而言,不仅仅是一道决定企业生死的难关,更是考验企业战略成熟度的关口,企业防范风险的意识与应对能力决定了企业最终是否能走出困境。对于连锁企业尤其如此,因为连锁企业的特殊性决定了处处牵一发而动全身。因此连锁企业在处理危机时,要遵循两个解决原则:迅速性和组织性。"迅速性"是指连锁企业对危机的反应要迅速灵敏,现代化的信息程度很高,如果问题拖延势必对企业的形象和品牌造成很大的影响。还有"组织性"原则,产生危机,连锁企业应该立即组织相应的专门的委员会来解决这个问题。比如在非典时期,经营得不错的连锁企业都针对非典采取了应对措施。在餐饮业,很多餐馆都因为非典而生意萧条,但成都一家餐饮店的生意却比平时好,究其原因是这家餐饮店应对危机的意识非常强。他们意识到非典对消费者心理造成影响,立即采取应对措施:保持餐馆的卫生和足够通风。在别的餐馆经营惨淡时它却生意兴隆,这是个应用危机公关的很好的例子。

五、公关宣传的操作要点及注意事项

(一)公关宣传的操作要点

公关宣传是一项系统工程。系统性体现在新品上市的操作过程中,根据不同的市场发展阶段应制定不同的公关策略,根据不同的市场形势制定不同的公关应对策略,形成公关计划,并保障该计划具有良好的可执行性。

1.成立公关团队。企业未必一定要成立公关部,但这项职能一定要有,且由专业团队负责。公关宣传团队具备三个特点:一是规模适中,专业、精干、高效;二是结构合理,尽可能吸收具有不同身份、年龄、专长和经验的人参加,利于优势互补;三是每个人都能发挥自己的聪明才智和创造力,在此基础上最大限度地集思广益,博采众长,创造性地制订公关方案。

2.开展公关调查。宣传策划之前的调研工作提供了新的信息,它们是策划宣传的主要依据。策划人员一定要认识到公共关系调查工作的重要性,严密组织公共关系调查。具体来讲,要从以下四个方面进行。

(1)调研企业基本情况。主要是对历史发展状况、重要事件及其所引起的社会反响、本单位的经营管理情况、竞争优势和劣势、面临的机会与威胁等方面进行调查。目的是了解企业的资源状况,为公共关系活动的实施提供条件和依据。

(2)调查企业形象。主要调查连锁企业在公众中的知名度和美誉度,了解其社会影响的深度、广度和在社会公众中的信任度。调查人员应把调研变成一个塑造企业良好形象的过程,通过调查制定正确的公共关系目标和方向。

(3)调查公众意见。首先是对企业内部员工进行调查,主要是了解组织内部员工对企业的看法和评价,在开展公关活动时,能引导员工积极参与,提升公共关系活动效果。对于外部公众,主要是对公众对企业的看法和印象以及形成原因进行调查,以便在公共关系策划时能针对不同类型的公众进行策划。

(4)调查企业所处环境。主要是调查和分析与企业有关的政治、经济、文化、技术等因素及其发展变化趋势;调查分析有关政策、法律的制定和实施情况;调查了解新闻媒体对企业的态度和传播效果;调查顾客的消费需求和行为动机;调查了解竞争对手的公共关系策略和对主要公众的影响程度。在此基础上进行 SWOT 分析,这是决定公关宣传策划是否可行、是否成立、是否具有针对性与实效性的基础。

3.明确公关对象。要找到正确的公关对象,需要做好以下工作。

(1)对组织所面临的公众进行分类。如按公众对组织的重要程度进行分类,将公众划分为主要公众、次要公众和边缘公众。按公众的身份,将公众划分为员工、股东、政府、顾客、竞争者、协作者、社区、媒体等。

(2)了解各类公众的需求及影响力,赋予不同公众以不同的影响因子,从中选择目前最需要公关的对象。

(3)拟定公关主题。主题要反映公关活动的目标,是公共关系活动的灵魂,也是将公共关系活动中各种形式有机联系起来的纽带。

(4)制订公关宣传计划。公关计划要明确公关活动的目的、时间、地点、内容、负责部门、配合部门、公关预算等方面内容,还应制订一份紧急情况应对方案。

(5)建立执行监控。公关活动计划只是成功的基础保障,更重要的是执行。要使执行得到保障,就必须有一套完整的公关执行保障体系,使执行既不偏离轨道又具有灵活性。

(6)公关效果评估。测量与评估公关宣传的目标达成度,包括销售目标、传播目标的完成情况,并做活动效果分析。

(7)建立公共档案。建立公共档案是一项必须做的基础工作,建立档案并存档,为日后公关工作储备资料。

(二)公关宣传的注意事项

连锁企业的公共关系活动可分为预期型、意外型或形象增强型、形象减损型几种类型。预期型公共关系是企业事先做好活动策划并努力促使媒体做出有益的报道;意外型公共关系是指媒体在企业事先未曾注意的情况下报道其表现;形象增强型公共关系是指媒体用赞赏的口吻来报道企业,关于其杰出的服务活动,为公众做出的努力等;而形象减损型公共关系是指媒体用批评的口吻来报道企业行为,造成企业形象受损。

正是由于连锁企业无法控制公关宣传的信息,企业的公关活动要取得理想效果,必须注意以下两个方面。

1.公关活动的创意一定要新奇。从某种角度来看,要有较强的新闻价值,带有新的信息和情报,使人们有耳目一新的感觉。要使公众在赏心悦目之中对企业产生好感与期盼,满足人们的好奇心。如果公关活动的内容具有为社会多数人所关注的特征,包括人物的知名度、事件的重要程度、数量的显赫程度等,那么它也就具有了新闻价值。当然,新奇不等于走极端和不实事求是,新奇的要求是既新颖又能为大众所接受,那种一味哗众取宠、刁钻古怪的做法是不足取的。

2.公关活动要注意社会效益。公关活动的目标是树立企业的良好形象和信誉,创造和谐的公众环境,赢得公众的支持。公关活动的社会效益包括:弘扬社会正气,支持社会正义事业,支持公益、慈善事业,弘扬民族传统文化与民族精神,发扬社会人文精神,宣扬社会公德,推广科学的文化价值观念,培养文明的社会生活、工作、休闲方式。

任务三 门店氛围营造

任务分析

终端销售氛围的营造是促销活动的前提,目的在于提高产品认知度。消费者通常受产品的终端形象和活动影响而发生冲动购买行为。有些企业不重视终端销售氛围的营造,有些新颖独特的产品已经上市好几个月了,消费者竟然还不知道这个产品的存在,使得产品在目标消费者心中根本没有形成任何印象。

连锁企业门店氛围营造对促销活动起到至关重要的作用,目的在于提高产品认知度。消费者通常受产品的终端形象和活动影响而发生冲动购买行为。

相关知识

一、门店氛围营造的含义及作用

门店氛围的营造是促销活动开展的前提,是指在开展促销活动时,通过物料布置、促销商品(礼品)陈列表现、声音传播、人员形象塑造、促销宣传、互动活动等表现出的热烈的销售氛围。

利用促销标志烘托氛围是对商品陈列的一个补充,是在卖场内的一种提醒,其作用是在促销活动与卖场陈列商品之间搭建起一座刺激消费者购买的桥梁,提醒作用大于暗示作用。对该类氛围营造的抽样调查说明,在同一店面、同一位置、相同价格的商品在有促销氛围烘托和无促销氛围的烘托下,其销售差额接近15%,就销售而言,促销氛围可以直接拉动商品销售,并且对促销活动和卖场商品之间的关联性起到巨大的作用。换句话说,卖场氛围烘托的有无将直接关系到促销活动的成败。

二、门店氛围营造的主要内容

目前在国内零售行业中,促销理念大体分为两类:一类强调商品价格,以沃尔玛为代表;另一类强调购物环境,以家乐福为代表。沃尔玛以天天平价为促销思想的根本点,其促销氛围的营造更多是在与商品相关联的促销活动上;家乐福的促销思想则在开心购物上。

连锁企业要将产品促销推广和信息发布融入门店销售氛围提升之中。

1.运用产品的海报、堆头、花车卖架、纸架、易拉宝等宣传方式营造店内的火热气氛。

2.开发一些耐用性区域进行产品宣传,如通过门店的门头、背景墙、灯箱、橱窗、专柜等区域进行产品形象的包装和宣传。

3.利用一些知名品牌特价销售来吸引顾客时,特价产品的促销信息发布标志一定要简单明了、醒目,方便顾客阅读,使整个门店的促销氛围形成聚焦。

对产品广告宣传和促销活动信息的有效利用,可以使原本死板的门店修饰氛围立刻活跃起来。门店销售氛围的营造要保证持续性,避免时断时续而造成的资源浪费,开展促销活动最好要求生产企业能给予大众媒介宣传方面的配合,这样可以使产品促销活动的信息得到更广泛传播,最大限度地凝聚促销现场的人气,满足门店对人流、现金流的追求,引导目标消费者发生购买行为。

在营造门店氛围的时候要特别注意:太多文字标志的宣传,顾客不会仔细阅读的,特价标志应该让顾客一目了然;对于传达特价产品种类与价格的文字或图案,应该用提示性强的色彩来表现,标志的色调应保持一致,最好不超过3种颜色;特价产品一定要选择顾客认知度高的品牌产品,因为顾客对这类产品比较熟悉,尤其是对产品的价格敏感度高;不要寄希望于特价策略会给非品牌产品带来销量,非品牌产品应更加注重自身品牌塑造和市场推广。

相关链接

门店销售氛围提升价值

门店销售氛围提升的基本价值就在于提升门店的销售业绩,增加门店销售额和利润,具体表现在以下3个方面。

1. 提升重点品种的认知度

提升门店销售氛围并融合产品促销信息的发布,可以提升重点销售品种的产品认知度,通过产品震撼的视觉冲击力、终端形象、活动影响等促进消费者冲动购买和购买行为的转变,提升门店销售额和利润。

2. 增加门店客流、现金流

通过门店销售氛围提升,可以吸引更多的顾客光顾门店,提高门店客流量,从而增加销售额,提升门店的现金流量。同时,门店销售氛围的提升可以让顾客在舒适宜人的购物环境中延长逗留时间,增加顾客发现和了解事先没有打算购买的其他产品的机会,也促进顾客主动去了解门店中其他产品的信息和促销活动信息,增加顾客购买机会。

顾客在门店逗留时间的延长,也增加了店员向顾客推荐和讲解产品的机会,顾客在不知不觉中接受店员的产品知识宣传和教育,增加购买产品的品种和数量,增加门店希望销售的高利润产品的销售量。

3. 促进门店高利润产品的销售

目前许多连锁企业利用利润率低的品牌吸引顾客,带动利润率高的非知名品牌产品的销售,在促进连锁企业高利润产品销售的同时保证产品销售的现金流。在保障现金流的前提下,通过门店销售氛围的提升,提高高利润产品在终端的附加值,增强产品的品牌价值,给顾客品质保证的安全感,最终提升产品销售量。销售量不断增加,门店利润也就自然提升了。

三、门店促销氛围营造及展示

促销氛围指在开展促销活动时,通过物料布置、促销商品/礼品陈列表现、声音传播、人员形象塑造、促销宣传、互动活动等表现出的热烈的销售氛围。

1. 利用物料进行氛围营造:

(1)促销宣传品——具有很强时限性,以促销信息宣传为主的物料:单页、促销喷绘、写真、KT板、横幅、竖幅、海报、产品易拉宝、X展架、抽奖箱等。

相关链接

常用终端宣传道具的作用与使用

常用终端宣传道具	作 用	使 用
海报	在销售现场和户外、店外张贴,传达新包装上市产品和婴儿奶粉积分活动信息,营造销售气氛	可张贴于卖场内外的墙上、柱子上、收银台上或者终端架侧面
手写空白海报	销售人员在售点临时手写广告信息	手写在空白处,张贴在卖场内外的墙上或柱子上
DM	详细而直接地向消费者传达新包装上市产品和积分活动的信息	在终端和户外促销活动现场免费派发,或者放在终端货架上任消费者自取
货架卡	在销售终端传递新包装上市产品和积分活动信息,促进消费者形成最终购买	贴在或者插在货架上,位于产品的下方
弹弹卡	在销售终端生动展示新包装上市产品的信息	将下端的塑料条粘贴在货架上
堆头围	生动化展示堆头,也可以起到海报的作用	贴在堆头四周或灵活张贴在卖场的墙上、收银台等显眼处
堆头看板	在堆头生动展示新装上市产品的信息与活动信息	两端有立柱固定,插在堆头的产品间
货架上端与看板侧面	对货架进行包装,生动展示产品上市活动信息,营造销售与活动氛围	用泡沫双面胶粘贴固定在货架的上方和侧面
X架、易拉宝	展示传达产品概念,营造现场气氛	安装见具体图纸,简易轻便

(2)形象展示物料——促销信息性不强,偏重于氛围营造的物料:帐篷、拱门、太阳伞、地毯、气球、堆头箱、促销台、彩带、彩旗、三角串旗、鼓、气模、季节性形象吊旗等。

2.商品的陈列和促销表现:
(1)通过爆炸花、促销牌、三角牌等对商品进行促销氛围装点,传递促销信息;
(2)促销商品的分活动类别陈列表现(不同促销优惠活动的分类陈列);
(3)为提升陈列丰满度和促销丰富度,对促销商品的集中陈列;
(4)为拉近促销商品与顾客距离,通过临促台的促销展示或外场柜台销售。

3.礼品陈列表现:丰满、整齐、视觉冲击力强。

4.促销声音传播:促销信息广播及现场主持宣传。
5.人员形象塑造:促销帽、促销服、个性发型、个性装扮等。

6.主动促销宣传：游街、举牌、DM 单页派发、顾客拦截宣传等。

7.现场互动活动：免费抽奖、免费游戏、路演、气模表演等为提升人气进行的各种顾客互动活动。

相关链接

餐厅菜品展示促销的几种方法

每家餐厅都会采取不同的促销方式，以吸引消费者注意。但是，很多促销方式都需要额外支出费用，成本难免增高，这让创业者有时迟迟不愿行动。

其实，创业者应当明白：促销的目的就是激起消费者购买欲望。因此，不妨利用菜品展示进行促销，这样既不会使成本增加，又能达到扩大销售的目的。

一般来说,利用菜品展示促销有以下几种方法:

1. 菜品陈列促销

有一些消费者在点菜时,总对菜单文字介绍和图片展示持怀疑态度,此时,餐厅不妨将烹调得十分美观的菜品展示在陈列柜里,消费者通过对产品直接观察,很快就能点完菜。当然,这种方法的局限性也很明显:不是所有的菜品都适合陈列促销。许多菜品烹调后经过放置会失去新鲜的颜色,这样的陈列反而会起到反作用。一般来说,这种促销方法比较适合凉菜、甜点、沙拉等。

2. 原材料展示促销

一些经营海产类菜品的餐厅,可以通过原材料展示进行促销,因为这种菜品讲究"鲜""活"。原材料展示,可以让消费者感觉本餐厅使用的原材料都是新鲜的。具体来说,餐厅可以在门口用透明玻璃鱼缸养一些鲜鱼活虾,任凭消费者挑选。厨房按消费者的要求加工烹调,这样消费者就能目睹原材料的鲜活,容易对质量满意。

当然,也不是所有的海产品都适合这种方法。比如一家餐厅的菜品中有蛇肉一项,如果在餐厅门口养两条大蛇,过路的人看见蛇就会远远躲开,何谈进餐厅就餐。可想而知,销售结果与预计会恰恰相反。

原材料展示促销的关键是,必须保证原材料的质量。有的餐厅鱼缸里的鱼身上伤痕累累,鱼鳍被咬掉一半,但还没有死,令人产生一种既可怜又恶心的感觉。消费者不但不会点这条鱼,对这家餐厅也会失去好感。

3. 服务员巡回展示推销

有一些餐厅因为供应凉菜或点心,所以,采取服务员巡回展示的方式也不失为一个妙招。这种方法的关键就在于,部分菜品放在推车上的器具里,由服务员巡回于座位之间向消费者推销。有时消费者点的菜不够充足,但又怕再点菜等待时间过久,在这种情况下,推车服务既方便了消费者,又增加了餐厅收入。

巡回推销的好处还在于,车上的许多菜不一定是消费者想买的菜品,属于冲动性决定购买的菜品。消费者如果看不见这些菜品,不一定会有购买动机,但看见后便可能产生冲动性购买动机和购买行为。如果餐厅档次较高,除了推销凉菜或点心之外,还可以在小车上配备一碗刚刚出锅的馄饨。馄饨盛在精致的小汤碗里,下衬漂亮的餐垫和精致的衬碟,馄饨里有碧绿的香菜和可口的蘑菇做点缀,在餐具和装饰品的衬托下,这碗馄饨的外观非常诱人,使它在消费者心目中的价格倍增。这样,原本一道成本不高的菜品,就可以卖出一个合适的价格。

4.现场烹饪促销

在一些餐厅就餐时,消费者可能见过像"印度抛饼"这样的现场制作场面。通常,这种带有表演性质的现场烹饪,都会使消费者产生兴趣,引起食欲和强烈的品尝心理。因此,餐厅不妨也采取现场烹饪的方法促销。这种方法的优势是,消费者现场目睹菜品的烹饪过程,当场品尝该菜品的味道,会感觉味道更加鲜美;现场烹调还能利用食品烹调过程中散发出的香味和声音来刺激消费者的食欲。

需要特别注意的是,进行现场烹调促销时,厨师一定要选择外观新鲜漂亮的菜品,烹调时无难闻气味、速度快而且简单,如烧烤类的菜品容易现场烹调。另外烹调的器具一定要清洁光亮,否则消费者会对餐厅产生一种不干净的误解。

这几种方法,都是既可节省成本,又能达到良好效果的菜品展示促销方法,创业者可以灵活运用。甚至,这些促销方法还可以同时推出,从而形成餐厅的一种独特风格。

四、促销氛围营造手段

促销氛围的营造必须具有强烈的视觉牵引力。消费者抱着什么目的来到商店,他们的目光会停留在哪里,是营造终端促销氛围必须关注的细节。

中国人喜欢热闹,好奇心强,在节假日和周末休息日,这种心理特征表现得更加明显。因此,一定要根据自己商品和促销的特点在终端创造出有效的销售气氛。

(一)宣传品布置之"海陆空"

"海"指的是商品,将商品展示与促销活动充分结合,有清晰直接的促销信息标识(爆炸花、三角牌、促销贴);"陆"指的是动线,沿顾客行进路线进行重点氛围装扮、促销信息宣传和主动推介(POP、海报、地贴);"空"指的是卖场空间,包括空中、地面和墙壁(橱窗)的氛围包装(吊旗、气球、横幅),三个环节缺一不可。

"做促销不如像促销",活动内容本身可以简单或者平常,但是在布置上绝对不能马虎了事。活动效果的好坏,卖场的外场氛围布置是非常关键的。一个促销活动要做,可以不花很多费用做广告,但是活动的主题宣传内容必须要在卖场内外充分表现出来,这样对顾客才有强烈的视觉冲击力,使其有冲动去消费。

大规模促销活动布置要求:

1.争取有外场销售和人员驻守,可进行外场展示布置;

2. 店内外要有大量形象展示物料(彩旗、拱门、帐篷、堆头、太阳伞、地毯等)的强力支撑,特别是使用气球对内外进行装饰;

3. 有足够的促销宣传品进行广告宣传和促销氛围营造,必须由外到内在高空、墙壁、地面连成一片,避免"外热内冷"或"内热外冷"感觉的出现;

4. 商品陈列针对促销活动内容进行相应调整布置;

5. 礼品丰富繁多,设立精心陈列的礼品展示区;

6. 有专人负责店外主持宣传;

7. 在上午(10点前后)、下午(2—3点后)、晚上(7:30后)有相应顾客互动活动安排;

8. 有主动性宣传队伍,能随时抽调前往周边进行促销宣传或在人行道上拦截顾客。

一般性促销活动布置要求:

1. 争取有外场销售和人员驻守,可进行外场展示布置;

2. 店外以形象展示物料(帐篷、堆头、太阳伞和门头气球拱门等)为主;为控制宣传费用,促销宣传品不宜过多过杂,在外墙壁(橱窗)通过大尺寸促销喷绘广告和海报传达促销信息即可;

3. 店内以悬挂空中促销横幅和吊牌为主,张贴海报为辅,空中氛围不足时使用气球装饰;

4. 商品陈列针对促销活动内容进行相应调整布置;

5. 礼品丰富繁多,设立精心陈列的礼品展示区;

6. 有促销广播播音或专人负责店外主持宣传;

7. 冷场或人气较旺时,须有相应顾客互动活动安排。

项目四 促销宣传方案设计

(二)促销人员形象塑造

促销现场工作人员也是影响促销氛围的一个重要方面。在人员方面,必须做到几下几点:

1.终端销售人员穿卖场统一促销服,对外宣传人员必要时要在人员形象方面进行个性化塑造;

2.发放促销品及DM单页的促销人员要有礼貌,懂得发现哪些是潜在顾客,不能随意发放;

3.终端销售人员要充分明白活动内容,在给顾客介绍商品时要注意自己的言行举止,做到真正为顾客做好顾问;

4.在中场休息时或用餐时须轮换,保证柜台前随时有人招呼顾客。

(三)促销现场组织

促销现场组织工作相当重要,组织得不好,现场会显得相当混端促销氛围不说,还会影响到卖场的形象。

1.计现场的顾客保持整齐有序,顾客多时要有人维护现场秩序;

2.适当把握现场促销及宣传氛围,灵活对氛围"热冷"进行调节;

3.对人员、商品、礼品、外联等做好提前安排部署,并控制好整个促销进程;

4.防止竞争对手的干扰(现场捣乱、对手调价)等。

检 验 员
1

以上三个终端促销氛围的营造是互相作用、相辅相成的,任何一个做得不到位,都会影响到促销氛围的营造,进而影响到整体促销活动的效果。

五、POP 广告

POP(point of purchase)广告,原意为售点广告,是指企业为了在销售现场促进顾客即时购买行为的产生而进行的所有广告活动。POP 广告的概念有广义和狭义两种:广义的 POP 广告概念,是指在商业空间、购买场所、零售商店的周围、内部以及在商品陈设的地方所设置的广告物。如商店的牌匾,店面的装潢和橱窗,店外悬挂的充气广告、条幅,商店内部的装饰、陈设、招贴广告、服务指示,店内发放的广告刊物、进行的广告表演,以及广播、录像、电子广告牌等;狭义的 POP 广告概念,仅指在购买场所和零售店内部设置的展销专柜以及在商品周围悬挂、摆放和陈设的可以促进商品销售的广告媒介。

(一)POP 广告的作用

由于 POP 广告符合现代消费者的消费习惯,并且成本低廉、制作简单快捷,具有其他促销手段所无法比拟的优势,在国际零售行业中,担负着促进商品销售的重要角色。实践已证明,POP 广告是连锁企业开展市场营销活动、赢得竞争优势的利器。而且,据美国学者对 POP 广告成本的统计,每千人成本不足 50 美分,从而使 POP 广告的作用较之其他类型的广告更突出,POP 广告的作用主要有以下几点。

1.将销售意图准确传递给顾客,吸引顾客注意,激发购买兴趣

POP 广告可以凭借其新颖的图案、绚丽的色彩、独特的构思等形式引起

顾客注意，使之驻足停留，进而对广告中的商品产生兴趣，唤起消费者潜在购买意识。美国DSB商业研究机构对美国本土100家大型零售商店的研究显示，对促销类POP广告的科学应用，可以使商店内单品销售成绩提高50％～300％，使整体销售成绩提高30％～100％。在欧美、日本等经济发达国家，以及中国香港、中国台湾等经济发达地区，更多的企业在市场营销方面已进入细化营销阶段，许多企业通过在终端通路进行市场生动化管理，巧做POP广告，使产品销售得到了不同程度的提升。

2.塑造企业形象，与顾客保持良好的关系

POP广告是企业视觉识别中的一项重要内容，连锁企业可将商店的标志、标准字、标准色、企业形象图案、宣传标语、宣传口号等制成各种形式的POP广告，以塑造富有特色的企业形象。当消费者接触到这些标志时，就会明白它代表哪些企业以及这些企业的经营特色。目前，国内的一些企业不仅注意提高产品的知名度，同时也很注重企业形象的宣传。POP广告同其他广告一样，在销售环境中可以起到树立和提升企业形象、保持与消费者的良好关系的作用。

3.取代促销员，传达商品信息

在超市的货架上、墙壁上、天花板上、楼梯口处，都可将有关商品的信息及时地向顾客展示，通过音乐、色彩、造型、文字、图案等手段，向顾客强调产品具有的优点，同时，又能凸显产品的特质，起到很好的映衬作用，从而使顾客了解产品的功能、价格、使用方法以及各种辅助服务等信息。商店内的各种POP广告传达着广告商品的信息，刻画着商品的个性。

4.创造销售气氛

利用POP广告强烈的色彩、美丽的图案、突出的造型、准确而生动的广告语言，可以创造强烈的销售气氛，吸引消费者的视线，促成其冲动购买。此外，POP广告还能用来配合季节、节假日进行促销，营造一种欢乐的气氛。

(二)POP广告的种类

POP广告在实际运用时，可以根据不同的标准对其进行分类，不同类型的POP广告，其功能也不尽相同。

1.按照体现形式POP广告可以分为如下几类。

(1)招牌POP。招牌POP包括店面、布幕、旗子、条幅、电子字幕等，其功能是向顾客传达企业识别标志、销售信息。

(2)粘贴POP。粘贴POP主要以海报的形式反映店内商品信息、活动信息。

(3)悬挂POP。悬挂POP包括悬挂在超市卖场中的气球、吊牌、吊旗、装饰物、包装盒等,主要是用来活跃卖场气氛。其中,吊旗是在商场顶部吊挂的旗帜式的POP广告,其特点是以平面的单体向空间做有规律的重复,扩大广告传递的空间范围,也可以吊挂较大的实体模型,更能增强立体感和吸引力。

(4)标志POP。标志POP是超市内的卖场引导标志牌,用来向顾客传达购物方向,商品摆放位置。

(5)包装POP。包装POP主要以礼品包装、赠品包装等形式促进商品的销售。

(6)灯箱POP。灯箱POP将灯箱固定在货架的端侧或者上侧,起到指定商品的陈列位置和形成品牌专卖形象的作用。

2.按照摆放位置POP广告可以分成以下几类。

(1)外置POP。外置POP指放置在店门外的促销广告形式,其作用在于将顾客吸引到店内来。

(2)店内POP。店内POP主要在店内起到渲染气氛的作用,引发购买欲望和冲动。

(3)陈列现场的POP。陈列现场POP的作用是促使顾客做出立即购买的行为。

3.按照作用和功能POP广告可分为两大类。

(1)气氛类POP。气氛类POP的主要作用是烘托卖场气氛,构建卖场与众不同的个性文化风格与理念。

(2)促销类POP。促销类POP的功能主要在于通过简洁的信息,有效地刺激顾客的购买冲动,实现成功交易。

相关链接

促销类POP广告与气氛类POP广告的区别

名称	功能	种类	使用期限
促销类POP	• 帮助营业员出售商品 • 帮助顾客选购商品 • 促进顾客购买欲望	• 商品价目卡 • 拍卖POP • 商品展示卡	拍卖期间或特价日,多为短期用
气氛类POP	制造店内的气氛	• 形象POP • 消费POP • 招贴画 • 悬挂小旗	多为长期性和季节性

4.按时间长短POP广告可分为以下两类。

（1）长期POP广告。长期POP广告主要包括招牌POP广告、企业形象POP广告等。由于需要保持的时间较长，此类POP广告设计制作往往较为精美。

（2）短期POP广告。短期POP广告指使用周期较短，一般在一个月以内的POP广告类型，如柜台POP展示卡、展示架及商店的大减价、大甩卖招牌。此类广告一般伴随着商品的促销而存在，只要商品一卖完，POP广告也就无存在的价值了。所以，广告的周期可能极其短暂，而投资一般都比较少，设计也相对粗糙。

5.按使用材料可分为以下三类。

（1）金属等材料POP广告。POP广告所使用的材料多种多样，就一般常用的材料而言，主要有金属材料、木料、塑料、纺织面料、人工仿皮、真皮和各种纸材等。其中金属材料、真皮等多用于高档商品的POP广告。

（2）塑料等材料POP广告。塑料、纺织面料、人工仿皮等材料多用于中档商品的POP广告。

（3）普通纸材POP广告。普通纸材由于加工方便，成本低，所以在实际的运用中，是大范围使用的材料。

6.按照不同制作方式POP广告可分为以下两类。

（1）机制POP。通过专业软件设计，由专业打印设备批量输出方式制作的POP，称为机制POP。北京宜家家居采用了一套POP广告体系，这种POP广告整齐统一、创意清新，能够向消费者传递丰富的商品信息，极大地促进了销售。机制POP的应用已经普及，成为超市等零售企业POP广告的主要制作方式。

（2）手绘POP。利用人工手绘的方式制作的POP广告，此类广告制作成本低廉，但优秀的手绘POP往往极富创意。尤其在当今追求独立个性的时代，手绘POP往往更能吸引消费者的目光，达到意想不到的效果。

（三）POP广告促销策略

连锁门店应精心制作POP广告，通过强烈的视觉传达告知顾客卖场销售的商品、商品的位置和配置、商品的特性和价格，以及最新商品的供应等商品经营信息，吸引顾客进入店内，激发顾客的购买欲望，促进商品销售。POP广告既能为购物现场的顾客提供信息、介绍商品，又能美化环境、营造购物气氛，在满足顾客精神需要、刺激其采取购买行动方面具有独特的功效。

项目五　促销活动实施与评估

学习目标

◆ 知识目标

通过本项目学习,你应该:

1.了解连锁企业促销组织管理模式;

2.了解促销实施进度安排及促销活动实施过程中的注意事项;

3.掌握促销活动效果评估量化指标的计算。

◆ 技能目标

通过本项目学习,你应该:

能够独立撰写一份完整的促销活动效果评估报告。

项目简介

1.项目意义

促销活动贯穿于连锁企业的整个销售过程,其本质是沟通信息、赢得信任、激发需求、促进购买和消费,其最终目的是实现销售、扩大销售。连锁企业只有通过合理的促销管理,才能为进一步的发展不断积累财富。连锁企业促销的组织与实施是关键,抓住了关键点,促销活动就成功了一大半。

2.项目内容

以连锁企业(包括连锁卖场、连锁经济型酒店、连锁餐饮等)为载体,基于校外合作企业的实际情况,在企业促销活动方案策划、促销宣传方案设计基础上,实施促销活动,并对促销活动进行过程控制,最终对促销活动进行评价。

项目五 促销活动实施与评估

根据连锁企业促销活动实施与评估的工作流程和工作内容,该项目划分为促销组织与管理、促销活动实施与控制、促销活动评估3个任务。

3.项目要求

学生自由组成小组,每组4~6人。以小组为单位,在前期促销活动方案和促销宣传方案基础上,明确项目内容,对促销活动效果进行评估。要求在教师指导下,每个小组能够独立完成本次实训项目。

4.项目成果

在项目学习之后,学生需要提交促销活动评估报告作为项目学习成果。

项目解析

促销活动的实施与控制,是连锁企业促销策划方案的落地过程,是保证达到促销目标的重要环节。企业在实施促销活动方案时,要重视选择促销组织管理模式,做好促销进度安排,做好促销活动前的准备,跟踪促销活动现场的执行情况,并注意控制促销活动的进程,及时调整执行中的不良状况,最后做好促销活动的总结。

促销活动的总结主要围绕销售目标的达成情况、目标未达成的主要原因、促销过程中遇到的问题及解决情况、后期销量的跟踪情况、促销所耗费用等方面进行。可以从下述切入点进行总结:

(1)促销成本统计。促销成本统计的指标如下:人力成本、促销品成本、资金、时间成本、其他资源等;

(2)促销效果统计。促销效果统计的参考指标如下:现场销量、销量跟踪、参与人数、渠道促销的客户参与数、产品知名度提高程度、促销目的的达成情况等。

(3)信息反馈。连锁企业可以通过如下方式来收集反馈信息:面谈、问卷、员工总结。

项目作品示例

促销活动效果评估报告

一、活动概述

为了进一步提升××品牌在××地区的知名度和处理××牌52克香瓜子的不良库存,同时有力打击竞品,由××分公司申请,于4月17日在××地区开展"凭1份《××晚报》可兑换××牌52克香瓜子4袋"的活动。

二、活动准备工作评估

(一)准备工作

1.活动参与人员

(1)活动责任人:副总监、省区经理;(2)活动执行人:××地区销售主任及8名临时促销人员;(3)活动监控:市场中心。

2.活动准备事项

(1)安排4个兑换点:家得福超市、保真超市、新一佳商场、江苏时代商场;(2)条幅、绶带各8条;(3)经销商提供送货车1辆;(4)××牌52克香瓜子20 000袋;(5)兑换登记表若干张;(6)促销人员招聘培训;(7)活动广告设计。

3.报纸刊发

活动宣传广告于4月15日在《××晚报》A4版刊出,报纸的发行量为6万份。

(二)准备工作评估

整个活动的前期准备工作均依据方案于4月17日活动开展前准时安排到位,包括人员、物资、报媒宣传等;各岗位人员及时到位,除活动执行人临时调整外,可以说活动的准备工作是按照方案百分百执行的,同时华东区副总监××亲自前来督战指导,鼓舞了销售的士气,增强了客户的信心。前期充分的准备为活动的正常开展提供了坚实基础。

三、活动执行过程评估

(一)活动执行

1.人员安排

此次活动由8名促销人员负责兑换,每个兑换点安排2人。市场中心人员负责巡检,销售主任负责货物配送和补给。

2.物品配送

物品的配送原计划是于4月16日活动前一天送到卖场,后由于和卖场没有协商好,导致配送时间调整为4月17日8:30前。实际执行过程中,除江苏时代商场按要求到位之外,其他的3个兑换点产品均未及时配送到位。

3.兑换流程

活动的兑换工作依据流程执行,1人负责登记,1人负责兑换。促销人员按要求填写表格。

4.活动交接

依据活动的开展情况,为了按时完成兑换工作,销售主任负责活动结束后和促销人员进行兑换数量上的核对和报纸广告的回收,整个活动结束时间为19:00。

5.活动核准

4月18日,市场中心负责整个活动执行的核准工作,包括兑换数量上的核对、表格的审核、报纸广告的回收。

(二)活动执行评估

整个活动在执行过程中出现了很多细节上的问题,对活动的顺利开展和活动的效果都产生了不小的影响。首先兑换产品及条幅、绶带、表格没有在活动开展前配送到位,导致活动无法按报纸广告传达的时间准时开展,使卖场和前来兑换的消费者都产生了一定的不满,造成了一定的负面影响;其次是招聘的促销人员素质、仪容参差不齐,没有经过严格的筛选,导致部分人员在工作期间工作散漫,擅自离岗,形态随意,严重影响了公司的品牌形象,在消费者心中产生了无法磨灭的不良印象;再次是促销交接工作较为混乱,没能做到清晰明了,严重影响了后期核准的效率;最后是兑换点的安排考虑欠周全,导致中午太阳强烈时不得不改变兑换点,改变后的位置在一定程度上影响了宣传的效果。

四、活动费用评估

(一)预算的各项费用

(1)报纸刊登费:3 300元;

(2)52克香瓜子:20 000袋×0.72元/袋=14 400元;

(3)登记表:250张×0.2元/张=50元;

(4)宣传横幅:4条×20元/条=80元;

(5)人员工资:8人×40元/人·天×1天=320元;

(6)绶带:8条×10元/条=80元。

上述各项费用合计为18 230元。

(二)费用节支

为了节约活动费用,横幅和绶带是以往的活动用过的,节省了制作费用,兑换的产品也做到不流失一袋,整个活动的费用节支情况见表5-1。

表5-1 费用节支一览表

费用项目	预算费用(元)	实际费用(元)	节约费用(元)
报纸刊登费	3 300	3 300	0
52克香瓜子	14 400	1 097	13 303
登记表	50	50	0
宣传横幅	80	0	80
人员工资	320	320	0
绶带	80	0	80
合计	18 230	4 767	13 463

五、活动效果评估

(一)取得的成绩

1.影响人数

此次活动参与兑换的消费者为381名,合计兑换52克香瓜子1 524袋。其中男性145人,占38%,女性236人,占62%。以参与的1个消费者影响3个家人为标准计算,活动直接影响人数为1 143人;报纸的发行量为6万份及现场影响人数约2 000人,以1个直接参与的家庭可至少影响1个家庭为标准计算,合计活动长期间接影响人数为10万人。

2.影响面

此次活动的宣传媒体为《××晚报》,其发行可覆盖整个××地区。同时4个兑换点的选择覆盖了××地区的新浦区、连云区、海州区。整个活动的影响范围较大,达到了活动的要求范围。

3.品牌提升

通过此次活动的开展,对于市场基础一直就较好的××市场来说,无论是对××品牌在当地的品牌提升还是××品牌的维护,都达到了很好的效果。

4.促进销售

活动的开展扩大了影响面,提高了品牌知名度,这些无疑都对销售起到了很好的促进作用,同时也增强了消费者的信心。

(二)活动不足

1.活动方案欠完善

活动方案欠完善,包括活动的前期宣传欠缺、费用预算不合理、人员配给不合理等,这些无疑都影响了活动开展的效果。如没有安排展台,导致只能用瓜子箱堆砌而成,严重损害了品牌形象。

2.宣传不足

对活动信息的传达仅在报纸上刊登了1期活动广告,而且版面很小,选择的是价格最便宜的版位。这从传播原理的角度上说,都无法给受众留下强烈的印象,同时参与卖场没有活动的宣传海报,使得在活动现场的很多消费者都不知道有促销活动。

3.执行力不强

整个活动在执行过程中出现了很多偏差,包括配送延误、兑换点的安排工作不明确、聘用的人员素质参差不齐、执行效率低等,使活动的效果大打折扣。

(三)问题的原因

(1)执行人员缺乏类似活动的开展经验,导致很多细节没有考虑周到。

(2)经销商配合度不够,导致活动开展的效率低下。

(3)执行人力不足。整个活动的执行工作只安排销售主任一人负责,导致很多事情不能得到及时处理。

六、改进建议

1.活动方案必须周全、详尽

建议在活动正式开展前半个月完成方案草稿,以便于领导有充足的时间调整修改。同时准备好活动的物资,如展台、帷幔、服装。

2.类似活动要做到宣传充分

建议加大广告的版面,选择较好的版位。由于彩版的价格和套红的价格相差不是很大,建议以后活动广告宣传采用彩版。

3.加强执行力

为了使活动能够达到预期的效果,建议在以后的活动方案中引进奖惩制度。对执行较好的人给予奖励,反之给予一定的处罚。

任务一　促销组织与管理

任务分析

促销活动的执行效果关键在于企业的执行力,需要事先成立促销活动小组并明确人员职责分工,通过培训和监控来确保整个促销活动顺利开展。

促销活动小组及人员职责分工是促销活动稳定有序进行的前提。在小组建立方面,必须既要有总指挥、总协调等类似主管的角色,又要有各个项目的具体负责人。在职责分工方面,应体现清晰明确的原则,专人专职,避免职责不清、相互扯皮现象的发生。促销执行过程中,应当实行主管负责制,一方面项目负责人必须维护主管的权威;另一方面主管必须对所属区域内的所有事件负责。

对人员进行系统的培训是保证促销活动质量的关键。不仅针对促销人员,而且对参与促销活动的所有工作人员都需要进行系统培训,应注意,培训内容应有不同的侧重点。通过对企业背景、产品特点、促销技巧等方面的培训,提高促销人员的业务素质,并在促销活动中,引导促销人员关注消费者的心理变化,根据消费者的不同性格特点,采取不同的说服方式。参与活动的其他人员,需要明确促销活动的目的、方式、主题、内容、注意事项,以及活动整体流程、典型问题处理、问题反馈程序、促销管理内容、各种表格的使用方法、相关奖惩规定等。

相关知识

一项促销计划要想得到顺利实施就必须建立一支高效的促销团队去贯彻执行。促销团队的组织形式有很多种,主要有外部促销组织系统和内部促销组织系统两种。

一、外部促销组织

外部促销组织是指促销主体以外的促销代理或能部分完成促销活动任务的具有调研、咨询策划、设计制作功能的组织。可以分为市场调查主导类、咨询策划主导类、设计制作主导类和代理服务主导类四种类型。

(一)外部促销组织的构成

外部促销组织包括生产商、经销商、市场调查公司、咨询策划公司、促销代理公司、促销保险公司、设计制作公司等。

(二)外部促销组织的职能

1.提供市场信息

促销调查是促销活动的基础。外部促销组织可从促销的宏观和微观环境、网络直销企业销售情况、促销策略、促销活动、促销工具与媒介、促销效果和促销管理等方面进行调查，获取第一手信息。

2.策划促销活动

策划促销活动是外部促销组织的核心职能之一，促销策划的重点是促销目标或主题、促销策略、促销活动、促销工具与媒介、促销与其他活动的配合、促销过程控制管理等问题，并提出可行的实施方案。

3.提供促销创意

促销创意是促销活动成功与否的关键环节，涉及促销主题、促销策略、促销活动方案、促销工具与媒介、促销文案等方面。

4.协助促销方案的实施和控制

促销方案的实施与控制是保证达到促销目标的中间环节。外部组织有时参与这个过程，有时不参与这个过程。一旦参与这个过程，必须注意把握方案的具体化、明确性、切入时间、周期安排、力度控制、人员调配、各部门实施与控制等环节的落实与分寸问题。

5.预测促销效益，分析促销效果

预测促销效益与分析促销效果涉及促销决策与促销目的的考察问题。外部促销组织一方面要根据投入力度、策略预计效果、促销周期进行促销效果预测；另一方面还必须对促销效果进行定性、定量分析。前者对说服企业采用促销方案是必需的，也是促销可行性分析的要求，后者对评估促销效果和积累促销经验非常重要。

(三)外部促销组织的活动方式

外部促销组织的活动方式是指其业务开展的方式，较为常见的有两种，即独立策划、联合实施和联合策划、联合实施。

1.独立策划、联合实施

当内部促销组织能力较差或没有内部促销组织时，外部促销组织往往与客户达成协议，由其进行独立策划并提出方案，经客户认可后，与客户互相配合实施。一些中小型的连锁企业或者大型连锁企业的派出机构在开展大规模促销时，通常会委托实力较强的策划公司进行促销策划，通过外部组织完成促销任务。

2.联合策划、联合实施

当内部促销组织能力较强,而又需要借助于外部促销组织的某些优势时,外部促销组织往往与客户达成协议,成立项目小组,联合策划并提出方案,经专门会议认可后,与客户互相配合实施。对于一些大型连锁企业,其日常促销活动通过自己的职能部门就可以较好地完成。由内部促销组织完成促销程序的全过程,实施环节也由内部促销组织完成,销售部门只是为其提供方便。如含有促销性质的公关活动、形象促销广告、日常辅助性促销业务等经常采用该方式。比较大型的促销活动一般会采取内外结合、相互协调、统一监控的组织方式,由内外促销组织和销售部门共同进行促销策划,共同实施。

二、内部促销组织

内部促销组织是指企业内部完成促销活动的具有调研、策划、设计制作、组织实施功能的职能部门和分支机构。

（一）内部促销组织的构成

内部促销组织通常包括企划部、营运部、采购部、物流配送中心、财务部等部门。促销活动要有效实施,内部促销团队合作和分工明确是基础。

促销一般由企业营运部实施相关职能。营运部的主要职能包括以下几个方面：卖场商品配置、陈列设计及改进；促销策略的制定与执行；企业广告、竞争状况调查分析；企业形象的策划及推出；公共关系的建立与维护；新市场开拓方案及计划的拟订。一般连锁企业促销商品订货库存管理的责任分工遵循以下原则：采购部负责首单订量、监控协助库存掌控；营运部负责续单订量,是库存掌控的主要责任部门；物流配送中心负责物流运送、储存。

案例直击

A 企业促销管理组织与协调

在一般连锁企业中,促销策划是营销企划部所为,但执行之中却牵扯各个部门,这些部门之间的分工及配合情况,对促销效果有非常重要的影响。

连锁企业 A 曾开展一次大型促销,先后投入资金上百万,最后效果不佳。其中重要原因之一,就是部门间分工协调不力。

图 5-1 是当时活动的部门分工和简要流程：

⊙ 项目五　促销活动实施与评估

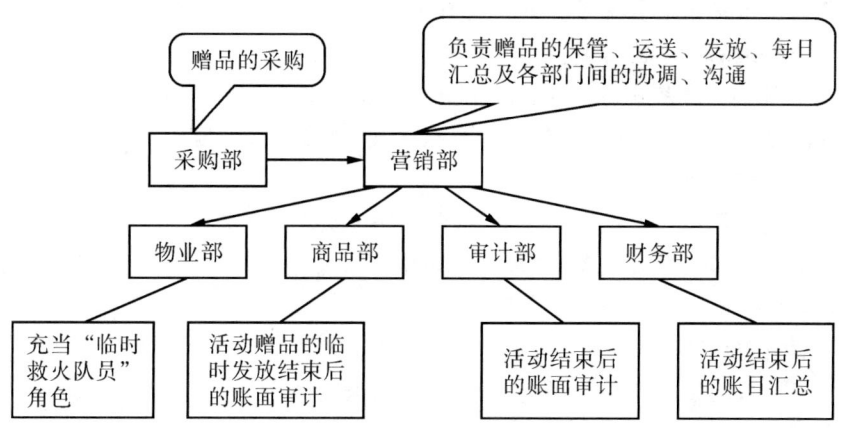

图 5-1　部门分工与流程

背景介绍：

这个企业的营销部当时刚刚成立，本来亟须得到各部门支持，结果在这次促销活动中，一些本不该他们做的工作全都列在该部门名下，名曰锻炼队伍，实为"拔苗助长"。

营销部部长有办公室和商品部 8 年工作经历；科员 4 名，则全部为刚刚入职不到半年的实习生。部长可算资历深，与各部门沟通也没有问题，但 4 名大学生初出茅庐，沟通就成了一个难题。果然，在促销大战之前，就传来各部门负责人对几名营销新人的微词。

我们认为，首先，营销部确实应该先集合各部门精英，打造出一支跟各部门对接无碍的强干团队，而不是大学生的实习基地。

接下来，在职责分配上，决策者犯了一个错误，认为只要是促销活动，所有工作都该主要由营销部负责。责任应在职责范围和能力水平之内。

出现问题：

首先在促销品运送这个问题上，本是物业部的工作，可实际运作中，他们只充当了"临时救火队员"，还总不及时，甚至出现促销品到达商场楼下足足一个小时，无人卸货、送货的情况。而看守者居然是营销部的小姑娘，没力气卸货。

在赠品的库存管理上，新手可能还抵不上一个实习营业员。可是偏偏专业库管员闲置不用，让没有任何经验的大学生管理上百万元的库存商品。

另外，在赠品发放上，一般由商品部人员负责更顺畅。因为商品部都为工作十几二十年的老营业员，现场管理能力很强，对赠品管理和发放更具经验。

但发放也由营销部负责了。其实这样效率很低,而且耽误了营销部做现场市场调查和跟踪对手的时间。

协调工作的基础仍旧是合理的分工。比如说,营销部也想找库管员来协助管理赠品,可库管员比营销部人员都牛气,很难调动。因此事先就该按实际情况来分配任务。

改进建议:

把营销部的职责调整为"每日活动结束后的赠品汇总与各部门的协调、沟通,客流统计,竞争对手考察等";

物业部的职责调整为"负责赠品的保管运送";

商品部的职责调整为"负责赠品现场管理与发放"。

(二)内部促销组织的职能

内部促销组织的首要职能是制订综合性年度促销计划并编制预算,进行促销活动效益预测。其次是进行市场调研,进行促销策划,设计有创意的促销方案,并完成促销方案的实施。最后是一些常规性的工作,包括促销业务接洽、合作谈判、促销活动监管、日常促销管理、促销信息管理等。

相关链接

某连锁企业单店企划部工作规范

一、目的:规范各单店的企划部工作;明确各单店企划部日常工作内容;保证各单店企划部工作的有效性。

二、工作内容大纲:月度企划案的设计及执行;卖场资源的销售;商情调查;档案管理;美术设计。

三、工作规范:

1.每月的企划案必须在每月第二周的周三例会制定,每位企划部员工在例会上提交3个有建设性的企划案,要求以书面形式呈报,写明活动名称、活动目的、执行方式、成本以及预计效果等。企划案在每月23日前以标准格式上交企划总部后,总部必须在每月25日前汇总副总意见后,将修改意见批示在企划案中反馈给各单店。

2.每月25日,各单店企划部必须将计划下月媒体投放填写费用支出凭证给各级主管审批,作为今后付款的依据。

3.依据月度计划每个企划活动在开始前10天,企划部人员须填写费用支出凭证给各级主管审批后,才可执行。

4.每周例会中需对上周自办活动总结报告进行分析,提出改进意见。

5.制定完企划案后,个案的执行采用专人责任负责制(即每个月企划案审批确定后,在25日前须完成下月企划活动、媒体投放的具体任务分工),项目负责人在一个企划案中从活动前期准备到活动中期执行直至活动后期结案分析的全程操作中统领该项目相关工作人员,该个案发生问题由相关人员负责。活动总结报告必须于活动结束后2天内完成。

6.企划部应设定单店年度、月度销售指标,单店企划部主任有义务合理分配每个AE(客户主管)负责客户,并将单店销售指标分配给每个AE,让他们了解自己的工作目标。每个AE应明确自己的厂商、代理商、经销商客户(需有负责人的电话、姓名、E-mail,公司经营项目,公司地址),每两周对自己所负责客户上门拜访一次,同时必须与客户保持E-mail联系。每个AE每天至少上门拜访3家客户(其中2家是厂商、分销商或代理商),需了解其生产或代理产品的销售情况,最新产品及其性能特点、与之配合的市场投入,合作方式,市场最新动向等,必须体现在每天的拜访记录中,以E-mail形式上报单店企划部主任,同时与考勤挂钩(如拜访客户不到3家或拜访记录严重不符合要求时做旷工一天处理)。每天需将第二天的客户拜访名单及拜访提纲提交给单店企划部主任。同时注重发掘新客户,每个AE每月必须至少开发3个新客户,在周报告中予以体现,同时放入厂商联络清单,每一次拜访完新客户后需要写一封感谢信,表示对客户接受拜访的感谢,并整理归纳出洽谈重点,通过E-mail发给客户。

7.在厂商活动中,从联络、合同签订、收款、协助布展、活动执行监督直至结案,企划部将不定期进行厂商回访确认,以考核各AE的配合情况,同时凡客户在星期五到场地布展的,相关AE必须在岗,晚9:00之前不做加班处理。各单店必须在每周四将厂商活动名称、时间、位置、内容、付款等信息以表单形式上交至企划总部,企划总部在每周五汇总上交至总部市场部,如数据库已建立完成,则只需在数据库中登记。

8.必须先与厂商签合同再做活动,同时新客户在活动前应提交合同款项,遇特殊情况必须提交企划部主任进行确认。

9.将厂商活动结案报告及自办活动总结报告(必须附3张活动照片)在活动结束后2天内以书面形式提交给单店企划部主任批示。每月30日前,将本月活动总结报告汇总至企划总部,交企划总部及副总批示,告知单店企划部,并留档在总部。

10.每月 27 日之前,各 AE 将本月新增客户信息(联系人姓名、公司名称、地址、电话、E-mail)交企划部主任录入厂商数据库,同时提交给企划总部。

(三)内部促销组织的活动方式

内部促销组织的活动方式有三种:独立策划、独立实施;独立策划、联合实施;联合策划、联合实施。

相关链接

某超市促销团队分工

- 企划部:促销计划制订、促销宣传、卖场布置、促销活动的评估
- 采购部:促销商品组织、特价谈判、供应商赞助与支持
- 门　店:促销商品特殊陈列、量贩销售、现场促销
- 防损部:促销活动的安全及防盗
- 信息部:促销商品的变价
- 人力资源部:促销员的考核和派驻
- 客服部:促销商品扫描、卖场广播、赠品的派发
- 工程部:确保促销期间所有设备正常运转
- 其他部门:全力支持

此外,促销门店要对促销做好充分的准备,门店的各部门之间分工如下:

- 收货部:确保所有 DM 商品在促销档期前 2 天全部收货完毕,每天提交"DM 商品每日到货汇总表"
- 门店促销部:促销区域规划与布置
- 门店美工:促销区域美陈/各类 POP 书写
- 信息部:确保所有促销商品及时变价
- 客服部:促销前一天促销商品扫描
- 工程部:所有门店设备的检修

三、促销组织管理模式

1.集权管理模式

连锁企业集权管理模式是指权力高度集中在总部,总部不仅拥有门店的所有权,而且还控制着经营权、人事权、财务权、行政权等各项权力,门店是总

部的一个附属机构,完全没有决策权,只有执行权。这种管理模式一般适用于直营连锁企业,且该连锁企业所在的行业环境比较稳定,经营技术变化不大,经营品种相对较少。典型的集权管理企业多见于连锁加油站、快餐店。

2.分权管理模式

分权管理模式是指总部拥有重大问题和各项经营原则的决策权,但具体的经营策略决定权大部分下放到各门店,以便门店根据市场实际情况进行调整,满足不同商圈消费者的需要。这种管理模式适用于外部环境变化较大且各个市场差异较大的连锁企业,也适用于产权联系不紧密的自愿连锁组织。

3.混合管理模式

混合管理模式是指将一部分经营权集中,由总部各职能部门负责;而另一部分经营权下放,使门店有一定的灵活性,门店对价格制定、服务策略、商品组合策略、促销策略、商品陈列等有一定的决策权。其目的是既要达到资源整合获取规模效益,又要调动门店的灵活性和积极性,提高连锁企业的应变能力。

4.契约管理模式

契约管理模式是指总店和门店之间的关系是通过合同、契约等法律形式确定的,以合同、契约的建立、延续和终止为两者间关系的建立、延续和终止的依据。其典型的形式就是特许连锁经营和自由连锁经营。

任务二　促销活动实施与控制

任务分析

促销活动的实施是一个过程,一般包括两个阶段,即前期促销准备阶段和后期促销进行阶段。重点是要注意落实促销实施计划的有关细节,主要有以下几方面:(1)由卖场落实促销商品的品种、价格、数量以及促销的时间、POP广告形式和堆头的费用承担情况;(2)由门店管理部或营运部实施卖场的组织,包括货位预留、卖场布置、人员配置和POP广告张贴;(3)落实促销商品的配送渠道,是由供应商直接把商品送到门店,还是由连锁企业的配送中心配送。前者主要用于大型卖场的货物配送,若采用后者,则需注意预留库位、组织运力、分配各门店促销商品的数量等几项工作的落实;(4)做好促销活动进行期间的协调与控制工作。

相关知识

一、促销活动实施进度安排

为了保证促销方案得以顺利实施,必须对整个方案实施过程予以控制,设计促销实施方案,对整个促销实施过程进行有效控制,从组织、制度、人员和时间上给予充分保障,使得促销活动如期有效地开展。

商场促销一般需要两个月左右的准备时间,准备的事项有:促销商品进货;DM广告的制作和发放;POP广告的制作和布置;促销商品陈列和环境布置;促销活动准备。此外,商场在促销期间也有大量的工作要做,有许多活动要组织。

在设计促销实施方案时必须拟定一张促销实施进度安排表,明确安排相关工作、活动何时做,由谁做,有什么要求。这样可以使促销方案由单纯的构思创意转为具体的实施计划,也可作为控制方案实施的检查标准。可见,促销实施进度安排表是促销计划得以实施的保证。

相关链接

某超市促销实施进度安排(见表5-2)

第一步:制订促销方案

商品采购部总监依据每年年初早已制订好的"全年促销计划表",再做出一份详尽的此档期促销的"商品规划表",并向各商品主管采购人员进行布置。

第二步:第一次选品会

商品采购人员依据"全年促销计划表"、"海报商品规划图",自行拟订此档期促销单品选品计划,并填写"促销单品选品表",准备参加第一次选品会。

选品会人员组成:商品采购总监、营运总监、全体商品采购人员、各门店店长(每个店长负责代言一个大部类或一个小部类商品的促销提议)。

选品会上由各商品采购主管向参会者展示"促销单品选品表"及相应的促销单品样品,让参会者非常直观地了解每支促销单品更能使他们有的放矢地提出自己的意见,以修正促销选品。

第三步:促销品谈判

选品会后,采购主管根据会上提出的各种修正意见,修改"促销单品选品表",并依据新表,约见供应商,开始促销商品的谈判工作,并与厂商签订促销协议和通道费用单。

项目五 促销活动实施与评估

第四步:第二次选品会

经过一周的谈判,采购主管已基本了解确认各支促销选品的可行性,并将依此填写"促销单品选品表"的第二稿,与商品采购总监讨论,商品采购总监依据此稿制定"促销商品毛利控管表"。

第五步:确定促销毛利策略

在第二次选品会上,除了展示"促销单品选品表"(见表5-3)第二稿及相应商品样品外,还要与参会者共同商议讨论此促销档期的"促销商品毛利控管表"(见表5-4),最终确认此促销档期的促销商品、促销折扣及售价的方案。

第六步:定品会

此会由商品采购总监、营运总监、采购主管参加,最终确定正式的促销商品售价、放在海报封面的商品、需要在海报上放大的商品及各支促销单品的预期总订量。同时再根据促销主题、促销力度及商圈客层,确定海报印刷量及派发方案。

第七步:出促销单品清单,下促销单品首批订单

采购主管根据定品会方案,填写促销商品清单,交由商品采购总监审批签字,再录入商品电脑系统传送给各门店店长,店长将严格按照"促销单品清单"(见表5-5)上的内容执行,并严格依照此表上所写的促销单品首单订量下单订货,不得更改。

第八步:拍照

根据海报商品规划图,海报图片设计师出具设计方案,经商品采购总监认同后,摄影师根据设计方案的要求逐一对促销单品进行专业性拍照。

第九步:确定封面、版式、商品、价格、终稿

商品采购总监督管、检查、签订海报最终整体稿件,期间可有三次校稿机会,相应采购主管也要签字确认最终海报稿件上的商品信息的正确性。

第十步:印刷、派发海报

正式出海报菲林后,交由印刷厂印刷。并按第五步制订出的派发方案进行海报派发工作。

第十一步:到货、陈列、布置

各门店店长从促销单品首单订量下单后,每天追踪促销单品到货情况,确保促销开始前两天全部促销单品到齐。如果无法到齐,应及时与采购部联系,提早解决。同时,将已到促销单品陈列在促销商品清单所规定的位置上,并进行适当的促销氛围的装饰与营造。

第十二步:补下订单,确认商品信息的正确性

门店根据促销第一次到货量,检查陈列后的库存量并预计销售情况,及时

下续单量,在促销前一天再次检查卖场的促销标识、海报信息、POS 系统信息是否一致,确保促销开始日正常运营。

第十三步:掌控库存

促销开始后,营运门店应时时跟进销售情况确保促销商品不断货,不压货。

第十四步:按时结束促销,及时办理退货

所有促销商品进价的生效日期要求比促销售价的生效日期要长,一般是促销进价的生效时限是促销售价生效时限的前 7 天和后 3 天。这样可以确保促销商品提前订货,做好促销陈列、布置,同时又可以保证在促销结束后,对库存量大的促销商品进行退货处理时,可以按照促销进价办理退货,这里要提醒的一点是,有的促销商品已在促销商品清单上标注无法退货,门店是预先知道的,所以在续订无法退货的促销单品时要慎重下量。

第十五步:促销业绩评估会

此会人员与第五步参加定品会人员相同,将"促销单品选品表"第二稿上的"预估促销量"与实际促销销量比较,共同检讨未完成的原因,以警示今后促销在选品、定价、陈列、订货、送货、补货等方面的不足之处并加以改进。

表 5-2 进度安排

步骤	工作内容	工作完成时间
1	制订促销方案(主题、主打商品、时限、版面商品规划)	促销开始前 20 天
2	第一次选品会	促销开始前 18 天
3	促销品谈判	促销开始前 15 天
4	第二次选品会	促销开始前 12 天
5	确定促销毛利策略	促销开始前 12 天
6	定品会(封面、放大、海报商品、订量、海报发放量)	促销开始前 10 天
7	出促销单品清单,下促销单品首批订单	促销开始前 10 天
8	拍照	促销开始前 7 天
9	确定封面、版式、商品、价格、终稿	促销开始前 4 天
10	印刷、派发海报	促销开始前 2 天
11	到货、陈列、布置	促销开始前 2 天
12	补下订单,确认商品信息	促销开始前 2 天
13	掌控库存	促销期间
14	按时结束促销,及时办理退货	促销结束日
15	促销业绩评估会	促销结束后一周内

表 5-3 促销单品选品表

促销档期：　年　月　日至　年　月　日　　　促销主题：　　　　　　　部门：

单品条码	单品名称	规格	进价			售价			促销费用		类型	时限	月销量		供应商	
			正常	促销	差异	正常	促销	差异	海报	TG			正常	预估	编号	名称

类型：惊爆价、超低价、促销价　　　　　　　　　　　　　　　　　　　　　采购主管：

表 5-4 促销单品销售毛利控管表

促销档期：　　　　　　　　　　　　　　　　　促销主题：　　　　　　　　　　　　　　　　　采购经理：

部门	促销单品支数	惊爆价商品（封面封底）			超低价商品			促销价商品（放大商品）			促销总毛利率	促销占比	预估总促销额	部门毛利率
		毛利额	销量倍数		毛利额	销量倍数		毛利额	销量倍数					
生鲜蔬果														
生鲜精肉														
生鲜水产														
熟食面包														
冷藏日配														
酒水饮料														
粮油食品														
休闲食品														
冲调食品														
清洁洗护														
文教办公														
健身休闲														
家居百货														
数码家电														
针纺服饰														
箱包鞋帽														
精品工艺														
婴孕用品														

制表人：

表 5-5 促销单品清单(提交表)

部门：　　　　　　　促销主题：　　　　　　　促销售价时限：　　年　月　日至　　年　月　日　　　　采购经理：

门店：　　　　　　　主题商品：　　　　　　　促销进价时限：　　年　月　日至　　年　月　日

促销档期：

单品条码	单品名称	规格	进价			售价			毛利		促销费用		类型	时限	限购	赠品	期末库存	首单订量	可否退货	促销位置		
			正常	促销	差异率	正常	促销	差异率	正常	促销差异率	海报	TG								11	12	13

类型：封面商品、封底商品、放大商品、正常促销商品　　时限：个别特殊时间商品　　本表由采购部交由企划部设计制作

赠品：赠店里、绑赠、送赠品发放处或是将赠品打入价格　　同时通知门店做好准备，联营类商品请在正常毛利和促销毛利处填写原扣点和现扣点

制表日期：　　年　月　日　　　　制表人：

二、促销活动前的准备

（一）组织和安排相关人员

结合市场人员、经销商以及促销人员,制定相关的工作职责,进行定位管理,让每一个参与人员明确各自的权责范围。

促销人员的工作包括如下几个方面:

(1) 产品、卖场维护:维护公司产品的陈列,保证货品摆放。

(2) 促销地点布置:如海报、吊旗。

(3) 促销推广:向顾客宣传公司产品,激发顾客的购买欲望。

(4) 及时完成并上交工作报表。

（二）对相关人员进行培训

项目推进人员必须将准备工作细分,落实到人,规定相关准备事项的完成时间,检查人员应确认促销前的准备工作进度;促销计划的策划人员对相关的执行人员以口头、书面、图示和现场演示等方式充分说明方案内容;制作相关人员的通信录和卖场主要联系人的通信录,保证联系的方便和出现问题时可以及时处理。

这里所指的促销人员是指所有参与促销活动的执行人员,作为活动的执行者,他们对活动的理解以及态度直接决定了促销活动的成败。对促销人员的培训包括:

(1) 让所有的执行者完全清楚方案,清楚自己在活动中的分工与充当的角色,清楚执行细则,掌握操作技巧。操作比较复杂的活动,培训者与被培训者要采取现场模拟、互问互答的方式巩固培训内容。

(2) 统一思想,鼓舞士气,坚定所有人员的信念。

(3) 共同探讨促销方案没有写出的创新执行的方式。

相关链接

促销员培训内容及考核标准

促销员的培训是否到位及服务态度的好坏直接关系到促销活动的成功与否,所以,对促销人员的培训非常重要,它主要包括以下内容:

1. 基本背景及技能培训

(1) 公司背景和经营理念培训;

(2) 产品知识培训,如产品的卖点、使用方法;

(3)工作程序培训;

(4)促销员岗位职责培训,包括销售讲解、活动讲解、及时预测补货等。

2.销售技巧和售后服务方面的培训

(1)服务态度与销售技巧的培训,如如何与顾客打招呼,如何回答顾客的问题,如何判断顾客是否有购买意愿,如何对付不礼貌顾客。

＊工作态度:互惠互赢,不卑不亢。

＊说话技巧:明朗沉稳的语调,积极灵活的反应。

＊倾听:认真倾听显示出你对顾客的尊重。

＊微笑和赞美。

＊控制时间:在最短的时间内激起顾客对产品的兴趣。

＊有针对性的寒暄。

＊真诚地对待每一个人:不要把产品功效夸大,要客观巧妙。

(2)当你遇到困难时的反应方式及技巧。

＊当遭到客户拒绝时:泰然自若,有礼貌道别。

＊当客户对我们的产品和企业提出不满时:我们应放松心情,避免紧张,不可逃避,要正确对待,尊重客户,仔细倾听。

＊当客户提出产品价格太贵时:突出强调产品品质和稀缺性。

(3)明确赠送赠品的条件,以防赠品误送、滥送、多送、少送。

(4)明确奖罚制度与奖罚措施,以避免赠品的不送和促销员的失职等行为。

3.促销人员监控及考核标准

对促销人员的监控主要是对促销人员的服务态度、方法等进行检查,主要有以下几个方面:

＊仪表:是否按公司要求等。

＊用语:是否使用礼貌规范用语。

＊服务:是否提供一流服务。

＊行政纪律:如考勤,有无迟到早退,穿着不得体,有无聊天,吃东西等不良行为。

＊卖场维护。

＊售后服务:发现问题是否能及时解决。

(三)准备相关物品

充足的货源是促销活动顺利进行的保证,一定要根据活动的规模确定促销产品的库存,营销人员要落实相关订单;产品陈列、理货、价签的摆放必须在活动前完成;主要的道具、宣传品、促销品等必须在促销活动前布置到位;办理相关手续,协调相关部门及人员,如工商、城管、交警。

(四)活动前期卖场布置

卖场布置完善,不仅能使活动有条不紊地进行,而且能增强活动气势和氛围,吸引更多人参与,达到更好的效果,必须在活动开始前一天布置好卖场,要求卖场生动、喜庆、卖点突出、鲜明,有视觉冲击力。

案例直击

××地板促销活动展厅布置

促销咨询台、销售台:配备充分的资料、赠品等更好与消费者进行交流。

样板展架:充分做好样板、产品演示,充分利用标签等。

雨蓬或者广告伞:门口摆放广告伞或雨蓬,上面要有企业标识。

易拉宝:上面写真绘有德尔形象和此次活动的内容,供布置现场、制造气氛和突出品牌用。

背景墙:突出产品形象和活动主要内容的大幅展板背板,置于促销现场主要的位置,突出品牌形象。

POP:突出此活动的内容,产品价格等。

挂旗,大幅海报,产品宣传单页、折页、手册:供派发或促销员与消费者沟通用。

促销服装:促销人员统一着装。

充气拱门、升空气球:供布置活动现场和制造气氛用。

电视和音响VCD:供制造现场气氛和播放企业宣传片用。

写有活动主题的大幅产品横幅:供布置现场、制造气氛用。

市场指引:在市场内设路牌指引、活动指引,如横幅、充气拱门、盆花、路牌。要告之他们,××地板正在活动中!××地板专卖店在那里!××地板在促销呢!

(五)制定促销管理表格和促销管理制度

制定促销管理表格和促销管理制度,各岗位、各环节建立规范的管理流程,并明确各种人员的职责,做到各司其职,保证活动的正常运转。

常见的促销管理表格有促销人员工作日报表、促销管理日报表、促销效果检核表、促销成本评估表、促销员工作内容表(见表5-6、5-7、5-8、5-9、5-10)。常见的促销管理制度有岗位职责、考核体系和日常管理制度等。

项目五　促销活动实施与评估

表5-6　促销人员工作日报表

系统/门店名称_____　　日期范围_____　　促销员姓名_____

品牌	品项	规格	周初库存	销量						周末库存	销量合计
				周一	周二	周三	周四	周五	周六	周日	

表5-7　促销管理日报表

日　期	商品名称	单价	销售量	销售额
销售金额合计				
备　注				

销售主管：_____　　　　　　　　　　　填表人：_____

表5-8　促销效果检核表

活动主题：_____

活动日期：____年____月____日　　活动效果：□显著　□一般　□没影响

对销售的影响：_____

顾客的反应：_____

卖场的反应：_____

分销商的反应：_____

执行中存在的问题：_____

对竞争商品的影响：_____

建议：_____

填表人：_____　　　　　日期：_____

表 5-9　促销成本评估表

地区：_____　　　　　　　　　　_____年___月___日

促销方式	
促销方式说明	
促销时间	
估计费用	
成本收益分析	
评价及建议	

裁决：_____　　　　审核：_____　　　　分析：_____

表 5-10　促销员工作内容表

工作职责	工作规范	操作流程	主管
售前服务	产品陈列	1.将本产品陈列于显著位置,保证货品品种及规格齐全,保证排面完整、整齐,产品没有质量问题等 2.上货饱满,突出陈列主题	市场督导
	特殊陈列	1.按公司要求制作特殊陈列(堆头) 2.随时保证特殊陈列货品的充足齐全	市场督导
	各种销售工具的准备	1.POP张贴是否覆盖、是否遗失、是否不足 2.促销台是否正常摆放 3.检查物资、礼品数量是否正确,准确填写物资签收单和礼品领用表	市场督导
售中服务	帮助推销本产品	1.正确的礼仪 2.正确的措辞和态度 3.熟练的产品知识,积极向消费者推荐并帮助其正确选择 4.良好的语言表达,良好的销售技巧 5.及时并准确做好消费者礼品的发放和登记	市场督导
	帮助宣传本产品	1.帮助店内促销活动的执行,并及时反馈是否有需要的物品 2.与店内良好沟通,利用商店海报、POP等帮助宣传本产品	市场督导
售后服务	处理顾客抱怨	1.对顾客退货、换货的要求及时反馈并妥善处理 2.将一些基本的常识耐心解释给顾客听 3.认真听取顾客意见,并及时记录产品问题	市场督导
	观察市场动态	1.将竞争对手的新品上柜情况及时反馈给业务员 2.适时打听竞争对手的销量并记录 3.记录并反馈竞争对手的促销活动,进而提出建议 4.收集消费者及商店对产品的建议及期望	市场督导

续表

工作职责	工作规范	操作流程	主管
工作服务	例会	参加每月/每周召开的例会,解决工作中发现的问题	市场督导
	报销量	按公司要求准确报销量(临促)	市场督导
	产品的库存	1.产品是否有异样库存 2.若无库存应与店内库管及时联系,并通知业务员及时补货 3.每周清点一次库存,将实际库存数,包括近期进货数量一同报给公司 4.促销员每天/周按实际销售数量填写库存报表,控制合理的安全库存	市场督导
	异常情况的处理	1.对店内发生的异常情况如主管更换,尽快将有关信息上报公司 2.其他品牌的促销活动 3.公司库存量异常 4.顾客投诉	市场督导

三、促销活动的现场执行

(一)抢占最好的促销位置

大型促销活动要提前和卖场确定最合适的促销位置,也可以多处设立促销点和宣传点,吸引更多人的注意。

对于常规性促销活动,促销人员在当天要提前到达卖场,抢占最佳位置和较大的场地,最好是顾客的必经之地。

(二)提前布置好促销现场,准备好促销物品

在卖场正式营业前做好现场布置工作;完成 DM 广告、POP 广告、促销台等物品的摆放工作。

(三)抓住黄金时段,制造现场气氛

促销黄金时段一般集中在节假日全天、平日的下班时间到晚上 9 点左右。促销人员要抓住促销黄金时段,制造现场气氛,以达到促销的目的。

(四)保证促销信息传播的最大化

促销信息内容要清楚明了,要有醒目的标题;促销物品要配套齐全,多点摆放,醒目突出(店外的 POP 立牌、货架上的 POP 广告、堆头上的插卡等);促销人员拦截消费者,派发 DM 单页,宣讲产品和活动信息,吸引消费者。

(五)对促销活动进行检查监督

促销主管对活动的检查监督包括促销人员的服务态度、工作纪律、现场秩序和产品销售情况等。另外，促销人员还要注意收集消费者信息，建立消费者档案，保留深度沟通的机会。

四、促销活动的过程控制

如果促销活动的计划与实施有偏差，或在促销活动执行过程中出现了不良状况，促销负责人应该和区域主管及时对促销活动进行调整。

(一)改进促销活动的方式、方法等

在促销过程中可能会出现一些状况，如现场冷场，若在室外促销，可以调整现场布置烘托气氛，以拱门、升空气球、条幅、海报、彩旗、喷绘、舞台背景等多种形式营造一种热烈、欢快的氛围；派发资料和宣传单，进一步向观众传达产品知识和优惠措施，减少参与的障碍；调整音响效果，激发现场观众的热情；主持人调动现场观众的情绪，吸引更多的人积极参与；增加游戏节目，或者安排抽奖、派发赠品等。

(二)调整人员执行差异

促销场面如果过于热烈，则会造成一些不良的后果。比如：场面混乱，促销主体被淹没在人群之中；人员复杂，使得真正想消费的顾客因感到不便而离去，留下的只是一些凑热闹的人；很难控制促销赠品的发放情况，造成促销赠品的浪费。这些都会直接削弱促销的效果。所以针对这种情况，要调配人员，进行专人管理。

(三)有效控制费用

促销过程中要控制成本开支，主要是对物料的控制。例如：在促销活动现场，由于参加的人数比较多，并且有些人只是为了赠品而来，所以对促销赠品的发放必须进行控制，否则可能会错发、误发、重发、漏发，甚至发生哄抢。

对促销赠品的发放进行控制时，要注意以下几点：

(1)专人管理，对大批量的赠品进出进行登记。

(2)对于价值较高的赠品，应要求领取的顾客登记相关信息，以免重发。

(3)有些赠品是针对某些顾客赠送的，应事先造册，在领取时进行登记，以免漏发。

(4)当领取赠品的人数急剧增多时，应暂停发放，要求现场顾客排好队，等秩序恢复后再进行发放。

(5)赠品应尽量与广告宣传一致，以免使顾客认为自己上当受骗。

任务三　促销活动评估

任务分析

作为一种有效的刺激手段,促销可以帮助企业在短期内提高或者保持产品销量及市场份额。但是,促销也是需要大量的经费支持的。促销实际上是一种企业的投资行为,像在其他领域的投资一样,企业希望在促销活动中获得最大的投资回报。如何获得最大的促销投资回报就成为企业决策人员,特别是营销和销售决策人员需要研究和解决的一个重要问题。为了解决这个问题,我们就必须对促销活动的效果进行评估。

促销活动的效果评估是促销工作的一项重要内容,因为促销工作要长期不断地开展下去。所以,对每一次促销活动均要总结教训寻找不足,为今后的促销工作提供宝贵的经验。不过,对促销效果的评估却是令各级管理者非常头痛的问题。正如业界所流行的:80%的广告费只产生20%的作用,另外20%却起到80%的作用,但到底是哪20%是关键,谁也说不清楚,促销资源同样如此。

相关知识

一、促销活动评估的内容

促销活动是否成功要进行综合衡量,促销评估的内容主要分为四部分:促销策划方案评估、供应商配合状况评估、企业自身运行状况评估、促销效果评估。

（一）促销策划方案评估

促销策划方案评估主要包括三个方面:促销主题配合度、促销创意与目标销售额之间的差距以及促销商品选择得正确与否。

1.促销主题配合度。促销主题是否符合促销活动的内容;促销的内容、方式、口号是否富有新意,是否吸引人,是否简单明确;促销主题是否抓住了顾客的需求和市场的卖点。

2.促销创意与目标销售额之间的差距。促销创意是否偏离预期目标销售额;促销创意是否符合促销活动的主题和内容;促销创意是否过于沉闷、正统、陈旧,缺乏创造力、想象力和吸引力。

3.促销商品选择得正确与否。促销商品能否反映连锁企业的经营特色;促销商品是否为消费者真正需要的商品;促销活动能否给消费者增添实际利益;促销活动能否帮助连锁企业或供应商处理积压商品;促销商品的销售额与毛利额是否与预期目标相一致。

(二)供应商配合状况评估

供应商配合状况评估的主要内容包括:供应商对连锁企业促销活动的配合是否恰当、及时;供应商能否主动参与,积极支持,并为连锁企业分担部分促销费用和降价损失;在促销期间,当连锁企业请供应商直接将促销商品送到门店时,供应商能否及时供货,数量是否充足;在商品采购合同中,供应商,尤其是大型供应商、大品牌供应商、主力商品供应商,是否做出促销承诺,而且切实落实促销期间的义务及配合等相关事宜。供应商的配合状况评估主要靠企业采购人员和门店员工打分评估得来。

(三)企业自身运行状况评估

连锁企业自身运行状况评估主要依据企业管理人员检查考核的结果,主要包括从总部到门店各个环节的配合状况及促销人员评估。

1.从总部到门店各个环节的配合状况

(1)总部运行状况评估。具体包括:连锁企业总部促销计划的准确性和差异性;促销活动进行期间总部对各门店促销活动的协调、控制及配合程度;总部是否已选定、维护与落实促销活动的供应商和商品;总部是否已组织与落实促销活动的进场时间等。

(2)配送中心运行状况评估。具体包括:配送中心送货是否及时;在由连锁企业配送中心实行配送的过程中,是否预留库位、合理组织运力;各门店促销商品的数量分配等工作是否已正确实施等。

(3)门店运行状况评估。具体包括:门店的促销活动落实和准备是否按照总部促销计划操作;促销商品在各门店中的陈列方式及数量是否符合各门店的实际情况等。门店运行状况评估一般按照检查表法来执行,促销活动检查表(表5-11)用于对促销前、促销中和促销后门店的各项工作进行检查。

表 5-11　门店促销活动检查表

类 别	检查标准	备注说明	是	否
促销前	1.促销宣传单、POP是否发放和准备妥当			
	2.卖场所有人员是否均知道促销活动即将实施			
	3.促销商品是否已经订货或进货			
	4.促销商品是否已经通知相关部门变价			

续表

类别	检查标准	备注说明	是	否
促销中	1.促销商品是否齐全、数量是否足够			
	2.促销商品是否变价			
	3.促销商品陈列表现是否具有吸引力			
	4.促销商品是否张贴POP广告			
	5.促销商品品质是否良好			
	6.卖场所有人员是否均了解促销期限和做法			
	7.卖场气氛是否活跃			
	8.服务台人员是否定时广播促销做法			
促销后	1.过期海报、POP、宣传单是否均已拆下			
	2.商品是否恢复原价			
	3.商品陈列是否调整、恢复原状			

2.促销人员评估

促销人员评估可以帮助促销人员全面并迅速地提高自己的促销工作水平,督促其在日常工作流程中严格遵守规范,保持对工作的高度热情,提高连锁企业的美誉度。

对促销人员的具体评估内容如下:是否有销售的积极性;是否在时间上具有弹性;能否与其他人一起合作;是否愿意接受被安排的工作;促销环境是否整齐、干净;是否与顾客保持密切关系;是否让顾客产生好感等。

(四)促销活动效果评估

销售额是衡量连锁企业促销效果的主要指标,毛利是赢利能力的标志。而促进连锁企业销售额增长的途径是提高客流量、客单价和成交率。同时,品牌知名度、顾客忠诚度和企业美誉度既是连锁企业的无形资产,也是保证其销售额持续增长的基础,这些和广告效果、店内商品和服务的组织有直接关系。促销效果评估指标分为内部业绩指标和外部环境指标两类。

1.内部业绩指标

内部业绩指标是指促销期间连锁门店所实现的基本指标,包括销售额、毛利额、毛利率、客流量、客单价、成交率,以及促销投入与销售额、毛利、客流量增量的比率等。这些指标一般可以从企业信息管理系统中直接提取,或从企业财务核算中获得。下面我们重点来分析投入产出比、销售增量回报比、效益增量回报比和边际效益率四个指标。

(1) 投入产出比

投入产出比主要反映促销投入与销售产出的平衡关系,即单位投入所获得的销售回报。计算公式为:

$$投入产出比 = \frac{促销活动费用}{销售额} \times 100\%$$

【例 5-1】 为开发甲、乙两个市场,销售主管决定对这两个市场均投入 2 万元组织一场推广活动,经过精心策划、实施后:

甲市场当月实现 20 万元销售额,投入产出比为:$2 \div 20 \times 100\% = 10\%$

乙市场当月实现 12 万元销售额,投入产出比为:$2 \div 12 \times 100\% = 16.7\%$

从投入产出比来看,甲市场的促销活动效果优于乙市场。

投入产出比指标的优点是简洁、直观;缺点是过于笼统,无法反映促销资源的内在实际使用效果。一般用投入产出比来衡量没有市场基础或市场基础非常薄弱、重新启动市场时及新产品导入期的促销效果。

(2) 销售增量回报比

销售增量回报比主要反映促销活动投入与销售增长的平衡关系,即单位投入所获得的销售增长。计算公式为:

$$销售增量回报比 = 1 - \frac{促销活动费用}{促销前后的销售差值} \times 100\%$$

【例 5-2】 甲、乙两市场每月销售额分别为 15 万元、5 万元,为提升业绩,销售主管决定对每个市场均投入 2 万元组织一场推广活动。经过精心策划、实施后:

甲市场当月实现 20 万元销售额,销售增量回报比为:$[1 - 2 \div (20-15)] \times 100\% = 60\%$

乙市场当月实现 12 万元销售额,销售增量回报比为:$[1 - 2 \div (12-5)] \times 100\% = 71.43\%$

从销售增量回报比来看,乙市场的促销活动效果优于甲市场。

销售增量回报比指标的优点是体现了促销资源对销售增长的贡献情况;缺点是无法体现促销活动对企业利润的贡献情况。销售增量回报比适用于单一产品或产品毛利率相差不大的促销活动评估。

(3) 效益增量回报比

效益增量回报比评估法主要反映促销资源对企业效益增量的贡献情况,主要以毛利额的形式反映出来,即单位投入所获得的销售毛利增长。计算公式为:

项目五 促销活动实施与评估

$$效益增量回报比 = 1 - \frac{促销活动费用}{促销前后的毛利差值} \times 100\%$$

【例 5-3】某公司有 a、b、c、d、e、f 六种产品,各产品的毛利率分别为 15%、18%、20%、60%、40%、10%。甲、乙两市场原有销售额分别为 15 万元、5 万元。同样投入 2 万元进行促销后,结果如下:

甲市场促销活动结果见表 5-12。

表 5-12 甲市场促销活动的结果

单位:万元

产品名称	假定毛利率	促销前		促销后	
		平均销售额	毛利额	当月销售额	毛利额
产品 a	15%	3	0.45	3.5	0.525
产品 b	18%	3	0.54	3.5	0.63
产品 c	20%	2	0.4	2	0.4
产品 d	60%	1	0.6	3	1.8
产品 e	40%	1	0.4	3	1.2
产品 f	10%	5	0.5	5	0.5
合 计		15	2.89	20	5.055

乙市场促销活动结果见表 5-13。

表 5-13 乙市场促销活动的结果

单位:万元

产品名称	假定毛利率	促销前		促销后	
		平均销售额	毛利额	当月销售额	毛利额
产品 a	15%	1	0.15	1.1	0.165
产品 b	18%	1	0.18	1.1	0.198
产品 c	20%	1	0.2	1.1	0.22
产品 d	60%	0.5	0.3	4.6	2.76
产品 e	40%	0.5	0.2	1	0.4
产品 f	10%	1	0.1	1.1	0.11
合 计		5	1.13	10	3.853

从表 5-12 和表 5-13 可以看出,甲、乙两市场同样投入 2 万元,销售增量都是 5 万元。但从两市场的效益增量回报比来看:

甲市场资金投入前后毛利额增量 = 5.055 − 2.89 = 2.165(万元)
效益增量回报比为:(1 − 2 ÷ 2.165) × 100% = 7.62%
乙市场资金投入前后毛利额增量为:3.853 − 1.13 = 2.723(万元)
效益增量回报比为:(1 − 2 ÷ 2.723) × 100% = 26.55%

通过以上分析可知,甲市场投入 2 万元仅带来 2.165 万元的毛利额增量,低于乙市场。因此,乙市场的促销效果优于甲市场。

效益增量回报比指标的优点是能充分体现促销资源的真正价值,为以后促销找出主攻方向。缺点是计算过程较为复杂,基层业务员通常无法知道各产品毛利率。该指标适用于成熟市场的推广、多产品组合促销评估。

(4) 边际效益率

边际效益是经济学中的一个概念,即一个市场中的经济实体为追求最大的利润,多次进行扩大生产,每一次投资所产生的效益都会与上一次投资产生的效益有一个差,这个差就是边际效益。进行促销活动效果分析时,边际效益即毛利额的变化量。边际效益率的计算公式如下:

$$边际效益率 = \frac{毛利额的变化量}{促销费用的变化量} \times 100\%$$

严格来说,边际效益评估法不是促销活动效果评估方法,而是一种对促销活动的推理手段。主要用于促销资源预算、费用分配及备选促销方案的选择。

【例 5-4】仍沿用例 5-3 的资料,各产品的毛利率不变,针对甲市场,有以下三种促销费用预算方案可供选择,见表 5-14。

表 5-14 三种促销费用预算方案

产品名称	假定毛利率	促销前		方案一(2 万元费用)		方案二(3 万元费用)		方案三(4 万元费用)	
		平均销量	毛利额	平均销量	毛利额	平均销量	毛利额	平均销量	毛利额
产品 a	15%	3	0.45	3.5	0.525	4	0.6	5	0.75
产品 b	18%	3	0.54	3.5	0.63	4	0.72	5	0.9
产品 c	20%	2	0.4	2	0.4	3	0.6	3	0.6
产品 d	60%	1	0.6	3	1.8	6	3.6	6.5	3.9

续表

产品名称	假定毛利率	促销前		方案一 (2万元费用)		方案二 (3万元费用)		方案三 (4万元费用)	
		平均销量	毛利额	平均销量	毛利额	平均销量	毛利额	平均销量	毛利额
产品e	40%	1	0.4	3	1.2	4	1.6	4.5	1.8
产品f	10%	5	0.5	5	0.5	6	0.6	7	0.7
合计		15	2.89	20	5.055	27	7.72	31	8.65

通过表5-3可知：相对于促销前，方案一的毛利额增量即边际效益为2.165万元(5.055－2.89)；边际效益率为：$2.165 \div 2 \times 100\% = 108.25\%$；

相对于方案一，方案二的毛利额增量即边际效益为2.665万元(7.72－5.055)；边际效益率为：$2.665 \div 1 \times 100\% = 266.5\%$；

相对于方案二，方案三的毛利额增量即边际效益为0.93万元(8.65－7.72)，边际效益率为：$0.93 \div 1 \times 100\% = 93\%$，边际效益率低于1，即效益增长值低于费用的增长值。

很明显，方案二为最优方案。

2.外部环境指标

外部环境指标可用来评定促销活动对企业的品牌形象、行业地位、行业影响力的作用。这类指标一是需要通过顾客问卷调查和访谈调查来获取，如企业产品和服务形象；二是需要通过实地调查、资料分析、推算等方式得出，如促销活动期间竞争对手的反应、市场容量和行业动态。如市场占有率指标，该指标的计算公式为：市场占有率＝销售额/市场容量，而家居建材商品的市场容量就要在商品房交易量、GDP增长率等推算出来后，再根据专家预测和经验数据进行验证得出。

案例分析

某连锁企业促销效果评估

2015年8月27日—9月25日，某连锁企业在全国范围内组织了六周年店庆促销活动，活动主题是"邀您共享6周年的喜悦"。主要内容包括：购物金额达66元可以获得赠送礼物；购物满666元可得60元的现金折扣券等。下面选取北京市某门店的促销效果进行评估。

选取 2015 年 7 月 28 日—8 月 26 日(促销前)、2015 年 8 月 27 日—9 月 25 日(促销中)和 2015 年 9 月 26 日—10 月 25 日(促销后)3 个时间段进行环比分析;选取 2015 年 8 月 27 日—9 月 11 日(共 16 天)和 2014 年 8 月 21 日—9 月 5 日(2014 年司庆促销期间共 16 天)用于同比分析。选取的指标:客流量、成交率、客单价、销售额、毛利额;广告费与销售额、毛利额和客流量增量的比率;价格形象、商品质量形象和服务形象等。

1.经营效果分析(结果见表 5-15)

表 5-15 经营结果分析

指标	环比		与去年同比
	促销期比促销前	促销后比促销前	
客流量	26.82%	12.12%	16.26%
成交率	58.08%	22.21%	17.32%
客单价	74.87%	12.26%	8.93%
销售额	65.89%	26.37%	34.41%
毛利额	29.48%	19.87%	5.96%

2.价格形象、商品质量形象和服务形象分析

我们在店内发放了 100 份消费者调查问卷,题目为"请把商品价格、商品质量和员工服务与竞争对手进行比较后进行评分"。汇总结果显示,与五一促销期间相比,这 3 项指标基本没有变化。

3.广告费与销售额、毛利额和客流量增量的比率分析(结果见表 5-16)

表 5-16 比率分析

客流增量/广告费(人/元)	销售增量/广告费	毛利增量/广告费
0.05	21.64	3.46

二、促销效果评估的方法

(一)前后比较法

前后比较法是将促销前、促销时和促销后的销售额(量)进行比较来测评效果,这是最常用的促销评估方法。促销前、促销时、促销后产品的销售额(量)变化会呈现出几种不同的情况,这说明促销产生了不同的效果。一般来说,可能出现的情况有四种,如图 5-2 所示。

⊙ 项目五 促销活动实施与评估

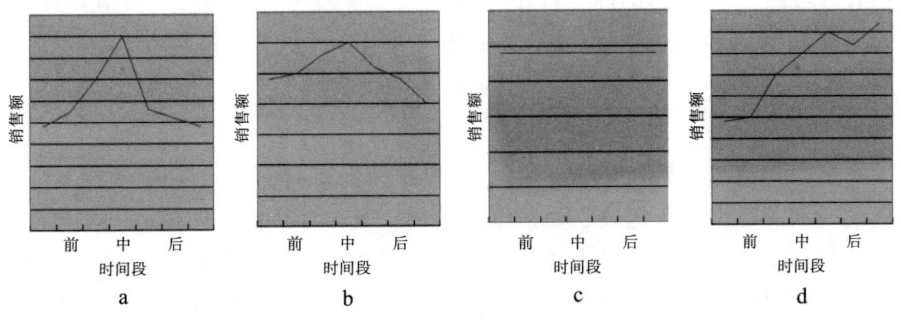

图 5-2 前后比较法情况

情况 a 表明连锁企业促销活动初期奏效,但在促销中期销售额就逐渐下降,到结束时,已经恢复到原来的销售水平。这种促销冲击力强,但缺乏实质内容,没能对消费者产生真正的影响。出现这种情况的原因有:促销活动缺乏长期性,促销策划创意缺乏特色,促销管理工作不力。

情况 b 表明连锁企业促销活动在促销期间对销售稍有影响,但是促销后期低于原来销售水平,促销出现后遗症。这说明由于企业本身的问题或外来的其他因素使该企业的原有消费者发生动摇,而新的消费者又不愿意加入,从而在促销期满后销量没有上升。出现这种情况的原因有:连锁企业促销方式选择有误,主管部门的干预,供应商协调出现问题,消费者不能接受,竞争对手采取有效反攻争夺了大量消费者。

情况 c 表明连锁企业促销期间的销售情况同促销前基本一致,且促销结束后也无多大变化。这说明促销无任何影响,促销费用浪费。出现这种情况的原因有:企业对市场情况不熟悉,促销方式缺乏力度,促销信息发布方式、方法出现问题,促销产品选择出现问题。

情况 d 表明连锁企业促销期间销售额明显增加,且促销结束后销售额不减或略有减少。这说明企业促销效果明显,且对今后有积极影响。企业销售额上升,增加的原因是促销对消费者产生了吸引力。在促销活动结束后的一段时间内,称为存货消耗期,消费者因消耗在促销期间积累的存货而没有实施新的购买,从而销售额在刚结束的时候略有下降,但这段时间过后,销售额比促销前上升,说明促销起到了长远的效果。

(二)环比分析法

环比分析是指与相邻的上一统计阶段比较,即对本期数据与前一期数据进行对比(相邻期间的比较)分析,表明数据逐期的发展变动程度。例如计算一年内各月与前一个月对比,即 2 月比 1 月,3 月比 2 月……说明逐月的增长程度。在实际工作中,环比分为日环比、周环比、月环比和年环比,其计算公式如下:

$$环比增长率 = \frac{本期数据 - 上期数据}{上期数据} \times 100\%$$

进行促销活动效果环比分析时,一般选择促销前、促销中和促销后三个相同的时期的数据进行比较。如某家居建材市场 2017 年的十一黄金周前后的客流量:9 月 24 日—30 日为 38 270 人,10 月 1 日—7 日为 68 066 人,10 月 8 日—14 日为 45 005 人。因此,相对于促销前,促销中、促销后客流量分别增长了 29 796 人和 6 735 人。此外,相同年度不同时期的促销活动之间的指标比较和分析也应纳入环比分析的范畴,如 2017 年十一黄金周促销活动指标与 2017 年五一劳动节促销活动同类指标间的比较和分析。

案例直击

某企业促销效果环比分析

做 DM 促销,除个别企业只是要冲高销售额、提高市场占有率外,大多数企业是希望通过销售额的大幅度提升来得到毛利额的增长。DM 促销最普遍的方式就是利用低价来吸引更大商圈的更多来客。但如果盲目地降低售价、损失毛利率的话,促销的结果就往往会事与愿违了。

表 5-17 是某连锁超市在周年店庆时的促销结果:

表 5-17 促销结果

全系统销售额			全系统毛利额			全系统毛利率		
促销期	环比期	±%	促销期	环比期	±%	促销期	环比期	±%
1 422.85	862.26	65.01%	97.59	107.42	-9.15%	6.86%	12.46%	-5.60%

DM销售额					DM毛利额			DM毛利率		
促销期	环比期	±%	占比	单品效率	促销期	环比期	±%	促销期	环比期	±%
658	153	328.51%	47.89%	1 835	16.95	17.81	-4.83%	2.58%	11.61%	-9.03%

数据分析:促销期的销售额环比增长 65.01%,但毛利额下降了 9.15%。DM 销售额环比提升 328.51%,DM 销售额占比为 47.89%,毛利率仅为 2.58%。

存在问题:盲目降低毛利率做大力度的促销,虽带来销售大幅度的增长,但因促销品毛利率过低、占比过高,致使整体毛利额反而下降。

改进建议：要想做到既能树立低价吸引大量的来客提升销售，又尽可能减少毛利率的损失，更大程度地提升毛利额，让促销产生更理想的效果，制订周密的计划和做好充分的准备是至关重要的。要做理想的促销，事前计划和准备工作离不开以下几个关键点：第一，建立齐全的促销档案；第二，制订周密的促销企划案；第三，把好促销选品和定价关。

（三）同比分析法

同比分析是指与历史同时期比较，即对本期数据与去年同期数据进行对比分析，主要是为了消除季节变动的影响。例如2018年7月份与2017年7月份相比。在实际工作中经常使用这个指标，如某年、某季、某月与上年同期对比计算的增长率，其计算公式如下：

$$同比增长率 = \frac{本期数据 - 去年同期数据}{去年同期数据} \times 100\%$$

进行促销活动效果同比分析时，一般选取今年的促销活动期间和上一年同一个促销活动期间进行同期比较，例如选择2017年的十一黄金周和2016年的十一黄金周进行比较。例如某家居建材市场2017年的十一黄金周销售额为2 280万元，2016年的十一黄金周销售额为1 880万元，同比增长了400万元，增长了21%。

相关链接

促销实际增长率计算

一般连锁企业在做促销效果分析时，往往只做同比分析，而忽视了自然增长率这个重要的比率因素。

例如××企业在七月份做"幸运大转盘，购物就旅游"活动，活动档期为13天，各项数据分析如表5-18所示：

表5-18 促销效果重点数据反馈报告

指　标	数　据
本期预计销售额	1 594万元
本期实现销售额	1 767万元
本期销售额同比增长率	1.1%
本期销售额环比增长率	12.62%

续表

指　　标	数　　据
前期比同期增长率（自然增长率）	－10.24％
实际增长率	11.34％

根据表格数据，促销效果分析如下：

预计销售额＝当月销售计划÷月份天数×活动档期

环比增长率＝（本期销售额－前期销售额）÷前期销售额×100％。其中前期销售额，即活动开始头一天向前推一个同样长度的档期（13天），但要考虑双休日的天数。

前期比同期增长率（自然增长率），就是本期活动的前期相对于本期去年同期的增长率。表中数据为－10.24％。单看自然增长率这个数字，是负增长的。也就是说，做促销活动之前商场相对于去年同期销售一直是负增长的，才积累出－10.24％这个比例。

用同比增长减去自然增长率，得出的11.34％，才是实际增长的数字，这远比1.1％的同比数字高。如果只看销售额比前期增长率，数据也不反映实际情况，有些过高了。

这次活动虽然采取了转盘摇奖的促销方式，表面看似热闹，排队顾客经常堵塞卖场通道，比前期要热闹多了，但是较去年同期的增长还是少得可怜。如果单从这两个层面分析，你很难判断成功与否。但考虑到前期的销售一直处于下降态势，最终的实际增长还是比较可人的。

这种分析方法关键在于那个自然增长率——它包含了连锁企业在一整年中的各种销售影响因素，既包括商场内部品牌、结构调整、引进的因素，也包括社会因素的影响，天气、非常事件、国家政策出台等。所以，在考虑营销活动实际效果的同时，也要考虑自然增长率，用同期增长率减去自然增长率得出的才是实际增长率。

销售增长是比较复杂的，在比较分析数据时，还要考虑到前期和同期档期的双休日天数对比情况，以及有无大型促销活动同期举办。如果条件大致对等，对比分析才是可信的。

（四）综合评估法

综合评估法就是对各种业绩指标同比、环比分析的结果进行综合评价，分析各种指标之间的关系和成因，总体评价本次促销活动的效果。综合评估通常通过综合评估表来完成,一般根据本次促销计划中确定的促销目的,设定评估表中各项指标的不同权重。比如以扩大市场份额为宗旨的促销活动,销售额指标的权重就应该大些;而以增加企业盈利为宗旨的促销活动,毛利额指标的权重应该大些;以扩大企业知名度为宗旨的促销,企业的价格形象和服务形象指标的权重就应该大些。最后,根据综合评估表计算的结果分析各项指标形成的原因,就可以评估本次促销的效果。

案例直击

某家居建材超市五一促销活动效果评估

某家居建材超市2017年五一劳动节发起了以扩大市场占有率和增加企业赢利能力为主要目标的促销活动。结果是销售额同比增长了12.6%,促销期较促销前销售额环比增长了89%,这两个数据初步看起来令人兴奋。但是,比较其他指标时我们发现:

(1)该超市所在城市的市场容量较2016年同比增长了18.7%,主要竞争对手在同城市2017年1月销售额增长了20.5%;

(2)该超市促销后期(5月8日—14日)与促销前期(4月24日—30日)相比销售额仅仅增长了12.6%,而作为家居建材商品,从五一劳动节开始进入本年度中第1个销售旺季,季节性因素也会带来20%以上的销售额增长;

(3)该超市所发生的广告宣传、赠券等费用与毛利额环比增量基本持平;

(4)促销期间消费者问卷调查结果显示,与此前"3·15"消费者权益日促销期间相比,该超市在消费者中的价格形象、商品质量形象和服务形象均没有明显提升;

(5)五一劳动节促销方式以赠券为主,在随后的访谈调查中,消费者明确表示"企业不能与顾客玩赠券这种猫抓老鼠的游戏"。

因此,综合评估结论这是一次不成功的促销。

三、促销效果评估的注意事项

1.促销评估周期

效果评估应采取单次评估与中期评估相结合的方式。因为消费者消费日益理性、信息传播滞后等原因,当月组织实施的促销即使在活动结束之后几个月仍然能够发挥一定的销售促进作用。同时,由于促销活动的负责人能够在一定程度上控制促销结果，例如压货等，非常容易造成销售上升的假象。因此，在进行促销效果评估时，建议采取短期、中期相结合的方法，这样才能使效果评估更加合理、公平。

2．促销费用的计算

(1)很多企业计算促销费用往往没有计算上级下拨的赠品，如礼品、宣传物品。这将使促销费用失真，不能反映促销费用的真实效果；(2)有部分企业在促销期内购进较多数量的产品，由于滞销或其他原因，容易出现退货现象，因此，建议除加强控制外，应根据历史经验预提退货损失，并将其列入促销费用。

3．促销评估的作用

促销活动的关键在于事前计划、费用预算、事中控制。效果评估只是用于对活动结束后的总结，目的是为以后开展促销活动提供可资借鉴的经验与教训。

相关链接

特价促销活动评估八大指标

目前，各种超市进行的营销活动可谓名目繁多，特价活动几乎是所有超市都在采取的营销方式之一，特价促销活动评估一般包括以下八大指标。

一、总体销售的评估

特价活动的开展给整体销售与前期同时间段相比带来了多大的增长，同特价后期同时间段比有多大影响，特价活动开展的前期和后期整体销售的变化状况，后期的销售变动是否因特价的开展而有提升。

二、特价商品的销售评估

进行特价活动的商品销售同前期和后期同时间段比较，变化趋势如何，出现这种趋势的原因分析，这个时期需要对特价商品进行变动分析，具体到每一个单品，它们对特价活动的贡献度是低于平均贡献度还是高于平均贡献度；低于这一平均水准的单品必须查找原因，是单品本身的选择还是现场陈列、物价标识等出现了问题，从而可以在下次特价活动中避免类似问题出现。

三、特价商品销售占比分析

特价商品销售占比评估是综合评估上面两个指标。对于这样一个比值应该是多少合适，对于不同的业态、不同的特价档期应该是不一样的。但是有很多零售超市认为占比为18%左右比较合适。

四、毛利率和毛利额的评估

每个零售超市都有自己的一个警戒毛利率，也就是一个最低毛利率控制点。在这样一个警戒点以上,毛利率可以降低,但是降低到什么样的水平,这就需要使用毛利额去衡量。特价活动的开展,毛利率下降是必然的,但是毛利额的增长是否可以平衡毛利率下降带来的损失,需要同特价活动开展前后同时间段进行对比。

五、客单价的评估

客单价是指一段时间里顾客每笔消费的平均金额。在活动开展前、中、后该指标有何变化,顾客在购物时有没有因为商品特价而对其进行购买;这个指标可以从侧面反映特价商品的选择是否迎合消费者的心理,是否起到预期的效果。

六、客流量的评估

特价活动的开展只有带动了人流才可以带动销售,人气旺了才可能销售旺,客流量的评估从侧面反映 DM 海报的投递效果、特价商品的选择是否成功和卖场营销气氛的营造是否成功。

七、客品数的评估

客品数是指一段时间里顾客购买商品的平均数量。参照以上的整体销售、客单价、客流量等指标,就可以评估出顾客购物的成功率(购物成功率=购物人数/进店人数);从而评估出特价活动开展是否成功。

八、特价商品变动分析

通过对特价商品特价前同时间段和特价期的毛利额变动进行对比,评估特价商品毛利率的损失有没有带来毛利额的增加,从而评估特价商品的选择是否符合特价主题、特价商品定价是否合理。

只有对以上八个指标进行综合分析,才可以有效总结本次特价活动,更好地开展下一次特价活动。

附表:

1.特价评估表(特价期为 15 天)

评估项目	特价前15天	特价中15天	特价后15天
整体销售			
特价品销售			
特价销售占比			
毛利率			
毛利额			
客单价			

续表

评估项目	特价前15天	特价中15天	特价后15天
客流量			
客品数			

2.特价商品变动分析表

商品编号	商品名称	进价	正常零价	特零价	特价前毛利额	特价中毛利额	毛利变动

四、促销活动评估报告

促销活动评估报告是对整个活动开展的总结,其目的是找出活动开展过程中的不足,为今后类似活动的更好开展积累经验,以求完善。报告的整体结构包括两部分,开篇先写促销活动概述,包括促销活动目的、活动由谁申请、活动时间、活动主题等内容;第二部分是促销活动评估,具体内容包括活动准备工作评估、活动执行过程评估、活动费用评估、活动效果评估、活动不足之处、改进建议,六项关键内容缺一不可。

(一)活动准备工作评估

在进行评估前,首先说明准备工作的具体内容,包括:(1)活动参与人员。包括活动负责人、活动执行人、活动监控人;(2)活动准备事项。包括活动地点的确定、需要准备的器材设备和活动记录表等物品、活动接待人员的培训、活动广告设计等,这一切都需要事先与活动品牌以及有关部门提前联系好,以准备妥当;(3)广告宣传,信息发布。说明宣传方式、信息发布的对象。简单说明了准备工作后,即可开始对准备工作进行评估。例如整个活动的前期准备工作均依据方案于活动开展前准时安排到位,说明人员、物资、广告宣传均已到位等。

(二)活动执行过程评估

首先要说明活动的执行情况,然后再进行评估。活动执行情况包括:(1)人员安排。是指在活动地点安排的导购服务人员情况;(2)物品配送。活动商品原计划如何安排,特殊情况需另行说明,在实际执行中又是如何安排等;(3)活动流程。活动中的工作要依据流程执行,如几人负责接待、几人负责准备硬件设备、几人负责记录活动情况等;(4)活动数据核准。活动结束后由谁负责核对、审核,包括通知情况、顾客数量、销售额等。说明了活动的执行情况后,再对活动执行情况进行评估。评估的内容包括:活动中出现的任何情况,包括很多细节,是否对活动产生了影响、产生了什么样的影响、顾客的意见如何、有没有造成负面影响;参加活动的服务人员的服务情况,服务是否给顾客带来了不良的影响或者是特别优质的服务有没有给顾客留下深刻的印象;正负面影响为后续促销活动带来的影响;总结整个活动执行过程。

（三）活动费用评估

先制定出各项费用预算,如硬件设施的准备费用,活动主持人员的劳务费,广告宣传费用,以及为方便顾客提前准备的食物、饮水、各种耗材费用等。然后加总各项费用预算,再结合实际费用支出情况进行评估。本着节约的原则,评估哪些方面节约了活动费用,哪些方面浪费了活动费用。必要时可以附上费用节支表,内容包括费用项目、预算费用、实际费用、节约费用等。

（四）活动效果评估

活动效果评估直接关系到以后的活动能否更好地开展,所以最后的活动效果是企业最关心的问题。从取得的成绩方面来看,活动效果评估的主要内容包括:(1)影响人数。包括广告影响人数、通知人数、参加人数、实到人数;(2)影响面。如果是有规模的大型活动,那么它对同城同类商场所带来的影响如何;如果是小型活动,那么它对顾客群体的影响如何,对商场内其他品牌的影响又如何,是否达到了活动预期的要求;(3)品牌提升。通过活动的开展,对于已经拥有一定市场基础的品牌是否在顾客认知度方面又得到了进一步的提升;(4)促进销售。活动的开展是否扩大了影响面,提高了品牌知名度。

（五）活动不足之处

总结活动的不足之处时,可从以下几方面进行:(1)活动方案是否完善。如哪里做得好,哪里做得不好;宣传力度是否达到;(2)对于活动的信息传达有无不妥,是否有欠缺。比如有没有顾客不知道有促销活动等情况;(3)执行力的强弱。如活动的促销人员是否欠缺经验,在对顾客提供服务方面效率如何,活动的效果如何。活动结束后要分析问题的原因,可能包括:导购及服务人员开展活动的经验不足;品牌配合度不够,如品牌邀请的讲师水平较低,不能吸引顾客;人员安排不到位。

（六）改进建议

需要改进的方面包括：如果是活动的方案不够周全、详尽，建议必须在活动正式开展前半个月完成方案的草稿，以便领导有充足的时间调整修改，同时相关人员也可以完善活动的各项设施及物资；如果是活动宣传做得不够充分，需加强执行力等。

案例直击

促销活动总结评估表

促销内容	促销期间				
	促销主题				
	促销门店				
	促销内容概要				
促销费用	赠品费用	序号	商品编码	商品名称	含税进价	耗用数量	金额
		1					
		2					
		3					
		4					
		5					
		6					
		小计					
	宣传费用	序号	名称	规格	单价	数量	金额
		1					
		2					
		3					
		4					
		5					
		6					
		小计					
	合计						

续表

	营运项目	促销前	促销期间	促销影响	毛利率(当期)	增加毛利
促销效果	销售金额					
	客流量					
	客单价					
	费用净额合计					

门店意见	签名：	日期：
营运部意见	签名：	日期：
财务部意见	签名：	日期：

备注	1	
	2	

参考文献

[1](美)菲利普·科特勒,凯文·莱恩·凯勒.营销管理(第15版)[M].上海:格致出版社:上海人民出版社,2016.

[2]李建,姚洁,洪秀华.连锁企业促销策划[M].北京:电子工业出版社,2012.

[3]张华.连锁企业促销管理[M].北京:中国人民大学出版社,2013.

[4]朱华,吕慧.连锁促销实务[M].大连:东北财经大学出版社,2009.

[5]黄权藩.品类管理——教你如何进行有效促销[M].北京:机械工业出版社,2012.

[6]赵敬明,时应峰.连锁门店促销技巧(第2版)[M].大连:大连理工大学出版社,2014.

[7]李纲,程鹏.促销管理技术实训[M].北京:机械工业出版社,2008.

[8]史常青.商品促销实战技巧一本全[M].南宁:广西人民出版社,2009.

[9]刘军,曹海灵,谢炎.零售业365天促销方案[M].北京:中国发展出版社,2011.

[10]段青民.餐饮企业365天促销手册[M].北京:人民邮电出版社,2012.

[11]朱华峰.促销活动策划与执行[M].合肥:中国科学技术大学出版社,2013.

[12]王忆南,潘茜茜.连锁经营管理[M].厦门:厦门大学出版社,2014.

[13]张启杰.连锁企业促销技巧[M].北京:电子工业出版社,2013.

[14]姜玉洁,李茜,郭雨申.促销策划[M].北京:北京大学出版社,2013.